DAXING TIYU SAISHI
MENPIAO DINGJIA TIXI DE SHIZHENG YANJIU:
JIYU JINGJI JILIANGXUE SHIJIAO

大型体育赛事门票定价体系的实证研究：

基于经济计量学视角

黄道名　著

西南财经大学出版社
中国·成都

图书在版编目(CIP)数据

大型体育赛事门票定价体系的实证研究:基于经济计量学视角/黄道名著.
—成都:西南财经大学出版社,2021.12
ISBN 978-7-5504-4373-0

Ⅰ.①大⋯ Ⅱ.①黄⋯ Ⅲ.①运动竞赛—门票—定价—研究—中国
Ⅳ.①G80-052

中国版本图书馆 CIP 数据核字(2020)第 016031 号

大型体育赛事门票定价体系的实证研究:基于经济计量学视角
黄道名 著

策划编辑:高小田
责任编辑:高小田
责任校对:雷静
封面设计:墨创文化
责任印制:朱曼丽

出版发行	西南财经大学出版社(四川省成都市光华村街55号)
网 址	http://cbs.swufe.edu.cn
电子邮件	bookcj@swufe.edu.cn
邮政编码	610074
电 话	028-87353785
照 排	四川胜翔数码印务设计有限公司
印 刷	成都市火炬印务有限公司
成品尺寸	170mm×240mm
印 张	14.25
字 数	250 千字
版 次	2021 年 12 月第 1 版
印 次	2021 年 12 月第 1 次印刷
书 号	ISBN 978-7-5504-4373-0
定 价	78.00 元

前言

    随着我国综合国力和人民生活质量的日益提升，体育产业和全民健身已上升到国家战略层面，同时也受到人民的喜爱和重视。大型国际体育赛事在城市化建设和发展过程中能够起到至关重要的作用，是增强国家软实力和塑造国家形象的具体体现。近年来，我国的各大城市兴建体育场馆，相继举办了世界级别的大型国际体育赛事，特别是北京于2008年成功举办了奥运会后，2010年的广州亚运会，2011年的深圳大运会，2014年的南京青奥会，2015年的北京世界田径锦标赛，以及即将举行的2022年北京张家口冬奥会，这些赛事不仅大大促进了我国经济的发展和世界文化交流，更显著提升了我国的国际影响力以及主办城市的知名度。习近平总书记曾在十九大报告中明确指出：要广泛开展全民健身运动，加快推进体育强国健身，筹办好北京张家口冬奥会、冬残奥会。放眼未来，我国将通过举办更多的大型国际体育赛事，积累经验，开拓创新，努力推进体育产业的发展。

    本书的主要内容如下：

    第1章，绪论；

    第2章，理论综述；

    第3章，体育赛事门票市场发展现状及趋势；

    第4章，大型体育赛事门票定价的特性与影响因素分析；

    第5章，大型体育赛事门票定价的经济计量学分析；

    第6章，大型体育赛事门票定价的案例分析；

    第7章，大型体育赛事门票定价的媒体报道。

    本书研究方法的重要特色、主要建树及创新：随着我国体育市场的日趋成熟，制定合理的门票价格成为体育赛事发展过程中亟待解决的问题。本书运用计量经济学、现代市场营销学理论，在以体育比赛门票价格理论为依据的基础上，通过搜集以往国内外大型赛事的资料及相关研究成果，分析体育比赛特性，深入研究影响体育赛事门票定价的因素，采用文献资料法、比较分析法、计量实证分析法进行实证研究，总结出大型赛事门票价格制定的一般性规律，旨在为制定出符合市场需要的门票定价策略提供依据。

本书的学术价值和应用价值：虽然越来越多的国际大型赛事在我国举办，体育产业当中的赛事产业不断得到发展，但是，目前我国体育赛事的门票定价却存在很多问题。一些经营者为了增加收入而盲目提高门票价格，使之超过一般居民的支付能力，影响了赛事的上座率，导致市场不振与赞助商的离弃；一些经营者为了吸引消费者而自跌身价，把赛事的门票价格定得过低，不仅没有带来预期中的门庭若市，反而使消费者认为赛事质量有问题，从而形成恶性循环，减少了经营收入。总之，如果体育赛事的门票没有一个合理的定价机制，没有按照市场机制运行，会间接地造成这类市场的疲软，从而不利于体育竞赛表演市场的发展。通过前期的研究成果和查阅已有的研究文献可以了解到，关于大型赛事门票定价的研究趋势是从定性的研究逐渐转向通过运用计量经济学方法从而定量地对大型赛事门票价格制定机制进行准确的分析及为今后指导实践提供依据。故本书通过分析影响大型赛事票价的主要因素及其影响程度，运用计量模型进行回归分析，找出具有经验性的票价制定方法，为今后的大型体育赛事票价制定提供参考与借鉴。其应用价值为：①体育竞赛表演市场中的体育赛事是一种特殊的商品，它以比赛的形式出现，消费者为获得观看比赛过程和结果的效应，而支付必要的钱财，门票的价格成为赛事价值的货币表现。相对于经营者而言，准确把握体育赛事的门票价格规律，并由此制定合适的门票价格，是进行体育赛事营销的关键。因而，对我国体育赛事的门票定价进行研究，有着重要的理论意义和现实意义。②在制定体育赛事门票价格时，从消费者和赛事类型的角度对门票的差别进行定价策略研究；从消费对象、消费时间、消费地点、消费数量等方面进行分析，对体育赛事的门票进行差别定价探索。本书基于赛事类型的门票差别定价，首先对我国体育赛事的类型进行了新的划分，然后对影响各类型的体育比赛的门票定价的因素进行了分析。在此基础上，本书宏观地提出了各类体育赛事的门票定价策略。

本书的社会影响：在整个体育赛事运营中，体育赛事门票是重要的商业收入来源之一。把握体育赛事的门票价格规律，并由此制定合适的门票价格，是进行体育赛事运营的关键。很多时候，体育赛事门票价格的高低能够左右消费者是否到现场观看比赛，直接关系到赛事能否被市场接受，关系到赛事经营者的销售收入和利润高低。因而，体育赛事合理的门票价格应该是提高经营者的经济效益和增加消费者人数二者的平衡点。大型体育赛事定价问题及其主要影响因素这两者的关系属于行为关系，即描述决策者经济行为的某些变量与其他变量的关系。根据变量间的相关关系，最直接的描述方式是采用 Excel 或 Eviews 软件中散点图法，然后进行理论的计量经济学模型设定：$Y = \beta_0 + \beta_1 X_1 + \beta_2 X_2 + \cdots + \beta_k X_k + u$；再利用样本信息，采用最小二乘方法或者最大似然方法估计模型；通过模型检验，最后模型应用。本书以广州亚运会门票定价为研究实证案例，根据收集并进行整理的 1972—2008 年十届奥运会的数据，包括奥运会举办国人均国内生产总值（GDP），奥运会总投资（Invest），奥运会主场馆容量（Room），奥运会赞助费（Sponsor），奥运会开幕式门票价格 Y 五项数据截面，使用 Eviews5.0 计量经济学软件，建立以奥运会开幕式门票价格 Y 为被解释量，以奥运会举办国人均 GDP、奥运会总投资（Invest）、奥运会主场馆容量（Room）、奥运会赞助费（Sponsor）为解释变量的计量经济学模型，并且对模型进行经济意义检验、统计检验和计量经济学检验。通过计量回归模型的数据分析，提出大型赛事定价的结论与建议：赛事举办国人均 GDP 每减少 5.126 083 476 23%，开幕式门票价格 Y 将会增加 1%；总投资（INVEST）每增加 0.131 284 917 089%，门票价格 Y 将会增加 1%；主场馆容量（ROOM）每减少 51.068 636 253 7%，门票价格 Y 将会增加 1%；赞助费（SPONSOR）每增加 0.043 479%，门票价格 Y 将会增加 1%。可以看出，开幕式门票价格 Y 与总投资（INVEST）、赞助费（SPONSOR）呈正相关关系；与举办国（地区）人均 GDP、主场馆容量（ROOM）呈负相关关系；同时，一些不可量化的经济、政治、文化因素也影响着赛事门票价格的制定，赛事组织者在定价之前应充分了解市场需求、消费者保留价格、价格歧视政策分类使用，使赛事门票收益达到最大化的同时使群众广泛的对赛事观赏的需求得到满足。因此本书在以往大型综合赛事票价经验的基础上分析和总结具有规律性和指导性的票价制定方法，前期的相关数据搜集纷繁复杂，且因为时间间隔久远，跟票价有关的货币时间价值会有所差异，预计会带来一定的误差，需要对该误差进行修正。通过上述较为系统的研究，本书得出了回归模型的结果：$Y = -5.126\ 083\ 476 * GDP + 0.131\ 284\ 917\ 1 * Invest - 51.068\ 636\ 25 * Room + 0.043\ 478\ 721\ 32 * Sponsor + 1\ 708.777\ 969$，将广州亚运会相关各项影响因素的具体数据（人均GDP：8.883 3万元；总投资：1 200亿元；总赞助费：27.2亿元；门票数量：5 000个）代入进行分析，得出按计量模型计算得出的门票平均价格为3 533.954元，与本次实际平均票价基本相符，在一定程度上解释了广州亚运会开幕式门票价格的合理性，该定价模型也可为今后的大型综合赛事的主办方提供定价参考。

同时本书的研究还存在诸多不足：①研究过程中对于大型体育赛事的系统数据搜集不全面，数据查找困难；②每个大型体育赛事的举办具有时间性、空间性，受当地的政府、经济社会发展以及赛事运营（财政拨款、赞助、媒体报道）等因素的影响，很难统一尺度量定。因此，希望通过自己辛勤的劳动，为体育赛事门票定价的理论研究做一点贡献。由于水平有限，书中难免存在缺点和不足，敬请广大读者和同行批评指正！

黄道名

2021年12月

目录

第 1 章　绪论

随着我国综合国力的不断发展、人民生活质量的日益提升，体育产业和全民健身已上升到国家战略层面，同时也受到人民的喜爱和重视。大型国际体育赛事在城市化发展和建设过程中能够起到至关重要的作用，是增强国家软实力和构建国家形象的具体体现。近年来，我国的各大城市兴建体育场馆，相继举办了世界级别的大型国际体育赛事，特别是北京于 2008 年成功举办了奥运会后，2010 年广州亚运会，2011 年深圳大运会，2014 年南京青奥会，2015 年北京世界田径锦标赛，这些赛事的成功举办不仅大大促进了我国经济的发展和世界文化交流，更显著提升了我国的国际影响力以及主办城市的知名度。习近平总书记曾在党的十九大报告中明确指出："广泛开展全民健身活动，加快推进体育强国健身，筹办好北京冬奥会、冬残奥会。"放眼未来，我国将通过举办更多的大型国际体育赛事，积累经验，开拓创新，努力推进体育产业的发展，并为 2022 年北京张家口冬奥会的成功举办奠定坚实的基础。

体育赛事是体育产业的重要组成部分，表现为体育竞赛表演组织者为满足消费者运动竞技观赏需要，向市场提供各类运动竞技表演产品而开展的一系列经济活动。发展体育赛事产业对挖掘和释放消费潜力、保障和改善民生、打造经济增长新动能具有重要意义。近年来，我国体育赛事产业快速发展，已经成为推动体育产业向纵深发展和建设健康中国的重要引擎。但也要看到，我国体育赛事产业存在有效供给不充分、总体规模不大、大众消费不积极等问题。为破解有关难题，加快体育赛事产业发展，必须以习近平新时代中国特色社会主义思想为指导，全面贯彻党的十九大和十九届二中、三中全会精神，统筹推进"五位一体"总体布局和协调推进"四个全面"战略布局，牢固树立和贯彻落实创新、协调、绿色、开放、共享的发展理念，认真落实党中央、国务院决策部署，积极推进体育竞赛表演产业专业化、品牌化、融合化发展，培育壮大市场主体，加快产业转型升级，不断满足人民群众多层次多样化的生活需求，提升人民群众的获得感和幸福感。

坚持问题导向。从体育赛事发展面临的实际问题出发，加快推进政府职能转变，深化体育行业协会改革，综合运用金融、产业等政策，推动体育竞赛表演产业快速、健康、可持续发展。

坚持市场驱动。遵循体育赛事发展规律，借鉴国际有益经验，以体制机制创新激发市场主体活力，建立健全体育产权制度和要素市场化配置机制，更好发挥政府作用，营造各类市场主体公平有序竞争的发展环境。

坚持融合发展。坚持"体育+"和"+体育"的做法，促进体育赛事与文化和旅游、娱乐、互联网等相关产业深度融合，拓展发展空间，为经济增长提供支撑。

坚持因地制宜。立足各地特色体育资源和功能定位，发挥比较优势，明确发展重点，推动不同地区体育赛事的多样化、差异化发展，形成优势互补、相互协调的联动发展格局。

到 2025 年，体育竞赛表演产业总规模达到 2 万亿元，基本形成产品丰富、结构合理、基础扎实、发展均衡的体育竞赛表演产业体系。力争建设若干具有较大影响力的体育赛事城市和体育竞赛表演产业集聚区，推出 100 项具有较大知名度的体育精品赛事，打造 100 个具有自主知识产权的体育竞赛表演品牌，培育一批具有较强市场竞争力的体育竞赛表演企业，使体育竞赛表演产业成为推动经济社会持续发展的重要力量。

1.1 经济价值：职业体育逐步走向市场化

一方面，我国自 1994 年开始以足球领域为突破口进行市场化改革，我国体育职业联赛开始突破以前的计划经济体制，逐步走向市场，引入市场资本，实施职业化发展。随着足球联赛的改革，篮球和排球，以及乒乓球等联赛也不断打破原有发展模式，挣脱体制束缚，逐步实现联赛职业化发展。例如：国家体育总局足球运动管理中心的撤销，足协通过社团法人的身份对足球各项事务进行监督和管理，国内足球联赛在电视和网络上的转播也不断创造高收入，使足球联赛职业化水平不断提高，真正开始向市场化迈进。各类专业运动员在退役之后也开始参与联赛管理，职业联赛转会逐渐打破"一潭死水"的局面，球员和球队之间也通过市场化交易获得互利共赢。另一方面，群众性体育赛事不断松绑，各类行政审批流程不断简化，使得投资和举办群众性体育赛事能够获得经济效益和社会效益，各类社会资本开始转向对群众性体育赛事的关注和投入。

职业体育赛事和群众体育赛事的发展带动体育用品市场消费增长。当前，我国体育产业中，体育用品为核心支柱性产业，一方面体育用品的发展可以为参与体育竞赛提供物质等装备基础；另一方面体育竞赛的发展也会促进体育用品销售的提高，特别是参与体育竞赛人群的增加，会促进消费者对体育用品消费需求的不断提高。职业体育联赛和群众体育赛事市场化还会刺激更多的消费者，进一步推动体育消费提高。

1.2　社会价值：居民参与体育赛事的热情不断提高

新时代我国体育产业需要通过体育服务业促进其经济增长。竞赛表演业作为体育服务业重要组成部分，对推动体育产业转型升级具有重要意义，也是提高居民体育参与，发挥体育对促进群众健身作用的选择之一。当前，我国体育赛事正在不断刺激越来越多的居民参与进来，其社会价值正在不断显现。首先，由于我国职业联赛水平不断提高，越来越多的居民喜欢观看体育比赛，居民对体育赛事的观赏热情也不断提高，职业联赛的球迷基础也逐渐增大，使更多的社会资本看到职业赛事的发展潜力，愿意将更多的资本投入职业联赛的建设和发展中。其次，基础性和商业性的群众体育赛事正在不断松绑，阻碍赛事发展的因素正在逐渐减少，各类基础性和商业性赛事的发展刺激了群众的体育参与，使全民建设热潮下的群众性体育赛事不断得到发展，使群众健身意识得到提高。最后，体育赛事的发展提升了城市形象，扩大了城市影响力，使更多的人能够关注到体育赛事，也提升了民众参与体育的热情。

自20世纪90年代以来，随着我国大型赛事的频繁举办以及民众的热情参与，赛事产业在我国得到快速发展，对赛事门票价格的相关理论探索与研究也日益丰富起来，其中，赛事门票价格研究已成为一个备受广大学者关注的热点。随着许多学者涉足赛事门票价格方面的研究，相关研究成果快速增加。但是，诸多学者的研究多是局限在定性的方面，如对门票价格的影响因素、市场需求、消费者满意度、门票的发放方式及营销策略等方面展开，鲜有对门票具体价格制定定量的研究，或是已有定量的研究，但实际可操作性不强。通过前期的研究成果和查阅已有的研究文献可了解到关于大型赛事门票定价这一命题的研究趋势在于从定性的研究逐渐转向通过运用计量、博弈等经济学方法从而定量地对大型赛事门票价格制定机制进行准确的分析及为今后指导实践提供依据。

第 2 章　理论综述

体育赛事是以体育竞技表演活动为载体的特殊商品，而获得这种商品或者服务权利的"票、券、证明"等，就是我们俗称的门票，也叫"入场券"[1]。在经济社会，门票作为一种有效凭证，既有本身所代表的体育表演活动的观赏价值，同时也有对体育赛事产品价值认同的货币表现形式——门票价格，这也是对所获得产品或者服务的一种价值衡量尺度。在经济学研究领域，价格理论上属于实证主义经济学的范畴，其核心论述的是应该如何解决经济问题。美国著名经济学家弗里德曼[2]也将价格理论称为"微观经济"，而与之相对应的货币理论则称为"宏观经济"。我国学者余鑫炎、黄汉民在其主编的《价格学（第二版）》中，将价格理论的发展分为三个阶段，即古代价格理论的萌芽与形成各阶段、欧洲古典经济学确立的价格理论阶段、马克思主义价格理论阶段[3]，它是对价格理论历史发展进程的回顾与总结。不可否认的是，马克思主义经济学的价值—价格理论对于价格理论体系产生了重要影响，如马克思在《资本论》中认为："商品价格是价值的货币表现形式"，以及"供求关系均衡时，价格是围绕价值变动的"，"供求关系的变化会影响价格的变化"，等等，这些都是对于价格理论的经典论述[4]。在价格理论研究历程中，也形成了众多的思想与学派，如劳动价值论、边际效用思想、供求均衡价格论、斯拉法价格学派等。

---

① 刘志民. 我国竞技体育可持续发展的人力资源研究 [J]. 上海体育学院学报，2000 (4)：6-8.

② 弗里德曼. 价格理论 [M]. 鲁晓龙，李黎，译. 北京：商务印书馆，1994：16-17.

③ 余鑫炎，黄汉民. 价格学 [M]. 2 版. 北京：中国财政经济出版社，2005：11-12.

④ 赵汉兴，高晓慧，等. 对发展马克思主义价格理论的几点思考 [J]. 价格理论与实践，1992：17-20.

2.1 大型体育赛事的理论研究

2.1.1 大型活动的概念界定

1. 大型活动的定义

所谓的大型活动,我们可以从多个角度进行解释。从大型活动的承办和组织方角度来说,其定义是为了满足组织者和承办者某种目的(商业目的、公益目的等)举办的特定公开活动;从活动的参与者角度而言,其可以被定义为获取生活体验、商品信息、文化知识、社交体验以及休闲娱乐价值等的活动方式①。

有必要提到的是,大型活动与普通日常活动存在较大程度的差异。首先,从举办场地来说,普通日常活动可以随意挑选场地,如公园一隅、商场门口、小型会场,甚至是小型会议室等,都可以开展日常活动,但是对于大型活动来说,场地要求较为严格,必须挑选大型的运动场馆或者舞台环境,如国家级的体育场馆、大型会堂或者大规模的展览园区等;其次,从时间长度来看,大型活动持续的时间往往较长,持续数天甚至更久,而日常活动往往是人们日常生活的组成部分,人们只需要拿出较少的时间来参与即可;最后,从内容来说,大型活动包括的内容往往构成了完整的体系,日常活动可能只是构成了人们日常生活的某几部分的生活内容,所含内容较少。两者具体的比较如表 2-1所示。

表 2-1 大型活动和日常活动对比

项目	大型活动	日常活动
定义	某些场景、地点中的重要活动,常常成为惯例或者标志性事件	人们的日常生活组成部分
目的	具有重要的经济意义或者纪念意义,创造重要价值	满足人们生活需求
频率	较少或者很难遇到	经常存在
参与人数	多	少

① 程大兴.大型活动旅游效益最大化战略初探 [J].北京第二外国语学院学报,2003 (1):77-81.

表2-1(续)

项目	大型活动	日常活动
社会影响力	大	小
专门组织机构	有，且组织健全、结构严密	无，多为自发
规模场面	大	小
涉及面	广	窄
举例	北京奥运会、上海世博会、APEC会议、乒乓球世锦赛	晨练、亲人朋友聚会、公司部门聚会

2. 大型活动的性质归属

大型活动的开展和举办是需要消耗大量资源的，参与者与观众参与大型活动会付出一定的金钱成本与时间成本，如观众可能需要长途跋涉、付出门票成本费用等，并且可能会在这个过程中发生不同事件。从本质上来说，人们参加大型活动无异于一种旅游行为：付出相应的时间与金钱成本到达并逗留。

这种类型的大型活动参与丰富了人们的日常生活，带来了全新的体验，同时也为商家带来了巨大的商机。商家一方面从大型活动中收取门票费用，另一方面可以借助其进行营销活动，挖掘更深层次的商业价值，提升经营利润。拿奥运会来说，相比于赛事门票带来的收入，国家举办奥运会更加注重的是其带来的潜在价值，如对于国家形象带来的提升效果，对国家的其他产业，如旅游业、制造业、进出口贸易等方面带来的提升等。上海是中国对外贸易的窗口，是国际化大都市，上海举办世博会、APEC（亚太经济合作组织）会议、G20（二十国集团）峰会等，都是为了吸引世界的注意。当前，已经有很多围绕着大型活动展开的学术研究，同时存在很多公司专门展开大型活动的承办或者协助业务，由此可见大型活动巨大的研究价值和商业价值。

大型活动往往只存在于大型城市，甚至可以说是一般存在于国际一流城市。大型活动一般会成为国际一流城市的名片或标志物。当前我国各个大型城市都在争夺各个大型活动的举办权，我国政府也逐渐将大型活动的举办地从北上广深转移到了具有竞争力的二线城市，如杭州、成都、南京等。大型活动已经成为一种重要的城市资源。

3. 大型活动的特征

对于观众来说，大型活动的参与、互动、体验、冲击力等特征成为吸引观众的最大优势。大型活动也不是一成不变的，其会随着国家文化环境、经济状况、时间推移、技术发展等因素而呈现变化的趋势，其活动内容和方式也在不断发展变化。大型活动相比固定的旅游项目具有较大的优势，体现出主办方的自由意志和创造性，具备很强大的活力。

旅游景点是长期存在的，在一个地点固定不变的，游客在不同时间去，旅游景点不会发生太大的变化。但是对于大型活动来说，其根据举办方的不同意向、经济条件、参与程度、举办地点等方面随时变化，这也是其吸引广大观众的关键因素。具体展开来说，大型活动具有以下若干方面的优势。

（1）旅游景点由于其场景长期存在，日常需要消耗大量的人力成本和经济成本进行维护，如需要日常清理、维修设备、安全防护等；同时，旅游景点的客流量和收入都是不固定的，随着时间和季节的变化差异巨大。相比之下，大型活动只是短期内举办，租借的场地费用较少，人工成本也是集中在某一时间段。另外，由于大型活动持续时间短，客流量一般较大。

（2）由于每一次举办大型活动都有所区别，因此每次大型活动不会再以同样的方式重复和上演，如每一次的奥运会都以不同的方式和文化背景来进行呈现，所以对于参观者来说其具有一种"绝版"的优势，这是非常具有吸引力的。因此每一次大型活动基本都能吸引大量的游客参与，其吸引消费的能力也是十分客观的。

（3）目前旅游景点也意识到了大型活动具备的优势，在节假日的旅游高峰期，旅游景点的承办者往往会结合举办一些大型活动来进行宣传造势，如钱塘江大潮的龙舟比赛、故宫博物院文化展览等，以这种方式吸引消费者的注意力，借助大型活动带来的优势，来弥补自身的不足，这种互相结合的方式为传统旅游景点带来了新的生机。

4. 大型活动的分类

目前学术界和商界普遍将大型活动这种现象级活动分为三类：文艺赛事、节日庆典以及大型会展。

（1）文艺赛事。文艺赛事主要包括两方面，即大型文艺活动和大型比赛。文艺活动主要指的是大型文艺表演活动等，如大型舞会、跨年音乐会等；大型比赛主要集中在体育竞技上面，如奥林匹克运动会、世界杯、乒乓球世锦赛。其参与者的目的主要是观看演出、欣赏高水平的艺术、领略高水平的体育竞技项目。文艺和比赛类的大型活动占据了大型活动市场的主要部分，各个国家和城市都非常重视其发展，都希望每年承办更多的类似赛事，一方面可以吸引消费者的参与，提升收入；另一方面可以带来游客的流量，促进本地的商业和旅游业发展。

（2）节日庆典。节日庆典一般需要特殊的契机，即当地的特殊节日，这一类的大型活动具有强烈的本地文化色彩，同时也有共同性，如新年是全球范围内都会过的节日，但是各地的庆祝方式也不尽相同。西方部分国家过圣诞节，拥有大量的圣诞主题的庆祝活动。一些节日在特定的国家（地区）才会存在，如西班牙的奔牛节、日本的春季樱花祭、巴西的狂欢节、中国香港的巡游等。这一类的活动带有强烈的人文气息，富有强烈的本国家（地区）本民族的色彩。这一类的活动往往伴随着很稳定的强参与度，蕴含的商业价值巨大，很多商家都会抓住这种公共节日的机会开发产品，吸引客户眼球。

（3）大型会展。大型会展也主要包含了两方面：大型会议和大型展览，大型会议一般是由国家、世界级团体或者行业联盟开办的具有战略意义的会议，如我国的"两会"、具有"富国俱乐部会议"之称的 G7（七国集团）峰会、20 国集团峰会、亚洲太平洋经济合作组织会议、互联网行业会议、制造业行业会议等。大型会议的价值往往不在参会费用或者门票费用上面，更多的是其潜在的附加价值，如战略意义等，以及举办会议的地点的巨大发展机会等，如杭州在举办 G20 峰会后其城市形象大大提升。大型展览指的是国家、行业、公司等组织开展的产品、服务或者文化展览活动，如象征着国家展览的世博会、著名车辆企业的展览会、新型产品的发布会等。随着我国的经济实力不断提升以及国家形象不断完善，越来越多的大型展览在我国举办。

2.1.2 体育赛事的概念溯源与价值评定

1. 体育赛事的概念溯源

体育赛事是以体育竞赛表演为核心产品，在特定的时间和地点举办的，有专门的组织者和参与者，为了达到强身健体、普及体育项目、扩大城市影响力等目标的一次性特殊事件活动。大型体育赛事是相对而言的，主要表现在赛事的参与人数、影响力、规模、收入等的数据具有相对较大的影响力。通过查阅相关材料，笔者认为较为权威的大型体育赛事含义是：由一个权威体育组织（国际奥委会、洲奥委会、国际单项体育组织、国家体育最高组织机构）主办，某个国家、地区、城市承办的多个单项体育运动项目竞赛活动或某一单项体育运动竞赛活动。

1）体育赛事的定义

体育赛事的概念是从"运动竞赛"演变而来的，因此，要对体育赛事进行定义，首先需要弄清"运动竞赛"的概念。田麦久教授认为，运动竞赛是指"在裁判员主持下，按统一的规则要求，组织与实施的运动员个体或运动队之间的竞技较量"①；原国家体委训练竞赛综合司在《运动竞赛学》中指出："运动竞赛是在裁判员主持下，依据统一的规则而组织与实施的运动员个体或运动队之间的竞技较量"②；台湾学者许树渊认为："在运动上，凡是以运动精神、运动道德为准则，用对等的方式，公定的规则，做各种个人或团队的竞技活动，以供众览，所以比较优劣胜负，以提倡推展运动之用，称为运动竞赛"③；同时还有学者提出："运动竞赛是人类的一种实践活动，它是一个特殊的过程，有明确的目的性，有鲜明的竞技特征，有完善的规则和一整套竞赛办法及决定竞赛胜负的'法律依据'"④。从以上几个运动竞赛的定义看，前三个定义实际是对运动竞赛的狭义解释，这三个定义并没有体现体育运动竞赛所涉及的场外因素。最后一个定义虽然指出了运动竞赛是一个过程，有特殊性，是人类的一种实践活动，但还是未能超出赛场的范围，并未能对体育运动竞赛所涉及的众多因素进行概括。由此看出，以上体育运动竞赛的定义还只是停留在竞技体育比赛的层面，未能反映出当今体育运动竞赛的时代特征。

事实上，随着1984年美国洛杉矶奥运会开创市场营销盈利纪录以来，对体育竞赛进行商业营销，成为运作管理极其重要的内容。体育竞赛活动的内涵和外延发生了巨大变化，原有"运动竞赛"的概念被打破。体育运动竞赛再也不是纯粹由运动员、裁判员参与的活动，观众、媒体、赞助商等其他主体纷纷加入体育竞赛活动中，成为市场经济条件下体育竞赛活动的重要组成部分。这时体育运动竞赛的项目化特征就越发明显，很多学者便从项目管理的角度对其进行定义，而且更多地称其为"体育赛事"。程绍同认为："体育赛事是特定的组织团体依其本身举办之目的，透过科学化的管理与筹备过程，在特定的时间与地点下，召集运动竞技活动的相关人员（运动员、裁判、工作人员和观众等）及团体（运动组织、运动器材供应商、媒体、赞助商等）共同参与所形成的综合性集会。"⑤国外学者对体育赛事的认识与国内学者有所不同，他们普遍将体育赛事纳入特殊事件的范畴，并从特殊事件的视角认识体育赛事。特殊事件范围广泛，包括了宗教典礼、传统仪式、体育赛事、文艺表演、宴会、展览会等各种形式的活动，而体育赛事则是其中一种很重要的形式。国外学者对特殊事件的研究起步较早，目前该领域的研究已经基本趋于成熟，并

---

① 田麦久. 运动训练学词解 [M]. 北京：北京体育大学运动训练学教研室，1999 (6)：2.
② 国家体委训练竞赛综合司. 运动竞赛学 [M]. 北京：北京体育大学出版社，1994：1.
③ 许树渊. 运动赛会管理 [M]. 台北：师大书苑有限公司，2003：5.
④ 刘建和. 运动竞赛学 [M]. 成都：四川教育出版社，1990：3.
⑤ 程绍同. 运动赛会管理：理论与实务 [M]. 台北：扬智文化，2004：12-18.

有专门的学科理论体系，即事件管理理论（event management）。

国际上还有专门的事件管理科学协会和互联网站，如国际节日和事件协会（International Festival and Events Association，IFEA）。在实践领域，人们也已经开始高度重视对特殊事件的深入认识，并运用科学理论来指导。不少学者对特殊事件的概念进行了系统研究，如 Damd C. Watt 将特殊事件描述为："一次性发生的事情，在任何给定时间里迎合特殊的需要。当地社区事件可以被描述为一个活动，旨在牵涉当地人口分享有利双边利益的经历"①；Johnny Allen 等对特殊事件的定义表述为："术语'特殊事件'用来描述特别的仪式、表达、表演或庆典，其被有意识地计划产生以标志特殊的场合，或取得独特的社会、文化或团体的目的和目标"②。Getz 在类型学研究中突破性地建议特殊事件最好从其所处的上下关系来进行定义。他提供了两个定义：一是从组织者的角度，即"特殊事件是个一次性的或很少发生的事件，不同于惯常的节目或赞助商和组织主体的活动"；二是从消费者或客人的角度，即"对于消费者或客人，特殊事件是个休闲、社会或文化经历的机会，不同于惯常范围的选择，并超出了日常经历"③。

上述定义基本体现了特殊事件的诸多共性特征，但由于特殊事件的领域广泛，它难以反映出所有不同类别特殊事件的个性特征。因此，在上述定义中，体育赛事的个性特征也不是很明显。基于此，在借鉴国外研究的基础上，国内部分学者对体育赛事的定义也进行了深入探讨。叶庆晖认为："体育赛事是一种提供竞赛产品和相关服务产品的特殊事件，其规模和形式受竞赛规则、传统习俗和多种因素的制约，具有项目管理特征、组织文化背景和市场潜力，能够迎合不同参与体分享经历的需求，达到多种目的与目标，对社会和文化、自然和环境、政治和经济、旅游等多个领域产生冲击影响，能够产生显著的社会效益、经济效益和综合效益。"④ 黄海燕、张林等人认为："大型单项体育赛事是指具有国际知名度、集中承办城市和国家甚至国际的注意力，受城市公共资源约束，又反过来影响城市资源的，以提供单一体育运动项目竞赛产品和相关服

---

① WATT D C. Event management ln leisure and tourism [M]. Addison Wesley Longman Limited，1998：2.

② ALLEN J. Festival and special event management [M]. John wiley & Sons Australia, Ltd.，2002：11.

③ GETZ D. Event management and event tourism [M]. New York：Cognizant Commnunication Corporation，1997：4.

④ 叶庆晖. 体育赛事运作研究 [D]. 北京：北京体育大学，2003：15-16.

务的特殊事件。"①

从现有关于体育赛事的定义看，随着人们对体育赛事认识的逐步深入，体育赛事的定义也越来越科学、合理。通过以上综述，笔者认识到，在进行体育赛事定义时，要注意三个方面：第一，要抓住体育赛事的本质特征；第二，要充分考虑其时代背景及其功能特征；第三，要为全书的研究建立基础，满足研究的需要。

2）体育赛事的分类

分类是划分的一种特殊形式，是根据对象的本质属性或显著特征进行的划分，具有较高的稳定性。按照不同的原则和实际需要，可以将体育赛事进行不同的分类。周进强、吴寿章从两个角度对我国体育赛事进行了分类。一是按照分级分类的原则，将体育赛事分为全国性比赛与地方性比赛、综合性比赛与单项比赛、在中国举行的国际比赛与国内比赛、职业性或半职业性的商业比赛、成年人比赛与青少年比赛、社会比赛与业余比赛、计划内比赛与辅助性比赛等等。二是从体育赛事的市场化形式出发，将其分为四大类：①带职业性质的比赛，目前中国已有足球、篮球、排球、乒乓球等；②以全运会为代表的全国综合性运动会的商业开发；③全国性的单项锦标赛、杯赛、选拔赛的商业开发；④单独运作的商业比赛和其他各种大奖赛、巡回赛、明星体育赛事②。张江南、唐宏贵③从功能和水平的角度，将体育比赛分为群众性体育竞赛和高水平体育竞赛。陈锡尧④根据国际性重大体育赛事的来源将国际性重大体育赛事分为三种，即大型综合性体育赛事、世界单项组织的重要赛事、跨国公司或知名的大企业操办的传统性体育赛事。姚颂平等人⑤也从两个视角对国际体育大赛进行了类别划分。一是按照项目设置特征，将国际体育大赛分为综合性运动会和重要单项体育赛事。其中综合性运动会是指由多个单项组成的大型国际性体育赛事（如奥运会、亚运会、世界大学生运动会等），这种赛事一般 2~4 年举

---

① 黄海燕，张林，李南筑. 上海大型单项体育赛事运营中政府作用之研究 [J]. 体育科学，2007（2）：17-25.

② 周进强，吴寿章. 中国体育赛事活动市场化发展道路的回顾与展望 [J]. 改革与发展论坛，2000：10.

③ 张江南，唐宏贵. 对我国未来竞技体育管理体制与赛制的研究 [J]. 武汉体育学院学报，1999（2）：8-12.

④ 陈锡尧. 对当今国际性重大体育赛事的价值认识及其发展趋势的研究 [J]. 体育科研，2003（4）：25-27.

⑤ 姚颂平，沈建华，刘志明，等. 国际体育大赛与大城市发展的关系之研究 [C]. 国家社会科学研究基金项目，2003：17-18.

办一次，具有参赛国家和地区众多、设置的项目类型丰富、影响范围较广等特点；重大单项体育赛事是指国际单项体育组织主办的高等级的大型国际性体育赛事。二是按照赛事组织形式的特征，重大单项体育赛事又可分为三个亚类：第一亚类是"赛会制"赛事，主要指每隔 2~4 年举办一次的重大单项赛事，如世界杯足球赛、世界田径锦标赛、世界游泳锦标赛等；第二亚类是"分站累积制"赛事，如 F1（一级方程式锦标赛）、网球大师杯等；第三亚类是"主客场制"赛事。李南筑等人[1]根据体育赛事的市场化程度进行了分类。第一类是除信息不完全外，基本不存在市场失灵，主要依靠市场主体的自主调节进行资源配置的赛事。现实中绝大多数的商业性赛事，如皇马中国之行、英超查尔顿中国之行等都属于这一类。第二类是除信息不完全外，还涉及政府资源的指令配置的体育赛事，如实际生活中的上海网球大师杯赛、IAAF（国际田径联合会）上海国际田径大奖赛等。第三类是除信息不完全外，还存在多个法人拥有同一产品（共同产品），且产权难以界定，存在对抗均衡的体育赛事。如足球、篮球等的职业联赛。第四类是第二类赛事加上举办地轮换，需要大规模基本建设的体育赛事，如 2008 年的北京奥运会，我国的全运会、城运会、农运会等大型综合体育赛事。

国外对体育赛事也有分类，他们的分类标准主要是规模，具体分为"mega-events""hallmark events"和"major events"[2]。国内学者叶庆晖借鉴了上述分类原则，将体育赛事分为超大型体育赛事、大型赛事和一般赛事等。其中超大型体育赛事指那些影响举办城市和社区整体经济，并在全球范围和广大媒体范围产生回响的体育赛事，如全运会、亚运会、奥运会和世界杯足球赛等。超大型赛事表现为赛事的规模大、水平高，参与和出席的人数众多，媒体覆盖面大，公共财经参与度高，市场目标广大，对举办城市和社区产生显著的社会、经济和综合效益，对社会、文化、政治、经济、旅游和城市设施建设等诸多方面产生深远影响。大型赛事指那些在举办城市和社区产生较大影响，能够引起众多媒体关注和产生较好经济效益的体育赛事，如世界单项锦标赛、职业联赛、城市运动会、农民运动会、少数民族运动会等。大型赛事表现为赛事的规模比较大、水平比较高，重视程度高，组织工作复杂，媒体关注度高，市场吸引力大，对举办城市的社会、经济、文化等多方面产生较大的影响。一般赛事类似于较大事件，规模和水平递减，能够吸引较多观众、新闻报道和产生

---

① 李南筑，袁刚. 体育赛事经济学 [M]. 上海：复旦大学出版社，2006，8：22-26.

② GETZ D. Event management and event tourism [M]. New York：Cognizant Commnunication Corporation，1997：9.

一定经济效益，如热身赛、交往性的比赛（邀请赛）。目前许多顶级国际体育锦标赛属于大型赛事，许多国家体育组织和政府，特别是体育经纪机构热衷于这种赛事，原因在于其具有潜在的市场吸引力，这种赛事与某种文化或者公众兴趣点结合会带来很大的市场效益。一般赛事表现为体育赛事的形式规模多样、组织机动灵活、参与人员广泛、市场亲和力强，易于推广，能给举办方带来较大综合性效益①。

从以上关于体育赛事的分类，我们可以看出，体育赛事分类的标准和原则有很多，根据不同的研究需要，可以对体育赛事进行不同的分类。考虑到本书的研究目的，在本书中，笔者将从体育赛事的规模、赛事影响范围等角度对体育赛事进行划分。

3）体育赛事的特征

任何事物的存在都有其内在的本质特点和外在表现形式，体育赛事也不例外。但从所掌握的文献来看，专门研究体育赛事性质和特征的文献并不多：王守恒、叶庆晖从赛事运作的角度，结合当前赛事运作的环境，对体育赛事的基本特征进行了探讨。他们认为，随着社会的进步和科学技术的发展，尤其是现代媒体的传播范围日益扩展，体育赛事主要表现为六大基本特征：一是体育赛事的文化性特征，包括体育赛事的欧美文化特征、体育赛事的本土文化特征以及体育赛事项目本身具有的文化特征；二是体育赛事的项目性特征，包括体育赛事的一次性和独特性、体育赛事目标的确定性、体育赛事活动的整体性、体育赛事组织的临时性和开放性以及体育赛事成果的不可挽回性；三是体育赛事产品的多元化特征，包括体育赛事的竞赛产品、体育赛事的服务产品、体育赛事的有形产品、体育赛事的无形产品；四是体育赛事目的的多元化特征，包括体育赛事主办组织、赞助商、媒体、主办社区、参与者、观众及工作团队的不同目的；五是体育赛事的风险性特征，具体表现在体育赛事的安保工作，体育赛事的人群控制、火灾、突发事件等方面；六是体育赛事资源的集约性和互动性特征②。

杨铁黎认为，体育竞赛在体育市场里被理解为产品，其特性为：体育竞赛产品的无形性、体育竞赛产品的一次性、体育竞赛产品的不可预测性、体育竞赛产品生产和消费的同时性、体育竞赛产品的延伸性和增值性、同一体育竞赛产品质量评判的差异性③。余守文认为，从产品角度，体育赛事共有六大特

---

① 叶庆晖. 体育赛事运作研究 [D]. 北京：北京体育大学，2003：21-24.
② 王守恒，叶庆晖. 体育赛事管理 [M]. 北京：高等教育出版社，2007：34-44.
③ 杨铁黎. 关于开发我国职业篮球市场的研究 [D]. 北京：北京体育大学，2001：33.

征：一是体育赛事产品是一种服务性产品；二是体育赛事产品是非生活必需品；三是体育赛事产品的非储存性和生产、交换与消费的同时性；四是体育赛事的创新性；五是体育赛事产品是准公共产品；六是体育赛事是一种特殊的节事①。

李南筑、袁刚②从体育赛事的本质特征和阶段性特征两个方面对赛事的经济特征进行了深入分析。他们认为，从产业角度看，体育赛事归属于第三产业中的体育竞赛表演业，因而自然有服务业和表演业的特征，即具有服务的无形性和不可触摸性、生产和消费的不可分割性、时效性和积累性、较大的需求弹性、结果的不确定性等特征；从产品角度看，体育赛事产生的不仅是一种产品，而是一个产品包，而且赛事一旦确定，赛事中大多数类别产品的供给数量就是确定的；从投入角度看，体育赛事产业是以人力资源为主的知识密集型行业，而且赛事的成本支出比例与产品的销售收入比例是非对称的；从交易角度看，体育赛事属于复杂交易，交易所需信息量大。

黄海燕、张林等人③在论述大型体育赛事运营中政府作用的合理性问题上，认为在目前的体育赛事运营中，存在着市场失灵的现象，主要表现在体育赛事具有混合产品性质、体育赛事具有正外部性、体育赛事具有市场垄断的特征等。

李南筑、黄海燕等人④从公共产品的定义以及判断公共产品的标准出发，对体育赛事的性质进行了深入研究。最终他们认为，体育赛事是一种既具有公共产品性质，又具有私人产品性质的混合产品，而且不同类型的体育赛事在不同地区、不同阶段，其公共产品的程度不同。

当然，也有学者对体育赛事的公共产品性质提出质疑。Dennis Coates & David Gearhart 从实证分析的角度，通过对 1993—2005 年 140 多个纳斯卡汽车赛举办地房屋租金的对比（在此期间，有新建赛道举办纳斯卡汽车赛的，也有关闭原有赛道，放弃举办纳斯卡汽车赛的），来论证纳斯卡汽车赛对居民所在社区的影响。结果显示，纳斯卡汽车赛并没有给举办城市和社区带来实质性的好处。因此，文章进一步认为，纳斯卡汽车赛并不具有公共产品的性质。从

---

① 余守文. 体育赛事产业与城市竞争力：产业关联·影响机制·实证模型 [M]. 上海：复旦大学出版社，2008：33-36.

② 李南筑，袁刚. 体育赛事经济学 [M]. 上海：复旦大学出版社，2006，8：32-35.

③ 黄海燕，张林，李南筑. 上海大型单项体育赛事运营中政府作用之研究 [J]. 体育科学，2007（2）：17-25.

④ 李南筑，黄海燕，曲怡，等. 论体育赛事的公共产品性质 [J]. 上海体育学院学报，2006（4）：10-17.

体育赛事的特征可以看出，体育赛事与其他项目存在较大差异，这也使得对体育赛事研究的难度加大。

2. 体育赛事的价值评定

体育赛事价值是体育赛事的整体面貌、水平、公正、公开、特色、凝聚力、感染力和号召力的综合反映，是体育赛事理想、信念、情操、道德、审美水平的重要标志，是体育赛事举办意图的支柱和灵魂。

体育赛事价值对其具体实践活动起着重要的导向作用，并规定着体育赛事模式的选择。纵观体育赛事历史，不难看出其举办性质所经历的精神、政治、经济价值趋势转型过程。体育赛事首先是以追求"更快、更高、更强"精神价值为基础的，崇尚和平、友谊是其举办的初衷。通常体育赛事是一种呼吁和谐与公平的精神支撑，反映了人民在精神上的一种追求。而随着社会的发展，体育赛事逐渐由一个重要的文化载体转化为充满国家色彩的政治窗口。以奥运会为代表的一些高水平的国际大赛，获得金牌的数量日益成为人们普遍关注的热点。在此背景下，体育赛事也就自然而然地成为各国展现民族精神、树立自己国家形象的政治手段。而当今，特别是新闻传播业的兴盛，加速了体育赛事由政治价值到经济价值的转型趋势。体育赛事经济价值是指体育赛事在社会经济发展中的各种能力。对于体育赛事的经济拉动作用，有一个公认的说法是，在赛事上投入1块钱，在其他产业上的产出就能有3块钱，这就是"乘数效应"。伴随着竞技体育商业化、产业化的发展，体育赛事已不单单是为追求友谊、和平等精神层面而组织的体育竞赛，而逐渐发展成为渗透经济元素的商贸产业，以挖掘其所蕴含的巨大经济效益。当然，体育赛事的精神价值、政治价值和经济价值并不是完全独立的，只是在某一特定历史时期，各有侧重而已。体育赛事的价值转型是体育赛事举办的历史趋势，因此有必要将其作为产品来研究其市场消费问题，以促使其经济价值的更好挖掘。

1）体育赛事的精神价值

（1）强调对文化差异的理解与认同。将体育赛事单纯理解为体育活动是远远不够的，从本质上来讲，体育赛事是一种手段，是将世界各地不同的人群聚集起来，相互交流的一种手段，能够促使不同国度、种族、肤色、语言、宗教的人相互理解、增进友谊，最终达到世界团结、共同发展与进步的目的。通常："体育赛事运动是国际性的运动，不可避免地面临着世界上文化间的各种差异及由此引发的各种问题。来自各国的运动员、教练员、体育官员以及观众，生有不同的肤色，穿着不同的服装，说着不同的语言，有着不同的生活方式，进行不同的宗教仪式，用不同的行为方式表达自己的喜怒哀乐。这些种族和文化的差异，又常常由于各国间在政治体制、经济制度和意识形态等方面的冲突而强化"①。由此可见，体育赛事举办强调的是一种相互了解、相互团结的精神氛围。正如奥林匹克五环旗所象征的：在这种氛围中，人们可以摆脱各自文化带来的偏见，在不同文化的展示中，看到的不是矛盾与冲突，而是人类社会百花齐放、千姿百态的文化图景，从而使文化差异成为促进人们相互交流的动因，而不是各自封闭的藩篱，使矛盾、差异和距离成为相互借鉴的动力，而不是相互轻视进而敌对的诱因。也就是在这种氛围中，人们不再以狭隘的眼光看待世界，而是用博大的胸怀认识、理解、接受其他民族，领悟、感受其他民族独特的创造力、文化力和民族凝聚力。通过体育赛事，人们学会了更加尊重别人；更能够客观、公正地去看待他人并虚心地向他人、其他民族学习，从而使奥林匹克运动所提倡的国际交流真正得以实现②，这便是体育赛事的重要精神价值所在。

（2）强调对不同民族、不同个体的公平与公正。比赛与对抗是体育赛事最本质的特征，在这种以竞技运动为主要活动内容的、直接而剧烈的身体对抗或比赛中，不但使运动员的身体、心理和道德受到良好的培养与检验，与此同时，观众在获得娱乐享受等感官刺激的基础上，更受到了潜移默化的教育。但是，公平、公正的竞争秩序是竞技体育的教育功能、文化功能和娱乐功能实现的基本前提，是各国运动员团结友爱、凝聚关系的纽带。因此，公平、公正的竞争是实现体育赛事运动神圣目标的关键，也是世界人民对社会大环境的一种向往③。张丽茹研究指出，公平、公正是体育赛事参与的行为规范，它蕴含了公正、平等、正义的内容，承认一切符合公平、公正原则的优胜，唾弃和否定一切不符合道德规范的行为④。

体育赛事强调竞技运动的公平与公正，进而使得体育赛事具有了更大的魅力。正如已故美国著名黑人田径运动员杰西·欧文斯所说："在体育运动中，人们学到的不仅仅是比赛，还有尊重他人、生活伦理、如何度过自己的一生以及如何对待自己的同类等内容。"体育赛事秉承公平、公正的奥林匹克精神，现在来看同样是社会文明的一大标志。它期望在一个没有任何歧视的社会中，

---

① 吴海峰. 奥林匹克精神及其对当代大学生的意义 [J]. 科技信息, 2009 (21)：55.

② 刘小敏. 试论2008年北京奥运会的人文追求 [J]. 道德与文明, 2007 (1)：22-25.

③ 黄晶. 试论奥林匹克教育对大学生健康成长的意义 [J]. 华夏医学, 2007, 20 (5)：1 094-1 096.

④ 张丽茹. 河北省普通高校体育专业开展奥林匹克人文教育的现状与对策分析 [D]. 石家庄：河北师范大学, 2008.

培养人们相互真诚的理解、合作和友谊，让大家承认在平等的条件下为获得荣誉而展开的公平竞争，为人们在社会的不同领域树立了一个独特而光辉的榜样①。

（3）注重赛事参与过程的教育。参与是基础，没有参与，就谈不上体育赛事的理想、原则和宗旨②。"参与比取胜更重要"这句格言最早是美国一位主教提出来的，1908 年伦敦举行第 4 届奥运会时，顾拜旦引用了这句话③。后来，顾拜旦在 1936 年奥运会演讲时也说过："奥运会重要的不是胜利，而是参与；生活的本质不是索取，而是奋斗。"世界各地的大众及运动员、教练员广泛认同上述观点。于是，旨在参与的奥林匹克，不分男女老少，不分运动水平，面向所有的社会阶层，并包括各种运动和竞技项目④。同样，体育赛事是对大众而言的，它的目标不是让少数人去挑选金牌，而是为所有的人提供机会，让不同年龄和性别的人都去进行体育赛事的参与，包括直接参与和间接参与⑤。通过对古奥运会的考察，顾拜旦认识到，古希腊人组织竞赛活动，不仅是为了锻炼体格和显示一种壮观场面，而且是为了教育人⑥。顾拜旦认为，体育竞赛活动不但能磨炼个体的意志、培养自然人的个性，更能够锻炼个体的身体。由此可见，奥林匹克精神的意图是教育人、锻炼人的性格，培养人的道德，发展古希腊人的理想——美丽与健康，这就暗示了体育赛事的举办目的在于促进人类的精神发展，以此造就全面发展的人⑦。

（4）体现永不放弃的人生追求。竞争是体育赛事的基本形式，也是推动人类社会进步的基本形式之一。人类在竞争中，勇于向世界强手和先进水平挑战，不断超越自我、超越他人，有所发展、有所创新、有所前进⑧。奋斗就是在此背景下成了体育赛事举办的灵魂。赛场的奋斗是人类奋斗的一个缩影，是

---

① 吴玉仑. 从"掉下来"谈体育精神和媒体责任 [J]. 中国电视，2006（9）：25-26.

② 杜美. 浅析 2008 年北京奥运会对国民体育意识的影响 [J]. 中北大学学报（社会科学版），2008，24（4）：96-100.

③ 于素梅. 奥林匹克人文知识教育内涵研究 [J]. 周口师范学院学报，2003，20（5）：77-80.

④ 郭敏刚. 北京奥运会对我国村落农民体育的影响及其效应研究 [D]. 武汉：华中师范大学，2009.

⑤ 朱元利. 奥林匹克精神与和谐社会构建 [J]. 体育文化导刊，2008（3）：48-50.

⑥ 吴玉仑. 从"掉下来"谈体育精神和媒体责任 [J]. 中国电视，2006（9）：25-26.

⑦ 陈晴. 北京奥运会主题口号嬗变的文化学诠释 [J]. 武汉体育学院学报，2005，39（11）：16-19.

⑧ 王华叶，林岭，刘佳岭. 兴奋剂与奥林匹克理想的冲突 [J]. 安徽体育科技，2005，26（2）：20-22.

人类得以繁衍生息、繁荣昌盛的重要品质，是人类最伟大、最可称颂的内在力量①。体育运动培养了个体坚韧不拔的意志品质，不断地改变着体育人的命运。这一切在爱因斯坦坚持体育锻炼、邓亚萍连获世界冠军和雷·尤瑞改变命运的故事中，都能完美地体现出来，他们的精神受到世界人民的尊崇。前国际奥委会主席萨马兰奇曾如此评价邓亚萍："邓亚萍是我在本世纪（20世纪）见过的最好的运动员，她是奥运精神'更快、更高、更强'的最有力的诠释者。"马燕红克服伤病困扰，获得奥运会冠军的故事，也很好地体现了奥运会"更快、更高、更强"的核心精神。牙买加有一名著名的田径运动员叫奥蒂，被世人称为"永远的伴娘"，多年来获得过30多枚奖牌，却从未获得1枚金牌。但她依旧坚持不懈地活跃在田径场上，40多岁时仍然参加各种世界级的体育大赛。在奥蒂身上所体现的是一种永不气馁的精神，是体育赛事所体现的一种精神价值。因此，人们常称她为"失利者"而不是失败者。

2）体育赛事的政治价值

（1）赛事宗旨关联政治意向。奥林匹克运动不仅仅是鼓励人们跑得更快、跳得更高和身体更强健，更体现了政治政党、民族主义和意识形态。古代奥运会发扬民族主义精神的传统，继而被现代奥运会所继承。现代奥运会的创始人顾拜旦作为一个教育家，他之所以要复兴奥林匹克运动，很重要的一个因素，就是想用古代奥林匹克精神，来克服现代社会的弊端，用带有宗教色彩的运动会仪式，来激发青年的国际主义和爱国主义情感。可以认为，通过体育竞赛激发青年的国际主义、爱国主义精神，是奥林匹克的宗旨之一。但是，只要奥林匹克宗旨不变，升国旗、唱国歌的庄重仪式就不变，体育赛事特别是奥林匹克运动在唤起国家意识和爱国热情、激发民族精神方面的政治功能就显然存在，这不是哪一个国家、哪一个民族的主观意志所能改变的。在21世纪的今天，体育赛事跟政治丝丝相连，息息相关。《南方周末》曾发表题为《以奥林匹克精神拥抱世界》的文章，描述了中国政府为成功举办一次和谐而安全的奥运会所体现的高度的政治勇气、高超的政治技巧。正因为如此，许多国家都重视竞技体育。日本自2001年悉尼奥运会后成功制定和实施了金牌战略；泰国的国家领导人在雅典奥运会后为本国的夺冠者举行了盛大的庆功仪式。可见，脱离政治的所谓"纯体育"是不可能出现的。

（2）成绩荣耀增强民族声望。美国洛伊和凯尼思认为：运动员在国际体育竞赛中赢得奖牌或冠军可以象征地体现国力的水平，从而增强国家的国际声

---

① 张伟峰. 我国体育电影中的奥林匹克精神 [J]. 电影文学，2009（19）：50-51.

望和威信；体育运动的胜利可以提高国人的民族自豪感，加强国家的一体化，巩固政权的统治；优异成绩的狄得叮以为政府任公职者或寻求执政的人提供露面的机会，以便提高其威望和宣传其政治观点，塑造国家精诚团结的形象，或宣扬一种政治意识等①。古希腊哲学家苏格拉底说，青年们是为保卫城邦而锻炼。在竞赛中的优胜者被视为民族英雄，为此举行的隆重庆典仪式大大弘扬了民族精神。有这样一段名言，可以表达顾拜旦复兴奥林匹克运动的一个方面（政治）的初衷："古代运动员像雕塑家凿塑像那样，通过锻炼塑造自己的躯体。他们以此向上帝致敬。同样，现代运动员也以同样的方式为自己的祖国、民族以及国旗赢得荣誉。"他还说："我们认为，国际主义是由对各自祖国的尊重、对高尚竞争的尊重构成的。通过竞争，运动员看见由于自己的努力而升起国旗时，他的心就会激动不已。"由此可见，体育赛事的举办或者过程中的胜利，是一个民族的骄傲。一个强大的民族必须有强大的精神支撑，而体育赛事作为民族的一个精神支点在一定程度上满足了民族的这种需求。特别是近年来，随着体育赛事竞争的激烈化、国际化、高水平化，加上传媒手段的日趋现代化，体育赛事在国际上的影响力越来越大，在展示国家和民族形象、提高国际声望，从而增强民族凝聚力方面的作用也更加突出②。事实证明，体育赛事的强大在某种意义上讲，已完全超越竞技运动本身。20 世纪 50 年代，为我国赢得第一个世界冠军的乒乓球运动员容国团"人生能有几回搏"的豪言，激励着全国各行各业的人们奋发进取；80 年代初，中国女排不畏强敌、顽强拼搏，连续 5 次夺得世界冠军，极大地振奋了民族精神，鼓舞了全国人民；世纪之交的 2000 年，在悉尼奥运会上，体育健儿团结奋斗、顽强拼搏，中国代表队跻身奥运奖牌榜前三强，实现新的历史突破，让中华民族真正扬眉吐气了一把；2008 年，北京奥运会上中国代表队以 51 枚金牌位于奖牌榜榜首，创造了新的高峰，这对正在建设中国特色社会主义的中国人民的民族精神和自信心是一个强有力的鼓舞③。不言而喻，高水平的体育赛事已成为一种民族精神支撑和自信心强化的需要，这种需要来自广大人民群众的愿望，反映了人们在精神上的一种追求，决定了我们要把体育赛事作为一项有公共利益的事情来办，决定了我们要坚持"举国体制"，尤其是在社会主义初级阶段，更需要倾全国之

① 续大海. 体育活动与政治 [J]. 北京体育科技，1983 (4)：29-30.
② 丁燕华. 论竞技体育增强国家和民族向心力和凝聚力 [J]，体育科研，2007，238 (5)：31-32.
③ 胡永红. 论坚持举国体制的必要性及要处理好的关系 [J]，湘潭师范学院学报（社会科学版），2007，29 (5)：200-202.

力来办好体育赛事，以确保我国体育赛事的政治强大。

（3）乒乓外交尽显政治辉煌。美国学者贝内特等通过大量的比较研究后指出："虽然，运动在自身的表达方式上是政治上的中立，没有明显可见的政治外表。然而，竞技的结果和成就却能被政治来解释和涂上政治色彩；运动员能充当国际友善的外交政治家。"① 国际体育史委员会秘书长拉·英·斯卓姆指出："体育在政治领域的重要意义，已经不仅表现在一个国家之内，而且表现在国家间的相互交往上。体育可以在国家政治制度中用来实现政治的社会化，就像在国际舞台上所起的作用一样。"运动员的国籍，颁奖时的奏国歌、升国旗，这些都是体育赛事中不可或缺的政治元素，时时刺激着人们的政治神经，而政治因素影响到体育赛事的事件更是层出不穷。把体育与政治相结合，使体育服务于政治，服务于国家和社会，从上层建筑适应经济基础的定律来说，是应该的。要说把体育与政治完美地结合，莫过于乒乓外交。那时正值"冷战"时期，我国却抓住了日本名古屋世乒赛上一个很小的偶然事件，发起了震惊世界的乒乓外交。于是没有外交关系的中美两国，运动员却实现了互访，于是又有了基辛格的秘密访华，接着是尼克松亲自到没有建交的中国首都北京造访毛泽东，有了外交史上从未见过的中美联合公报。这一切，让全世界的人看得眼花缭乱，目瞪口呆。

3）体育赛事的经济价值

（1）体育赛事的直接经济效益——以世界杯为例。有人说世界杯是一个极富价值的商业品牌，恐怕会有人说他疯了。在成立的头 70 年里，国际足联只是一家单纯的事业机构；而在开始举办的前 50 年里，世界杯比赛只是一项仅仅容纳 16 支球队的影响力十分有限的一般体育赛事。如今的世界杯早已超出了足球的领域，它是四年一次的节日，也是四年一次的商机。一是世界杯的直接经济收益。2006 年世界杯给德国带来的总体经济效益在 10 亿～120 亿美元。二是国际足联的直接经济收益。1974 年德国世界杯结束时，国际足联账户仅有 24 美元结余；而 2010 年南非世界杯的收入，据不完全统计，国际足联至少有 87 亿美元的收入。对于国际足联来说，世界杯早已不再把门票作为重要的收入来源，甚至把门票的销售仅仅当作比赛人气的一种统计方式。而电视转播权、厂商资助、与世界杯相关的产品销售，才是世界杯收入的重中之重。南非世界杯全球电视转播权的收入是 27 亿美元，远远超过了 206 年德国世界

---

① 贝内特. 比较体育与运动 [M]. 张争鸣，项四新，译. 上海：华东师范大学出版社，1990：286-291，301.

杯的 122 亿美元①。而除此之外，相关产品销售的收入更加惊人，已经达到 40 亿美元，这还不包括此后的长期收入。二是举办体育赛事、拉动本国经济发展已成各方共识。据南非当地媒体报道，世界杯为南非创造了 130 万个就业机会，并带来 380 亿兰特（约合 50 亿美元）的收入。而在世界杯效应的刺激下，南非商业信心指数 6 月攀升到 84.8，为 2009 年 9 月以来最高水平，表明南非当地商界人士对经济前景持乐观态度②。同时，南非因为在自己的国土上举办足球盛宴，不但吸引了 102 万人前来旅游，而且促使南非 2010 年的经济增长约 50 亿美元，并创造了大量就业机会③。此外，2009 年，在国际金融危机和世界经济衰退的双重影响下，南非经济陷入了 17 年来首次衰退，但从 2009 年第 4 季度起，南非经济开始复苏，增长率为 3.2%。2010 年一季度南非经济增速按年率计算达到 4.6%④。这一系列数字，都说明了世界杯对于南非经济的拉动。四是如今的世界杯更像是一个经济杠杆，在让主办国和国际足联受益的同时，也在拉动着全球的经济链条⑤。据新华社伦敦电，英国的零售业 2010 年 6 月出现了复苏、这在很大程度上要归功于南非世界杯的举行。英国零售商协会说，6 月的销售额比 2009 年同期增长 1.2% 左右，总销售则增长了 3.4% 左右，这都是自，2010 年 3 月以来最好的销售情况⑥。

（2）体育赛事带动旅游业发展。从历史经验来看，承办世界杯、足球锦标赛、杯赛这样的世界性体育赛事和活动，对举办国和所在地旅游业发展起到重要促进作用，甚至成为举办国旅游产业发展的转折点。一是世界杯对举办国的旅游业带动作用。1982 年西班牙世界杯前，西班牙造船业受到了严重的冲击，整个国家陷入经济疲软。但是世界杯的举办使西班牙的旅游业成为国内股市上的亮点，直接带动了西班牙经济的复苏。那一届世界杯光是旅游收入就达到 63 亿美元，此后西班牙的旅游业得到持续高度开发，到 1992 年巴塞罗那奥运会时，旅游收入达到了 204 亿美元⑦。另一统计数据显示，2006 年世界杯比赛前往德国的游客数量超过 200 万人，当年旅游业收入因而增加 7%。德国入境旅游在世界杯后也呈现出继续增长的势头，2007 年旅游业实现将近 10% 的

① 魏雅华. 世界杯赛：谁是赢家？[J]. 上海经济，2010（8）：44-45.

② 郑尹夫，庄琪. 世界杯：脚下春秋的经济盛宴 [J]. 新财经，2010（8）：86-87.

③ 王春华. "世界杯"后话商机 [J]. 经营管理者，2010（9）：66-69.

④ 肖莹莹，王龙云，闫闻. 南非世界杯谁是经济上的获益者 [J]. 今日南国，2010（13）：24-27.

⑤ 王淞. 从 24 美元到 87 美元 世界杯玩转经济大球 [N]. 滨海时报，2010-07-16.

⑥ 世界杯帮助促进经济发展 英国零售业复苏 [N]. 广州日报，2010-07-14.

⑦ 晨晓. 世界杯商战提前打响 [J]. 经济世界，2002（5）：35-37.

增长率。1988 年汉城（首尔）奥运会期间和会后几年内，韩国入境旅游人数出现了两位数的增长，成了韩国旅游产业的转折点。携程旅行网旅游业务总监认为，世界杯的长期旅游效应主要体现在提高旅游目的地的国际知名度、塑造和改善旅游目的地的国际形象、带动旅游软硬环境的完善、促进旅游产品升级等方面。例如 2006 年德国世界杯，中国有超过 100 亿人次通过电视收看世界杯，其中 30% 还是平时不常看足球的女性观众。二是奥运会带来的旅游收入更是十分惊人。200 年举办的悉尼奥运会给澳大利亚带来了巨大的旅游收益，澳大利亚的入境游客创历史纪录，奥运会后入境旅游人数依然快速增长。2008 年成功举办奥运会后，北京旅游业实现了跨越式的增长，1.67 亿人次是其在 2009 年接待旅游总人数，同比增长 14.5%。而这主要依靠北京最富吸引力的两个旅游景点：鸟巢和水立方。现在包括鸟巢、水立方和国家体育馆这样的奥运场馆已经成为北京旅游路线中的重要景点，每天来参观的人络绎不绝，以水立方为例，平日可以接待 8 000~9 000 人次游客，节假日这个数字可以达到 16 000 人次。北京的奥运场馆利用率依然很高，不仅是游客，很多高端会议或是品牌发布会也被安排在水立方。

（3）体育赛事提升城市形象。通过举办体育赛事，北京、上海、广州、哈尔滨等地吸引了全球记者的到来，"城市名片"通过全球媒体的报道而传播天下，是一个无可替代、效果极佳的"全球广告"。这些城市虽然办赛花了一些钱，但城市知名度和城市形象大幅度提升的长期效应却不可低估，同时对城市本身的基础建设、体育设施、城市管理、社会文明是一个很大的促进。举办体育大赛，并不是"赔钱赚吆喝"，而是一种"功在一时，利在千秋"的战略眼光和战略行为。①世界杯树立南非形象。南非世界杯期间，全球观众约有 260 亿人次通过电视转播来观看比赛，南非抓住了这次向全世界推广的绝佳机会，大大提升了南非的国际形象①。南非世界杯组委会首席执行官乔丹也坚持认为，世界杯赛事赐予南非经济的是一笔长期遗产，"新建的基础设施，比如道路、机场扩建项目以及在电信领域的投资，将在世界杯赛事结束后继续帮助我们的经济实现扩张。"更重要的是，南非通过本次世界杯重新树立了自己的形象，向世界成功展示了一个友善、热情、充满活力的南非②。②漯河"排球城"城市名片的打造。2010 年中国国际女排精英赛（漯河站）和 2010 年世界男排联赛（中国漯河赛区）相继圆满落幕，2010 年全国女排锦标赛随后也在

---

① 马海亮. 世界杯对南非经济产生积极影响 [N]. 经济日报, 2010-06-13.
② 王淞. 从 24 美元到 87 亿美元 世界杯玩转经济大球 [N]. 海滨时报, 2010-07-16.

此打响，排球已成为深受漯河市广大市民喜爱的运动项目。除了承办大型赛事以外，2009 年 5 月，河南省漯河市正式向国家体育总局提出并启动了建设"中国排球城"的规划，计划在 5 年内初步完成"中国排球城"建设的梦想，"排球风"在这座豫南小城越吹越强劲。借此机会，漯河一举成为国内外关注的焦点，排球扬名运动也由此而展开。2010 年，漯河市副市长孙运锋表示，漯河市向国家体育总局排管中心提出的"中国排球城"的概念，包括了三方面的内涵，即竞赛基地、训练基地和普及推广基地。③F1 赛事对深圳国际知名度的提升①。作为世界公认的具有最大影响力、最高收视率的四大国际体育赛事之一，F1 摩托艇世界锦标赛已经连续数年落户深圳。据了解，除赛事期间的门票收入、电视转播、赛场广告等给城市带来了丰厚的利润外，赛事吸引成千上万的游客光临深圳，其中不乏大批的外国友人。F1 赛事还可以使赛场及周边地区的地块综合升值，赛场核心辐射区的产业进入成熟期后，可望每年产生过亿元的营业收入。水上 F1 的进驻将大大增强深圳的综合竞争力。据了解，全球共有超过 150 个国家和地区全程转播、报道该项赛事，每站比赛电视观众约 10 亿人次，全年比赛电视观众超过 100 亿人次，深圳通过 F1 赛事的举办大大提升了其国际知名度。④大型体育赛事塑造城市品牌成功案例：1988 年的汉城（今首尔）奥运会中，韩国抓住奥运会的契机，一举促使汉城成为世界名都；与此同时，韩国当年经济以 12.4% 的增长率增长，跃进亚洲四小龙行列。可以说，有了汉城奥运会，韩国才得以进入先进国家的行列。1992 年巴塞罗那奥运会，使海滨城市巴塞罗那一时由"名不见经传"变为誉满全球，并使其市政建设前进了 30~50 年，美国《国家地理》杂志 1993 年评出的人类必去的十大名城，巴塞罗那当之无愧地位列第一。2000 年澳大利亚悉尼奥运会提升了澳大利亚的自然景观。悉尼奥运会的举办，使悉尼连续三年被世界旅游组织评为"世界最佳旅游城市"，其旅游品牌效益超前了大约 10 年；2004 年的希腊雅典奥运会，希腊把雅典描绘成奥运会的家，大力宣传，使人们认识到"奥运大家庭在雅典，参加奥运会就是回到了家"，由此提升雅典的声誉和吸引力。雅典奥运会使雅典现代化程度提前了 10 年。纵观近代体育赛事历史，可以看到，举办大型体育赛事既可以提升城市形象，又可以对经济产生推动作用，是打造城市品牌、促进举办城市发展、实现城市快速提高目标的动力。

---

① 崔霞."眼球经济"拉动"黄金产业"［N］.深圳商报，2006-11-08.

2.1.3 大型体育赛事研究综述

1. 大型体育赛事的概念

本书中讨论的大型体育赛事是具有一定影响力和一定规模的赛事，因此在参赛人数、前期成本、举办周期、赛事影响上都有一定的要求。在研究初期，国外学者主要从观众数量和赛事规模两方面进行界定，认为观看比赛的观众数量达到1 000名以上[①]，并且认为所举办的大型体育赛事能够为举办城市、区域或者国家带来显著的作用效果。大型体育赛事一般是由多项或单项体育比赛组成的国际性、非常规、大规模的盛会，具有相当程度的媒体关注度。综上所述，我们可以概括出衡量大型体育赛事的三个指标：组织规模、前期投资、社会影响力。

1）组织规模

通常来说，大型体育赛事是由权威体育组织主办，某个或某几个城市、地区、国家承办的一种竞赛活动[②]。考虑到赛事举办的标志性，通常把在特殊地点举办的赛事称为标志性赛事，如温布尔登网球公开赛、法国巴黎罗兰·加洛斯球场网球公开赛[③]。由于标志性赛事能对举办地形象和经济发展有一定促进作用，因此认为该大型赛事具有较高的旅游收益和媒体影响力。大型体育赛事的举办通常情况下需要国际或者地区体育相关部门授权，它的组织规模由政府引导决定，一般而言依靠于政府资源的影响力。

2）前期投资

由于大型体育赛事具有赛事筹备期长、举办层级高、参与人数多等特性，为了使大型体育赛事符合赛事地位和举办规模，并能如期获得广泛影响力，实现城市发展目标，产生正向的社会效益，促进当地经济发展[④]，赛事前期的筹备工作一定相对复杂，具有前期投资大、筹备周期长、筹备工作难度大等特点[⑤]。由于筹划时间长，前期准备较多，一般而言大型体育赛事都拥有较为大

---

① EMERY P R. Bidding to host a major sports event: strategic investment or complete lottery [M]. // GRATTON C, HENRY I. Sport in the city. London & New York: Rout Ledge, 2001: 90-108.

② 王子朴，杨铁黎. 体育赛事类型的分类及特征 [J]. 上海体育学院学报，2005 (6)：24-28.

③ 谢洪伟. 大型体育赛事与城市发展耦合研究 [D]. 北京：北京体育大学，2013.

④ 田静，徐成立. 大型体育赛事对城市发展的影响机制 [J]. 北京体育大学学报，2012 (12)：7-11.

⑤ 肖锋，沈建华，刘静. 举办大型体育赛事对城市旅游的影响 [J]. 沈阳体育学院学报，2004 (6)：769-771.

额的前期投资，因此前期投资也成为衡量大型体育赛事的准则之一。

3）社会影响力

和职业赛事相比，国际性大型赛事具有更大的广告效应和社会效应①，与之相关的经济文化活动的规模也远远超过了常规性体育赛事。大型体育赛事的社会形象具有公共品的性质②，随之而来的商务、旅游和餐饮活动对当地经济活动有巨大的促进作用。综上，大型体育赛事的社会影响力是国内外学者所公认的，并认为该影响力能够起到推动城市社会进步和经济发展的重要作用。

在全方位地探讨大型体育赛事对城市的影响时，首先，根据前人的研究结果总结归纳出重大赛事影响城市发展的基本特征，特征的总结有助于我们进一步掌握重大赛事举办影响城市发展的规律。其次，着重梳理前人文献中重大赛事对城市产业的影响，将具有显著影响的产业分别梳理至表格中，梳理结果有助于下文事件研究法中相关产业股票数据的选择。最后，探讨重大赛事对城市横向的影响，有助于全方位了解重大赛事影响城市发展的几个重要途径。

2. 大型体育赛事对举办地城市发展产生的影响

1）大型体育赛事影响举办地城市发展的特征

大型体育赛事一方面作为规模较大的体育竞技活动，另一方面作为特殊的城市事件，在影响城市发展方面，既有普通事件都具有的属性，也存在自身的特殊性。

（1）推动性。类似奥运会和世界杯这样的国际性体育赛事，可以算是广受瞩目、参与性非常高的世界性盛会，因此在赛事举办期间对于赛事的场所、比赛的物资、举办地的交通和举办方的服务等都要求较高。为达到赛事举办的高要求，承办城市在申办成功后会大力改造当地的基础设施建设和交通网络系统，这对于城市整体的便利性和舒适度都有显著的推动作用。要实现城市的可持续发展必须保障城市系统的稳定运行和长久动力，而大型体育赛事就可以作为城市发展的新的增长点，而其的触媒作用和经济效应使其有助于推动城市系统的进一步完善和发展。

（2）聚集性。根据历来大型赛事举办的规律可以发现其往往具有强大的眼球效应，借助平台呈现的活动多样性是一大特色，在举办体育赛事期间，通常会聚集各类丰富多彩的活动，各类特色商品荟萃一堂，也体现了重大赛事的

———————————

① 聂海峰，邢春冰，赵瀚弯. 举办体育赛事能促进经济增长吗？［J］. 经济学报，2016，3（4）：85-114.

② JANECZKO B, MULES T, RITCHIE B. By estimating the economic impacts of festivals and e-vents: a research guide ［R］. Department of Commerce National Information Service, 2002.

聚集作用。一座城市所具备的空间容量和环境容量决定了城市的交通区位和经济区位，也决定了城市内部基础设施的安排和人力资源的构成。重大赛事的举办对于城市而言能够集中政府资源，吸引资料流入，突破往常的门槛约束，有助于城市突破临界点，实现更大的发展空间，实现城市质的飞越。

（3）临时性与永久性。临时性体现在重大赛事所具备的短期效应一般而言是在赛事举办期间较为显著，能够在短期内为城市带来较高的旅游价值，产生对公众的吸引力。这就是事件的临时性的体现。由于大型体育赛事所兴建的场馆多为临时性场馆或者用途较为单一，一般会在会后予以拆除。然而，如今的大型体育赛事的标志性场馆和相关设施在设计时就考虑到了后续比赛结束后的新用途，往往会集多功能于一体，在满足了赛事举办期间的临时需求后能够作为永久性建筑保留，并纳入城市整体的建设之中，这就体现了大型体育赛事具有临时性和永久性两个特征[①]。另外，城市获得举办权之后，通常都会投入大量资金在城市基础设施建设领域，主要用于城市环境整治和绿化工程、完善城市交通网络、道路拓宽、翻修和新建场馆、筹划运动配套设施，而这些投资建设给城市带来的影响是长期的，在以后几年甚至更长时间内都会持续作用于举办地，这也体现了重大赛事一定意义上对于城市基础建设的提升具有永久性。

（4）周期性。每一届奥运会一般是提前7年确定举办城市，按照每4年举办一次的周期进行，较长的时间跨度说明对城市的影响周期之长和影响力之大，举办奥运会能全面带动城市在经济、社会、人文等多方面的多元化发展，从申办成功开始，奥运会对举办地的影响是逐渐加深的，直到举办期间影响力达到峰值。而在奥运会结束之后，赛事对城市各方面的影响力以及举办城市的知名度都随时间推移逐渐减弱。伴随着下一次重大赛事来临，下一个承办城市会承受越来越多的关注。奥运会作为全球顶级的体育盛典具有4年一届的周期性特点，虽然承办城市不具有周期性，但举办间隔是固定的，由于这类赛事的筹备时间较长，影响力也相对较大，对于赛事经济而言，具有周期性的赛事的影响力比一般的体育赛事更强，对举办国家或者城市造成的影响力更深远。

2）大型体育赛事影响举办地城市发展的途径

（1）基础设施。重大赛事后地面交通网络的通过能力得到内生性增长，城市车辆的节能减排也得到积极推动[②]。无论是过去的历史进程中还是调查城

© 许大为，张欣. 重大事件对城市发展和景观建设的影响研究 [J]. 中国园林，2011，27（2）：25-27.

② 甄小燕. 2008 奥运对北京城市交通发展的影响 [J]. 综合运输，2008（9）：39-42.

市居民最直观的感受，都可以得出一个共同的结论，就是大型体育赛事在完善城市基础设施方面是有着巨大的贡献的。由于大型体育赛事的规模和影响力会对举办当地的土地利用模式、城市交通网络、基础建设等方面提出了最低要求，同时由于赛事举办的时间是提前确定的，也对这些交通运营系统和运输系统的设计与建设完成形成了时间倒逼，整合完成城市的基础建设是举办赛事的必然结果。实施交通需求管理，以缓和重大赛事举办期间的交通拥堵，这样既帮助了事件规划者确保重大赛事的成功，也为他们提供大量信息以引导其投资决策。由于举办赛事会让政府投入大量的人力、物力、财力，因此必然会为城市基础建设的顺利实施提供充分的保障。

（2）经济影响。一方面，重大赛事的举办对举办城市的经济、政治、文化、制度等条件具有相当高的要求；另一方面，重大赛事的举办也将给举办城市当地的经济带来前所未有的影响，包括经济体系下的市场化运作情况的变化及城市经济的发展水平等方面的影响。

大型比赛有利于提高东道国的社会、文化、政治和国际地位，因此，它们更有利于促进城市经济发展和增加就业机会[1]。大型体育赛事对经济发展的影响主要体现在重大赛事改善了举办地的投资环境，创造了城市空间重建和格局重新规划的机会，以此吸引大量的投资流入，引导资本的操作空间，提升空间重构的效率，为举办地的经济发展带来新的契机，同时对城市的许多产业产生很强的拉动效应，促进当地经济持续长久发展[2]。

赛事举办期间大量运动员、游客的流入能促进当地消费增加，在此基础上，会引起本地的物价略微上涨，从而使当地居民的生活成本增加，不利于本地居民的生活。同时由于拉动消费促进当地 GDP（国内生产总值）上涨的同时也能够提供相当一部分的就业岗位，但根据前人学者的调查可知，临时需求产生的就业岗位并非真正意义上提升了就业质量，创造了有意义的增值工作。因此，可能造成城市非受益人群和低收入家庭的生活面临更大的困难，苏亮[3]认为事件带来的就业机会大多是短暂的和临时性的，事件活动结束后会造成大量失业。

① 朱国军. 当代奥运会对主办国所产生影响的研究：2008 年奥运会对我国产生的国际影响的预测 [J]. 经济师, 2005 (4)：252-253.
② 王朝辉, 陆林, 夏巧云. 国内外重大事件旅游影响研究进展与启示 [J]. 自然资源学报, 2012 (6)：1 053-1 067.
③ 苏亮. 基于成本—效益分析的奥运经济影响预测研究 [D]. 大连：大连理工大学, 2005.

（3）旅游影响。赛事和旅游的融合发展，能更好地促进旅游发展，P. R. Emery[1] 等采用定性与定量相结合的方法，从事件营销的角度进行研究后，认为乡村旅游的发展如果很好地融合地方节庆事件活动，不仅能增加参观者的数量，而且由于赛事举办周期的原因会增加过夜游客的数量。赛事旅游有着悠久的发展历史，通常情况下是依靠举办重大赛事来提升当地的旅游吸引力，提升当地旅游业、会展业、服务业在整体城市经济中所占的比重，在丰富旅游产品的同时，不断完善城市基础设施和旅游接待人员的素质，提升人才管理手段和旅游服务质量。另外，重大赛事改变了原本入境旅游市场的客源结构，提升了当地的旅游服务质量并完善了当地旅游品牌。

（4）环境影响。重大赛事举办期间会有很高的媒体曝光度，大量媒体在短期内会对城市环境的方方面面提出要求，这样的高强度的宣传就使得人们的环保意识得到了普遍的提升和增长。重大赛事可作为引起对可能被忽略的环境、自然景观和当地遗产关注的催化剂，提高人们对自然环境和地方遗址的保护与关心。

另外，重大赛事举办期间大量人群的涌入会产生很多生活垃圾，这对举办城市的自然环境可能会构成巨大的威胁，而由于举办事件活动对城市的基础建设和公共场所的规划也会直接或间接地破坏自然生态环境，造成对人文环境的干扰，更有甚者会影响举办地居民的日常生活。同时由于事件存在活动短期高爆发增值的特点，大量的国内外运动员、记者、观众等人员集中涌入，给城市的整个居住环境、交通状况、社会治安等方面都带来很大压力。更有学者指出因为举办重大赛事而对当地的人文景观和自然景观产生的影响及对举办地产生的环境、气候和其他方面的影响是长久的，不是短期内能够改变和还原的。在赛事后期，城市环境产生的巨大压力会在更大的时空范围导致相应的生态问题和后续发展问题，并产生大量的垃圾、废物和噪声污染，造成生态环境破坏，降低城市舒适度[2]。

（5）社会影响。重大赛事通过广泛宣传，提高媒体曝光率，有利于国家品牌的建立，并提高举办国的国际认知度。Gibson H J[3] 等从人口和社会两个

---

① EMERY P R. Bidding to host a major sports event: strategic investment or complete lottery ［M］. // GRATTON C, HENRY I. Sport in the city. London & New York: Rout Ledge, 2001: 90-108.

② 熊艳芳. 社会性别对妇女在奥林匹克运动决策层中参与的影响 ［J］. 首都体育学院学报, 2008（3）: 23-26.

③ GIBSON H J. Sport tourism: a critical analysis of research ［J］. Sport management review, 1998, 1（1）: 45-76.

维度来研究举办重大体育赛事对国家形象的影响，发现媒体的高曝光率对主办国的国家形象的人口维度产生消极影响；但是重大事件往往会在国际层面对国家形象、国家影响力等社会维度产生影响。

由于举办赛事期间往往存在高强度、多方位、大规模宣传，因此容易迅速提升举办地知名度和美誉度，增强其旅游吸引力。在该期间内形成的巨大轰动效应为举办地形象塑造和宣传创造了重要的契机，会在短期内迅速提升和强化城市旅游形象，提高国际知名度①。研究媒体和其他渠道对重大赛事举办地的宣传报道可知，媒体的正面报道能大大提升举办地的形象，增加人们对其的认知。一些城市会通过重大赛事的举办树立自己城市鲜明强烈的形象②。

2.2 门票定价的理论研究

2.2.1 定价的经济学说

定价是一门古老的学问，它的起源可以追溯到人类社会开始出现以物易物的时代。作为现代营销学营销组合 4P（产品、价格、渠道、促销）理论的重要组成部分，定价仍然在企业的经营管理实践活动中起着举足轻重的作用，同时定价理论的相关研究也一直是国内外学者所关注的重点。不同于营销组合中的其他因素，价格的设定可以对交易的最终达成和企业的获利情况产生直接影响，过高的定价会直接终止交易，而过低的定价又会直接损害企业的利润。因此，如何合理定价是一个至关重要的问题。有些人会认为定价是一门技术，尤其是在当前的大数据时代，通过对复杂市场与消费者信息的分析和处理，计算机完全可以胜任产品定价的角色。而笔者认为，定价不应仅仅是冷冰冰的技术，更应该是一门活生生的艺术。有些时候，对企业起决定性作用的不是市场分析与数据处理的能力，而是其定价策略的创新能力。

在经济学中，价格是指为获得我们所需要的东西而需要支付的货币量。广义上讲，价格是指为了获得拥有或使用某种产品或服务的收益而支付的价值。定价决策是市场营销中企业一项重要决策。Kolter 教授提出 4P 理论，将定价

① 罗秋菊. 世界大型事件活动对旅游业的影响及对中国的启示：以历届奥运会和韩国世界杯为例 [J]. 商业研究，2003（11）：150-152.

② 李绍刚，李思东. 事件旅游影响及对我国的启示：以 1984 年美国新奥尔良世界博览会为例 [J]. 商业研究，2007（10）：192-196.

决策归为营销中企业的四大基本决策之一。从一定意义上说，企业的很多竞争策略都通过定价决策体现。随着行业竞争的加剧，定价决策在企业决策中所起到的作用越来越重要。企业在不同的条件下有不同的定价目标，需要制定不同的定价策略。影响定价的因素有很多：竞争、成本、政策、总体营销战略、组织方面的考虑、市场需求等。3C（成本、顾客、竞争者）理论认为影响定价的理论有成本（cost）、顾客（customer）和竞争者（competitor），也就是说，价格是企业同竞争对手和顾客博弈均衡的结果。定价主要有三种基本方法：成本导向定价、需求导向定价和竞争导向定价。成本导向定价是指在产品单位成本的基础上加一个理想的利润，是最简单的定价方法。需求导向定价是基于市场对产品需求的强度和消费者对产品价值的理解程度确定产品价格的定价方法。竞争导向定价是企业以竞争对手的价格为依据确定自身产品价格的定价方法。很多学者都对营销中企业的定价策略进行了研究，本章就是对前人的研究成果、营销定价理论和营销定价策略进行梳理与总结。

1. 定价的基本概念

价格是产品价值的货币表现形式。Nagel 和 Holden 认为定价的主要目标是寻求利润最大化和市场占有率的结合点。Pride 和 Ferrell 认为定价是市场交换关系中产品的具体量化。马克思认为价格是价值的货币表现形式。Monroe 认为价格是一种买方为获得产品和服务所支付的货币数量。在实际生活中，价格会有各种各样的表现形式：产品标价、服务费、租房费、打车费、保险费等。定价就是企业在激烈的市场竞争中为了实现企业目标，赢得市场地位和顾客的一种营销组合策略。Kolter 提出了 4P 理论：产品（product）、价格（price）、渠道（place）、促销（promotion）。价格是其中唯一能为企业带来收益的营销因素。在有些情况下，价格是消费者购买产品时的决定性因素。因此定价决策对企业有着非常重要的意义。

2. 定价的科学与艺术

定价的科学（science of pricing）是指收集信息，进行定量分析，从而能够正确地发现可获利价格范围的活动。定价数据就像其他可以影响管理决策的信息，很难是完全清晰的，这不仅仅因为数据本身的不确定性，更因为随着时间、地点以及顾客状态的变化，适当的价格结构、定价点、价格折扣也都随之改变。想要完全消除这些不确定性所需要付出的时间与预算，远远超过绝大多数企业资源的承受能力，因此定价不可避免地必须包容其中的不确定性。除却不确定性，定量分析方法可以用来改善定价决策、规避严重的错误以及发现新机会。

如同议价实验所展示的，厂商可以采取的影响定价的行为，可能很难使用定量方法进行分析，这些行为不是价值破坏（如无法有效沟通产品价值），就是价值创造（如发现了产品新的用途因而提高其对顾客的价值）。

在制定定价政策时，很重要的一点是，必须记住顾客并不是整齐划一的一个整体，有些顾客会给予产品更高的价值评定，因此厂商可以针对某些顾客，定一个较高的价格。理解顾客在需求上的差异，可以让我们发现一些定价上的新机会。

定价的艺术（art of pricing）是指能够让我们去影响顾客对价格的接受度，调整定价结构以应对竞争，以及将定价策略统合进竞争策略、营销策略和行业政策的一种能力，这需要深刻理解顾客行为、产品内隐属性的潜在影响力、价值认知、顾客预期以及价格结构本身；同时，还要求定价策略能够支持企业的营销策略，以适应市场整体的竞争与行业环境。

采取更富有创造力的手段，厂商才能够更好地针对顾客所认知到的价值来进行定价。要做到这点，必须同时结合定量与定性方法。在许多例子里我们可以看到，尽管定量方法提供了大量信息，但是缺乏揭示顾客行为细节的能力，以至于失去改善定价的机会。定性的洞察力让管理者得以弥补这个遗憾，如此，管理者能够更好地将定价策略与其他策略统合起来。因此，定价既是艺术也是科学。

2.2.2　门票的定义和相关研究综述

1．门票的定义、功能和种类

1）门票的定义

顾名思义，门票就是消费者、游客进入某个公开或者商业性质的活动、会议、场馆、剧院等享受对应服务或者体验的准入许可，简而言之就是一种通行证。门票在具备最基本的准入许可的功能的基础上，往往还具有某种艺术性和收藏的价值。当今的门票设计者越来越注意后者的作用，在满足人们的基础需要之外还能满足人们的审美和收藏需求。

从价值的角度上来说，门票指的是消费者付出一定的经济成本得到的许可证明，具有两方面的意义：其一门票是活动或者景点的准入许可；其二门票有价值，具有一定的含金量，消费者必须付出金钱成本才能获得门票以及相应的使用价值。这两种解释是分别从实用和经济价值两方面展开的。

在我国的历史上，可以追溯到门票的起源原型。我国早在殷商时期就存在一种传信方式，叫做"邮驿"。邮驿由传递使者和驿站构成，用于官方或者私人传递文书、传递军令等。使者只有持有相应的符节或者信件，才能调度驿站或者具备相应的权力，这类似于当今的门票。

在西方，古罗马时期，统治者很早就懂得利用"票"来维持古罗马斗兽场的秩序，将观众按阶层分布在斗兽场的指定位置，并根据"票"和拱门的对应来安排出入。早期的"票"侧重赛事管理功能，该功能至今仍然延续，分别从以下三点来探讨。

（1）维持比赛秩序。体育赛事通常有固定的场地容量，超出承载容量将带来极大安全隐患，票务销售是控制人数的最好办法，既能保证购票者以相对高的比例出现在观赛现场，又能保证出现在赛事现场的人数低于场地承载数量。体育赛事门票样本如图2-1所示。

图2-1　体育赛事门票样本

观赛群体能依照票上的标识，有秩序地坐到指定位置，并且能合理地分配体育赛事的赞助商、媒体记者等的位置，确保他们的权益，使得赛事能井然有序地进行。

大型赛会承办城市根据售票数据测算安排观赛接待：如需要提供多少的交通及酒店餐饮等服务措施，保障赛事接待品质。

（2）管理比赛现场。通过对门票真伪的识别，技术查验，保障持有效票品的人入场，保障门区秩序可控。当我们走进赛事内场时，会面临内场管理的两种情况：第一，利用门票的区位安排，确保内场秩序的管理，如两个不同阵营球迷组织的隔离。第二，利用门票的座位标示，安排人的位置，如媒体席。

（3）增加财务收入。当体育赛事演进到商业化时代，体育票务收入之于体育整体收入的权重表现，成为体育票务当仁不让的重要砝码。作为体育核心产业中链接球迷/粉丝和竞赛本身的重要纽带，体育票务服务直接或间接地促进了体育的发展。

2）门票的功能

（1）消费者进入消费场所的凭证。这是门票所具备的最基本功能，但是同时这个功能是短暂的，进入相应场所之后门票的进入许可功能便已经失效。在相应的活动场所中，门票具备的是货币的功能，方便相应场所进行统一管理。另外，门票也具备一定的保障功能，消费者在购买门票的同时也购买了一定的保障，当发生意外事故时，消费者可以凭门票获得一定的保险赔偿等。

（2）导游的作用。游客们往往可以在门票背面发现景区或者活动场馆的景点、活动、展台分布。这些信息从最初的简单地图演变到今天的三维立体图，未来甚至可以结合手机 VR（虚拟现实）技术来对消费者进行指引，来指引消费者的方向和路线，方便消费者的参与和游览，使得消费者一目了然。

（3）观赏和收藏作用。一张好的门票，往往非常注重其设计和制作，具备较高的艺术性，使得游客赏心悦目，较为具有纪念意义的大型活动的门票甚至可以作为收藏品来珍藏，具备很高的艺术价值和商业价值。

（4）广告与宣传作用。门票一方面作为活动和景点的准入许可，另一方面也可以作为一种广告存在。例如某一个景点的门票可以宣传其他关联景点的美景。

（5）交换和赠送价值。人们在游览或者参加活动时往往会挑选一些纪念品送给自己的亲友，如果活动或者景点十分具有价值，人们会将具备高艺术性的门票当作礼物送给亲友，弥补亲友无法亲临现场的遗憾，使得自己的亲戚朋友能够感受到活动或者景点的美妙，同时间接地起到了一定的宣传作用。

3）门票的种类

门票分类可以从多个角度进行。以门票的制作材料来划分，门票可以分为纸质、金属、塑料、磁制、虚拟门票等；如果以门票的设计方式来划分，门票包括了一般类型、3D（三维）式立体门票、邮政类门票、标本式门票等；如果从门票的功能和设计初衷来划分，门票可以分为普通功能门票、收藏类门票、VIP（贵宾）门票、特殊限量门票等；如果以门票的对应人数来划分，门票可以分成单人票以及团体套票等；如果以门票蕴含内容丰富程度来进行划分，门票可以分为单位景点或活动票以及套票（包含了一系列完整的活动内容）。

4）体育门票的商业开发

体育票务工作贯穿赛事始终，良好的商业开发规划不仅能保障赛事票房，还能为体育赛事带来更大的商业价值。体育票务市场的商业开发是票务工作中的"宪法"，是票务工作执行、结算清算以及后期审计的依据。它所涵盖涉及的内容重点包括以下四个方面：票种票价、渠道建设、权益客户及查验机制。

（1）票种票价。无论是单项赛事还是综合性赛事，只要涉及售票，定价就是票务工作最基础的工作，以 2019 年男篮世界杯为例，票价除了考虑赛制，也根据城市分别进行了设定。在票价确定后，为了赛事票务销售的最大化，同时兼顾不同场次的看点，还需要进行票种设置：如要考虑赛程排布的单日通票、赛制阶段性销售的球队套票、赛制及观赛出行的城市套票，以及特殊观赛权益的款待计划票等（见图 2-2）。

（a）

（b）

（c）

（d）

图 2-2　2019 年男篮世界杯票种票价

（2）渠道建设。渠道建设需要考虑票务销售 2C 的应用场景和票务销售的整体控制，通常需满足：触达便捷、范围覆盖广、品牌信誉及控制管理等。渠道建设通常依据赛事规模、级别进行设定，官方渠道、非官方渠道等有不同侧重。通常大型赛事还设置款待计划，并设立单独渠道进行销售。以俄罗斯世界杯的票务工作为例，组委会为了票务销售除了建立了国内的购票渠道，还建立了国际配额购票渠道。而部分小区域范围（国家）单项赛事通常只需在国内范围进行销售即可，以北京中赫国安足球俱乐部为例，其渠道建设相对简单：自有（官网、APP）渠道、永乐票务、大麦网、懂球帝等（图 2-3）。通常中国国内出于安全考虑，安保禁止在场馆周边（3 千米范围内）安排现场售票渠道。

图 2-3　北京中赫国安足球俱乐部购票宣传图

（3）权益客户。体育内容提供方如 FIBA（国际篮球联合会）、IOC（国际奥林匹克委员会）和 FIFA（国际足球联合会）的商务权益形式决定了票务权益诉求，其权益客户包括赞助商、协会机构（媒体、体育协会、安保等）等，通常这部分客户票品有优先预留、优先购买权，而且随着票务工作的开展，这部分需求还会变化，加之这部分需求的量是个较大基数，所以这部分预留的技术处理和运营管理就非常关键。

（4）查验机制。体育票务的查验机制落实，能充分保障体育票务市场的商业价值。由于当前票面所应用的条码（一维码、二维码）和芯片有着唯一属性，从技术角度讲，查验机制决定着体育赛事票务系统的选择。票务系统作为票务工作中的工具体系，工作闭环需要满足现场的查验需求：二维码、实名制、生物识别技术等（人脸识别等）（图2-4）。众所周知东京奥运会票务查验已经明确使用人脸识别技术。而北京中赫国安足球俱乐部采用RFID（射频识别技术）（季票）、身份证实名制+票纸查验。

图2-4　体育票务查验机制的软硬件设施

2. 关于门票的国内外研究

由于当前大型活动的不断增多，门票作为其收入的基本保障，同时门票在许可的基础上还有大量的附加价值，具有巨大的商机。当前国内外研究人员对于门票已经投入了大量的研究，已经具有较多的研究成果和研究文献，如门票设计、门票发放、门票定时、门票销售等。相对来说，对于门票销售和营销类的研究文献较少。

1）国外与门票相关的研究

在西方国家的研究人员视角中，对于门票的研究可以集中于两方面：一方面是针对发展中国家的，他们认为发展中国家在进行门票制定时应该以经济优先，一切以活动或者景区的良好运营为前提，保证其经济收入；另一方面是针对发达国家的，他们认为其应该制定较低的门票价格，从而保证公民的良好权益。可见西方学者的研究是有偏袒性的。现分别展开介绍。

其一，针对发展中国家的票价研究而言，很多国外研究学者都比较支持发展中国家在 定程度上应该将其门票价格保持在较高的水平，并基于此观点展开了很多理论以及实证方面的研究。1998 年，Bruce Knapman[①] 提出了：在保持整体的票务收入的情况下，需要保持一个票价的平衡。在一定的价格区间内，门票价格的波动不会太过于影响其销量，但是一旦其超过了某一个阈值，就会大大超出人们对于门票付出金钱成本的可接受范围，从总体来看营收会下降。2005 年，Lisa C. Chase[②] 等学者发现，针对门票定价可以执行差异化的定价策略，将门票定价设定为阶梯状的标准，他们以波多黎各的 3 个公园为例进行了实证研究，进行对照试验，研究结果发现，差异化阶梯定价方式比原有的统一价格能带来更多的门票收入。2010 年，Kreg Lindberg 与 Bruce Aylward 等人以国家和政府的福利政策视角对票价进行了研究[③]，他们认为门票价格是国家福利的一方面体现，对于发达国家来说，政府应该保障其公民的高福利，在公共事业的门票方面应该给予民众最大限度的优惠；但是对于发展中国家来说，其是政府收入的重要来源，因此在门票价格方面应该保持较高的水平，以维持景区或者活动的开展。2016 年，Robin Naidoo[④] 在其研究成果中阐释道：对于自然风景区或者大型活动来说，其富含内容的丰富性、稀缺性或者不可替代性直接决定了消费者的参与度和对应的门票购买意愿。同时，当前也有很多研究人员反对较高的门票价格，这些学者往往都是从社会福利的角度展开研究的，2009 年，Thomas A. More[⑤] 认为，门票应该作为一种公共事业或者企业宣传的窗口，其象征着对于人们的接纳与诚意，对于属于公共事业的门票来说，门票体现的是社会效率、公平与福利，应该作为一种全民分享的公共产品，其价格应该保持在较低水平。对大型活动而言，门票应该作为其营销的窗口，真正发挥价值的是其附加的隐藏商业价值。2014 年，Ralf Buckley[⑥] 针对澳大利

① KNAPMAN B. Recreation user fees: an Australian empirical investigation [J]. Tourism economies, 1998 (1).

② CHASE L C, LEE D R, SCHULZE W D, et al. Ecotourism demand and differential pricing of national park access in Costa Rica [J]. Land Economies, 2005 (11).

③ LINDBERG K, AYLWARD B. Priee responsiveness in the developing country nature tourism context: review and Costa Rican case study [J]. Journal of leisure research, Third quarter, 2010.

④ NAIDOO R. Economies, biodiversity conservation and sustainable development [J]. Doctoral dissertation, 2016.

⑤ MORE T A. A functionalist approach to user fees [J]. Journal of leisure research, 2009 (31): 227-244.

⑥ BUCKLEY R. Protected areas pay to play in parks [J]. An journal of sustainable australian policy perspective on visitor fees in public tourism, 2014 (11).

亚的自然风景保护区开展研究，结合其国家的政治、文化、社会等相关因素开展了门票价格的研究，探讨其和国家公共服务政策之间的互相影响。他发现，门票价格一方面是保证收入的标准，另一方面是维护社会公平、保护生态环境、维持旅游业生机与活力的平衡点。

总之，国外学者对于门票的研究较为全面与谨慎，他们已经跳出了针对门票本身价值的研究，而集中于超脱于门票之外的价值研究。

2）国内与门票相关的研究

当前我国国内针对门票的研究大多集中于其本身价格方面，其研究大多发表在旅游经济学类期刊上面，如《价格月刊》《中国物价》等。我国学者最初的研究集中于个别案例分析上面，如裴忠林等人在1998年针对北京陶然亭公园开展的实地调查研究。2001年邓荣民、肖敏鹏[①]针对圆明园的票务结构与收费情况开展了研究，2006年刘元晨[②]针对沈阳盛京故宫展开了相关票务研究，2012年，刘亚萍[③]分析了张家界的旅游现状和收费变化，通过实证调查分析其票价的合理性。国内的研究人员普遍认同的一个观点是，在当前我国经济不断繁荣、人们生活水平和可支配收入不断提升的情况下，国内景点的票价普遍偏低，已经无法满足当地的维护成本和人力成本，有时甚至需要政府加以大力补贴，这种情况是需要改善的。即使在一定程度上提升票价，参与的消费者也不会减少。

2010年以来，由于宏观经济环境发生了变化，我国学者在票务研究方面出现了较大的分歧。

其一，有一部分学者坚持保持较高的门票价格并且不断地保持提升状态。2011年，张朝枝等[④]针对全球范围内的著名景点的门票涨价现象加以关注，对其涨价的原因进行具体分析，如观念变化、财政收入问题、人数控制问题、资源保护问题等，探讨了涨价的合理性，涨价对于以上四方面问题的实际效果，等等。2013年，迟文君[⑤]在其论文中阐述了票价上涨对于控制消费者数量、保护环境、维持资源的优良性方面的贡献。价格较高的门票一方面可以提升其收入、减少运营和维护成本，另一方面可以降低对其景区和资源的影响与破坏，

---

① 邓荣民，肖敏鹏.圆明园门票价位及票制结构之探讨 [J].北京物价，2001（12）：23-25.

② 刘元晨.从沈阳故宫门票调整引发的思考 [J].价格理论与实践，2006（8）：28-29.

③ 刘亚萍.张家界旅游业的成功因素与隐忧 [J].绿色中国，2012（5）：54.

④ 张朝枝，刘诗夏.城市更新与遗产活化利用：旅游的角色与功能 [J].城市观察，2011，5：139-146.

⑤ 迟文君.对我国旅游景区门票定价策略的思考 [J].价格月刊，2013（10）：17.

具有双重优势。2014 年，厉以献①以我国的著名景点以及大型活动为例，发现当前我国景点的容纳程度已经无法满足当前游客的趋势，尤其是在旅游旺季的时候，超大的游客规模已经对一些景点造成了严重的破坏。因此对应的承办方应该在一定程度上提升门票价格，以控制这种过度的流量带来的损失。

其二，另一部分学者反对门票保持较高价格并且赞同票务收费不断降低，这是基于更加完善的管理制度、附加福利政策、隐形商业开发等而言的。其中，2012 年，依绍华依据欧洲各发达国家，如德国、英国、法国、瑞典等国家的票务管理理念，在票务的基础上开展额外业务，如通过开发对应的福利彩票、建立专项票务基金等方式来缓解财政压力，弥补票务收入的不足。2013 年，田勇②借鉴了发达国家针对旅游景点的票务管理制度进行探讨，在制度上面节约费用。

2.2.3 门票定价国内外研究综述

1. 国内研究综述

在查阅国内相关文献的过程中，笔者发现国内专家、学者对美国职业体育场馆门票定价方面的研究较少，所查阅的这些文献可大致划分为三类。

第一类文献是以门票定价作为理论研究的对象，通过对门票定价的价值构成、内部关系及影响门票定价的因素等各方面进行研究以说明门票定价的本体特征。如徐凯在《关于我国职业比赛门票定价问题的初步研究》中解析了门票初始定价判断的概念，并通过门票价值构成中的限制因素说明了在实际运作中门票定价的空间。例如文中提到"竞争因素构成了对门票价格上限的最为基本的影响"。于美娜在《论我国体育赛事门票定价的影响因素和策略》中指出门票定价的前提是要确定比赛的价值基础及供求关系，通过观众需求与体育赛事的市场状况制定门票的差别定价策略。张凯连在《基于消费差别的商业体育赛事门票动态定价模型构建》中认为差别定价是以消费者市场的分布状况以及总体边际收入作为考量依据，再根据价格需求弹性制定而成的。张晓东在《体育赛事门票经营开发策略的研究》中论述了体育赛事里出现的观众参与行为在门票定价中起到的潜在作用。

第二类文献主要是以我国成功举办的一些大型的综合性体育赛事为背景，结合对营销策略的影响和与观众之间的关系说明了门票定价在赛事营销体系中

① 厉以献. 中国世界遗产地边缘特征及其思考 [J]. 旅游学刊, 2014, 20 (3): 23-32.
② 田勇. 国外旅游景区门票价格特征及其启迪 [J]. 价格月刊, 2013 (5): 38-40.

所起到的作用。如王晨曲在《综合性体育赛事门票营销探讨》中从赛事营销的角度，结合赛事举办方对赛事收入的预期要求以及消费者在观看比赛过程中的不同需求，综合阐述了门票定价在赛事前期筹办过程中的锚定作用及在门票营销体系中的核心地位。贺权在《浅析奥运会门票定价的经济学依据及其销售策略》中通过设定经济模型和奥运观众的消费曲线，结合奥运会门票定价所依据的基本原则和价格歧视原理分析了对奥运会门票的定价策略。韩开成等在《价格歧视策略在奥运会门票定价中的运用》中说明了要获得高收益率的门票收入，采用的门票定价策略必须建立在观众消费的心理需求上。王润斌在《北京奥运会门票定价与销售的多维审视》中则提到门票定价应面向社会大众，不应为了高端市场而侵占普通观众的利益。黄道名、王秋萍在《试析第16届亚运会门票定价问题——基于大型综合赛事门票定价体系的计量模型分析》中对门票定价所应参考的经济因素进行了归纳，并结合广州市作为亚运会举办地的经济特征与举办赛事所预期的门票及周边收入进行了详细的对比研究。张建新在《我国男子篮球职业联赛门票定价策略和分销渠道的调查研究》中将门票定价策略与职业联赛营销相结合，提出门票定价应根据观众需求及时调整策略，门票销售应制定多元化的分销渠道。刘萍在《对我国商业足球比赛市场形成及其门票定价分析》中认为，我国的职业体育联赛的门票定价不应为追求短期利益制定偏高的价格，而流失庞大的潜在顾客群体。

第三类文献则以不同的思路分析了门票定价对职业体育比赛的影响，更加突出了门票定价的作用及特点。以两篇台湾学者的研究成果为例，胡新民在《职棒门票定价策略、球迷涉入程度及参与动机之探讨》中为门票定价研究提供了一条新的研究思路，即将不同的门票定价策略对球迷涉入程度的影响作为研究的出发点，依此进行了抽样调查，对结果分析后证明了门票定价能够反映出职业体育消费群体个性化的特点。而林中程、魏文聪在《美国职棒大联盟门票定价策略之探讨》中强调门票定价策略的研究应在门票价格量化分析的基础上，再依据不同消费族群的需求进行目标市场区域划分，对门票实行差别定价，并说明了门票定价应满足职业体育高度市场化的需求。

2. 国外研究综述

在检索出的各类国外关于美国职业体育球馆门票的研究成果中，笔者发现美国本土的研究学者研究的角度与立场不同，在此选取比较有代表性的两篇：美国学者 Dennis R. Howard 与 John L. Crompton 在 Tactics used by sports organization in the United States to increase ticket sales 一文中就体育赛事的门票营销渠道给出了几点建议，职业体育比赛的季票应调整出更大的空间，根据观众的需求灵活调整营销策略，退票、网上购票一体化等人性化的软设施会给球馆带来更多的消费者。Charles A. Santo 在 Can public consumption benefits justify a municipal stadium investment 中阐述了公共资金与公共体育场馆建成后投资回报之间的关系，并在不同类型的设施的比较中，分析了当地政府以及民意对于修建公共体育场馆所起到的导向作用。

2.2.4 门票定价特征分析：以美国职业体育场馆门票定价为例

目前，美国职业体育场馆门票定价特征主要反映在定价模型、定价方案、定价体系上。那么在了解了门票定价的相关内部构造特征的基础上就可以对门票的定价模型、定价方案、定价体系进行分析与研究。在介绍定价模型之前，先要对门票收入有一个了解。在场馆制定门票价格以后，通过场馆的营销体系在财务上最终将形成门票收入。在财务体系中，可以说门票收入是门票定价的结果，是能够反映出场馆所选择门票定价方案优劣最直接的指标。反过来，在场馆门票定价的过程中，也需要将往年门票收入情况作为选择定价方案的依据，可见门票收入也会对门票定价产生较大的影响。那么要研究门票定价就要从对门票收入的研究开始，在了解了与门票定价有关的场馆内部构造特征的基础上，本章将场馆门票定价进行了更深层次的探究。结合门票收入与门票定价的特点建立职业体育球馆的定价模型，通过实际的 NBA（美国职业篮球联赛）/NHL（国家冰球联盟）门票定价方案纵向对比分析，将门票方案数值标准化汇总后建立起 NBA/NHL 门票定价体系，并进行不同城市间 NBA/NHL 门票定价的横向比较。

1. 门票收入计算方法

美国职业体育场馆的收入来源包括门票收入、停车位收入、广告收入、场馆内配套的餐饮销售收入及纪念品销售收入等。但其中门票收入占场馆总收入的比例较大使其成为体育场馆收入的重要来源，也是场馆其他收入来源的基础。与门票收入相比较而言，计算停车位、餐饮与纪念品等收入相对简单，因为这些收入只与上座率有关，即与观看比赛的观众人数成直接倍数关系：

$$停车位收入＝上座观众人数×X（\$）$$

$$餐饮及其他销售收入＝\$上座观众人数×Y（\$）。$$

要确定场馆门票收入，在这里首先要了解门票收入的计算方法。现在美国职业体育场馆将用来计算某场比赛门票收入所使用的方法称为标准会计方法（standard accounting methodology，SAM）。其主要特点是依据场馆座位总量与上座率确定每场比赛观看比赛的人数，再乘以平均票价得出球馆的门票收入，计

算公式为

$$门票收入=（球馆座位总量×上座率）×平均票价$$

例如，一场比赛中，场馆座位总量为 20 000、上座率为 80%、平均票价为 35＄，则这场比赛门票收入＝（20 000×80%）×＄35＝＄560 000。

显然，要进一步了解门票定价，就必须先了解影响门票收入的三个因素。前面已了解球馆座位总量的变化特征，比较 2007 年前后 NBA/NHL 球馆座位总量有 9% 的增长，但对于美国职业体育球馆 60~120 年的使用年限而言，球馆座位总量在数值上的波动幅度非常小，可将球馆座位总量视为一个恒定的数值。但这并不意味着球馆中每一排的座位数量都是相等的，在 NBA/NHL 球馆中，以中央比赛区为中心，球馆每排座位由下往上逐排递增。关于上座率的概念可以这样解释，可将观众观看比赛的过程中，任意一排座位上观众的人数与这一排总的座位数的比值称为上座率，任意两排座位上若分布着比例相等的观众，则称这两排座位的上座率相等。平均票价是每排票价综合后的算术平均值。上座率及平均票价的变化特征比较复杂，需要根据具体的情况进行具体的研究。

2. 门票价格与场馆座位的关系

门票收入是由场馆中每个座位的门票价格相加所得。要说明门票价格与场馆中座位的关系就要引入一个理论模型即城市土地利用理论模型。城市土地利用理论模型是 Von Thunen 在 1826 年第一次解释了地租与土地使用权的关系后，由 Alonso 与 Mills 将农业土地地租的标准模型改进成为城市土地地租模型，并借此说明了居住地选址与城市土地之间的关系 z。城市土地利用的模型架构虽然不适用于现在美国多核心的城市形态，却适用于 20 世纪初美国单中心城市形态。城市土地利用理论模型的内容是：首先做一个假设，将城市用地假定为一整块平坦且无土质差别的土地，城市中主要商业活动都在相对集中的区域，这片区域就是中央商务区（CBD）。假设城市中所有居民都在 CBD 以外居住且距离 CBD 每千米的交通费用是固定的。另外，所有居民的收入及就餐地点均固定，且消耗固定量的土地。城市中所有区域空气质量、公共服务及税收都相同。则可以计算出居民在居住地选址以后的总费用。计算公式为

$$U（x，L）=x+R（u）L+tu$$

式中，Y 表示费用；x 表示商品消耗量（物价指数恒定为 1）；L 表示土地消耗量（固定用地面积）；R 表示距离为 u 时土地租赁价格；t 表示每千米交通费用；u 表示与 CBD 的距离。

在假设的条件都相同时，公式中 X 对每个人来说都是相同的，当随机给定一个固定居住范围后，需要权衡距离和地租的问题就变得越来越明显了。通过公式看到交通费（tu）将随居住地与 CBD 距离增加而升高，地租随着居民所选择的居住地与中央商务区间的距离增加而减少。由此可见，地租会受到居住地与 CBD 距离及便捷程度因素的影响。居民在选择低额地租的同时，所付出的代价是距离 CBD 较远及相对较多的交通费用；相应地，与 CBD 距离最近的居住地的地租最高。对于居住地地租与距离 CBD 远近的选择根据居民需求不同，必会有所取舍。

在进行改良后，城市土地利用的理论模型也适用于美国职业体育场馆的门票价格与场馆座位远近关系的研究。同样，先假设整个场馆中所有的座位都是完整连续的且建造材料都相同，场馆中举行比赛的区域则可称为中央比赛区（central game field，CGF），场馆中任意上下相邻的两圈座位间的距离是固定的。通过计算居民在选择居住地后总费用的计算公式得出结论——门票价格与座位距离 CGF 的远近呈现反向增长。当中央比赛区确定后，离中央比赛区最近的座位的门票价格是最高的，而当座位向上逐排递增时，门票价格也如同地租的变化一样会随之降低；当座位逐渐靠近 CGF 时，票价便会逐渐升高。对于观众而言，要在门票价格与座位距离 CGF 的远近的问题上做出选择，则要根据自身的需求不同有所取舍。那么观众选择购买低额票价的同时就要付出座位远离 CGF 的代价。

单中心城市土地利用模型的研究结果还表明，当以 CBD 为圆心的同心圆半径扩大时，城市土地地租是无差别均匀递减的，方向对此并无影响。举例而言，在单中心城市的西边和东边同样距离 CBD 15 千米远的城市土地的地租是相等的。那么，在门票价格与球馆座位的关系研究中，"场馆内所有座位的票价只与座位距离 CGF 的远近有关，是否与座位所在的方向无关"的对应命题在此还并不能确定。

2.3 国内外大型体育赛事门票定价的相关研究

体育赛事门票定价作为体育赛事市场化运作的重要内容还会影响到商业赞助、电视转播权销售、特许经营权利或产品销售等其他部分的经营效果，所以越来越受到人们的关注和重视，于是对体育赛事商业化运作方式与策略开始有了更多的探讨。① 特别是杨铁黎②在《转型期我国体育赛事市场化运作特征与对策研究》一书及三篇报告中"清楚地阐述了体育赛事市场化运作的一系列指标变化特征，提出了改革和提高市场化运作的对策，这对把握赛事票务运营的大方向，以及讨论和理清与其他两个指标（特别是赞助）之间的关系有很大的帮助"。

总体来说国内外对于体育赛事票务管理的相关研究相对较多，普遍认为票务运营管理是一个复杂的过程，主要研究重点包括门票的性质、定价策略、票务营销策略、体育赛事门票经营开发、观众消费等。

王晓东③在其博士论文《体育赛事门票经营开发策略的研究》一文中提出：随着我国广大人民群众消费水平的提升与体育意识的增强，我国体育赛事门票市场已经形成一定的规模。但是当前我国体育赛事门票市场的发展速度仍然比较缓慢，主要是由于国内举办的赛事水平与品牌含金量相对较低。目前赛事门票需求相对火爆的赛事仍是在世界范围内有一定影响力的国际顶级赛事，这也说明了我国竞技表演市场有一定的发展潜力。

黄群玲与黄群艳④在其《2010 年广州亚运会门票销售的经营与管理》一文中提出：2010 年广州亚运会重要的收入之一是门票收入，针对门票销售中可能存在的问题，提出利用法律手段和技术手段打击非法倒卖及伪造亚运会门票的行为；加强推广宣传力度；搭建票务信息发布沟通渠道；运用价格杠杆来分配门票；实行监督委员会惩罚违法违纪制度；采用优惠政策，提高赛事上座率。

葛幸幸与刘素梅⑤在其文章《奥运会门票定价与销售的多维审视》一文中同样提出：奥运会组委会的主要收入来源之一为门票收入，其中奥运会门票工作的重要核心环节为门票的定价与销售。

国外学者 Branvold S E⑥ 在其 The use of promotions in college baseball 一文中剖析了美国大学棒球联赛的门票促销策略，指出：不同层次级别和水平的赛事

---

① 徐伟. 体育赛事市场化研究 [D]. 南昌：江西师范大学，2006.

② 杨铁黎. 转型期我国体育赛事市场化运作特征与对策研究 [M]. 北京：北京体育大学出版社，2008：181.

③ 王晓东. 体育赛事门票经营开发策略的研究 [D]. 北京：北京体育大学，2005.

④ 黄群玲，黄群艳. 2010 年广州亚运会门票销售的经营与管理 [J]. 首都体育学院学报，2009，21（4）：399-402.

⑤ 葛幸幸，刘素梅. 奥运会门票定价与销售的多维审视 [J]. 武汉体育学院学报，2008，42（7）：59-63.

⑥ BRANVOLD S E. The use of promotions in college baseball [J]. Sport marketing quarterly，1992（1）.

都利用了销售促销的形式（与宣传、广告或人员促销形式不同）来促进观众购票。文中的研究结果表明：众多取得优异成绩的一级大学球队都采取了这种比赛促销的形式，而且发现运用或者不运用这种销售促销方式的比赛在上座率上有显著的差异。

Mawson，-M. -L，Coan，-E. -E① 在其 Marketing techniques used by NBA franchises to promote home game attendance 一文分析了 NBA 主场促销形式，指出：通过问卷调查的形式对 22 个 NBA 特许经营公司的销售经理进行了访谈，问卷的问题包括用于主场促销的形式 22 项，要求他们用五级评定方法对 22 项促销形式是否有效与有效程度做出自己的判断。根据一定的标准将调查对象分为两组：低上座率公司和高上座率公司，报告表明这两组的数据存在显著性差异，与高上座率的公司经理相比，低上座率公司被调查者认为在营销战略规划和管理过程中利用报纸广告等形式宣传更能提高赛事上座率。

此外，Yanni Thamnopoulos 和 Dimitris Gargalianos② 在其 Ticketing of large scale events：the case of Sydney 2000 Olympic Games 一文中提道：门票销售工作对于大型体育赛事和组委会来说是一项艰巨而又非常重要的工作。因为不仅要兼顾观众的利益，还要考虑平衡赛事的收入、赞助商利益与政治因素。

关于体育赛事门票定价策略研究的相关文献较多。

毛小燕③在《大型体育赛事门票定价策略分析研究》一文中指出：定价策略是一门学问，赛事承办方在制定价格的时候要依据科学的定价步骤，考虑宏观环境和微观条件的影响、产品自身的特性、消费者的利益诉求、外界对赛事的评价等多方面的因素，采取价值导向、低价渗透、产品差异化、促进消费等定价策略，来实现赛事的盈利和影响力扩大的双重目标。同时，定价策略也不是一成不变机械实施的，而是依据不同的服务对象和产品特性采取灵活动态的定价策略。赛事门票定价策略最好的检验方法是门票的销售情况。门票销售与门票定价两者是紧密联系、相辅相成的，销售策略与定价策略必须同步实施，合理配合才能提高增加赛事的票房收入，才能最终完成营销学的最高目标。

梁斌④在其硕士论文《基于双边市场理论探讨我国体育赛事门票定价策

① Mawson，-M. -L，Coan，-E. -E. Marketing techniques used by NBA franchises to promote home game attendance [J]. Sport marketing quarterly，1994 (1).

② THAMNOPOULOS Y，GARGALIANOS S D. Ticketing of large scale events：the case of Sydney 2000 Olympic Games [J]. Emerald，2002，20 (1)：22-23.

③ 毛小燕. 大型体育赛事门票定价策略分析研究 [J]. 运动，2013 (67)：137-138.

④ 梁斌. 基于双边市场理论探讨我国体育赛事门票定价策略 [D]. 北京：首都体育学院，2010.

略》中指出：基于产业特征的视角，体育竞赛表演业的核心产品是体育赛事，它为赛事赞助商（合作伙伴）提供了一个与赛事观众（消费者）互动交流的机会与平台。他们双方有着"交叉网络效应"，因此体育赛事有"双边市场"的显著特点。目前我国在体育赛事的门票价格制定上基本采用差别定价，包括基于赛事类型和基于消费者两类，另外还有配售或搭售定价。实际应用时会由于过于单方面考虑成本，影响定价效果。体育赛事的门票定价对赞助商也有影响，在考虑定价策略时应将赞助商也考虑到定价体系中。

昝胜锋、顾江与郭新茹[1]在《产品差异化条件下的体育赛事定价策略研究》一文中同样提出：本质上体育赛事产业是双边市场，包括观众、赛事和赞助商。鉴于双边差异化和网络外部性导致的用户增加，体育赛事通常拥有更强的市场势力。

于美娜[2]在其硕士论文《论我国体育赛事门票定价的影响因素和策略》中认为，体育比赛的价值是门票定价的理论根据，也是门票定价的基础，体育门票定价的杠杆则为体育比赛的供求。具体影响体育赛事门票定价的因素主要包括：体育赛事产品、观众的需求、市场竞争、体育赛事的供给以及运营者的营销目标等。

唐乐[3]在其硕士论文《夏季奥运会门票定价的影响因素研究》中提出：奥运会门票定价与一般商品的定价在定价目标、定价方法和定价策略上有所不同。一般商品的定价目标主要是获取利润或获取市场占有率，从而取得一定的经济利益，而同时力求使更多的人到现场观看比赛是奥运会票务工作的目标。一般商品通常根据需求、成本与竞争的导向定价，而奥运会门票定价主要采取感受价值定价法。一般商品采用的定价策略主要有折扣定价策略、心理定价策略、差别定价策略、地区定价策略等，而奥运会门票定价策略主要是价格歧视策略和产品组合定价策略。

徐广华[4]在其《我国体育赛事门票定价机制及制约因素分析》一文中指出：赛事主办方对门票定价认识不清楚、不完善，体育赛事定价机制的市场化程度不足。

---

① 昝胜锋，顾江，郭新茹. 产品差异化条件下的体育赛事定价策略研究 [J]. 体育科学，2008，28（7）：78-82.

② 于美娜. 论我国体育赛事门票定价的影响因素和策略 [D]. 上海：上海师范大学，2007.

③ 唐乐. 夏季奥运会门票定价的影响因素研究 [D]. 北京：北京体育大学，2007.

④ 徐广华. 我国体育赛事门票定价机制及制约因素分析 [J]. 企业定价，2013，349（7）：95-96.

张连凯[①]在其《基于消费差别的商业体育赛事门票动态定价模型构建》一文中提出：根据消费差别的门票动态定价策略要求赛事运营者将一场体育比赛的观众按照不同类型分类，根据有不同需求曲线的观众索取不同的门票价格。当然这种定价策略的前提是体育场馆的座席容量不受限制，具体来说就是要在体育场馆座席容量范围以内，即假设提供座席数量的边际成本基本上为零，当门票价格满足均衡条件时，利润将实现最大化。如果在实行此策略时购票观众人数超过了球场座席最大容量，则赛事的票房收入将不再增加。

综上所述，学者大多数都认为体育赛事门票的定价有别于其他产品定价，应充分考虑观众、主办方、赞助商的利益，根据赛事采取有针对性的定价策略。

此外，赛事门票的销售与消费者息息相关，也有学者从消费者的角度对赛事票务管理进行了研究。如孔庆波[②]在其《基于赛事门票价格功能的消费心理研究》一文中提道：体育赛事门票价格问题应属于经济学和心理学共同研究的范畴，既要考虑赛事本身的价值，又要考虑观众的实际情况。前者主要由经济学统筹计算，而后者需要心理学来探析思考。从赛事门票价格功能和观众价格心理表现的角度来讲，体育赛事门票价格的定价策略和方法针对性较强，尤其是定价策略受观众个人需要、情感、兴趣、爱好、个性心理等多方面的影响，决定了赛事门票定价方法的多维性与复杂性。因此，体育赛事门票定价和可持续发展还需结合消费行为学的知识进一步研究与深化。

综上所述，体育赛事票务管理已成为如今国内外体育赛事运作中重要的一环。体育赛事票务管理不只与整个赛事的票房收入情况息息相关，也与体育赛事能否顺利圆满地举办密切相关。但是学者更多的是从定性的角度对体育赛事票务管理进行研究，具有一定的局限性。

---

① 张连凯. 基于消费差别的商业体育赛事门票动态定价模型构建 [J]. 西安体育学院学报，2010，27（4）：428-430.

② 孔庆波. 基于赛事门票价格功能的消费心理研究 [J]. 山东体育科技，2012，34（5）：25-28.

第3章 体育赛事门票市场
发展现状及趋势

3.1 体育赛事门票市场发展现状

3.1.1 体育赛事门票市场发展历程与环境分析

我国虽然人均 GNP（国民生产总值）早已在 2000 年超过 800 美元，但消费习惯和偏好还处于相对滞后的状态，体育产业并没有真正得到迅猛发展。《体育发展"十三五"规划》等文件中提出，接下来的战略目标是实现体育产业总规模超过 3 万亿，产业增加值在国内生产总值中所占比重达到 1%，体育服务业增加值占比超过 30%，体育消费额占人均居民可支配收入比例超 2.5% 等。从中可以看到，体育赛事门票的市场行情可以作为体育市场发展程度的基准线。当体育赛事门票的销售额真正进入快速增长时，才能够认为中国的体育赛事的影响力能够真正支撑起版权，体育运动员的 IP（知识产权）价值会像娱乐明星一样显现出来，体育经济的发展才有更强劲的动力。从体量来看，中国的体育产业刚刚起步，大部分国民对于体育的认识还停留在竞技类、专业赛事上。但大众赛事的热度逐年上升，消费者的消费能力和意识比过去 10 年要强很多，未来赛事门票的市场体量会有至少 10 年的持续增长。

中国体育产业的构成是类金字塔形的，塔尖是竞技类体育，然后是大众赛事、全民健身、体育用品等，赛事门票的消费者人群几乎可以被认定为体育行业内净值最高的人群。此外，门票是俱乐部赛事的最终落地点之一，门票是资源的串联者，可以连接起更多的俱乐部、赛事，可以触达衍生品、彩票，从而切入整个体育产业链。因此通过对赛事门票的研究，能够发现体育产业中更多的机会和发展契机。

1. 体育赛事门票市场发展历程

体育赛事门票市场发展历程如图 3-1 所示。

图 3-1　体育赛事门票市场发展历程

1）萌芽期：网络订票出现（1993—2006 年）

在现代商业社会中，由于人们的经济交往越来越频繁，活动范围扩大，生活方式多样化，人们需要各种票据作为凭证，如出行需要车票、观看体育赛事需要门票、看电影需要电影票等。采用传统的人工售票方式，费时费力。随着互联网的快速发展，票务网络化和在线化成为解决日常生活中购票难问题的必然措施。

2）缓慢成长期：体育票务市场逐渐壮大，移动票务开始兴起和发展（2007—2014 年）

2008 年北京奥运会的成功举办使得我国体育产业得到了更多关注和发展，民众对于体育赛事有了更多的理解和认识，体育门票市场也开始逐渐壮大起来。另外，随着 3G、4G 网络，第三方支付技术以及智能手机的普及，移动购票也开始兴起。

在移动互联网时代，各大票务网站都开始布局移动市场。除了像大麦、永乐一类的 PC（个人计算机）票务网站入驻，还有类似东方票务、中演票务一类的垂直传媒集团的产品，以及其他各种票务 APP，如西十区提供的一个全方位卖票平台，劲虎体育提供的运动赛事票务等。

3）快速发展期：票务 O2O（线上到线下）变革；云计算、大数据、VR 等新技术的应用；移动化和 SaaS 模式的普及（2015 年至今）

2015 年是 O2O 的爆发年，而在线票务 O2O 也与其他互联网产品一样得到了快速发展。如微票儿与北京体育之窗文化有限公司联手打造的线上线下一体化"体育迷服务平台"，以"体育票务+现场运营"为切入点，提供体育O2O运营服务。但是O2O不可避免地会通过补贴来争取用户，抢占市场，在一定程度上实现了以价换量。然而价格战不会一直持续，因此必须寻求多样化的发展路径提升整体盈利水平。目前众多在线票务平台开始向产业链的上下游扩展。

向上游扩展主要是通过对体育赛事IP培养、智慧场馆建设、系统平台搭建等，参与到整个票务上游的投资、赛事运营、营销等环节；向下游扩展则是通过提升服务和用户体验，如优化在线选座系统、挖掘周边衍生品市场以及开放社区功能等。

另外，各种新技术也开始在体育行业被应用。例如，大数据技术能够使得在线票务网站根据用户行为数据去做精准营销；VR技术的应用能够大大提升用户的观赛体验，降低用户的参与门槛，这也使得未来可能会出现新的票种和观赛渠道；云计算技术的应用、移动化和SaaS（软件即服务）模式的普及使得传统体育场馆、体育赛事公司、俱乐部等运营系统得到升级，变得越来越智能化，能够更好地对用户进行管理、分析、提供增值服务等。

2. 体育赛事门票市场发展环境分析

1）体育经济环境

2019年1月，国家统计局与国家体育总局公布了《2017年全国体育产业总规模与增加值数据公告》。公告显示：2017年体育产业总规模为2.13万亿元（图3-2），增加值为7 811亿元，超出GDP增速不少，增加值在GDP占比中更首次突破1%。2017年全国居民人均可支配收入高达2.5万元，名义增长9.0%。随着社会整体发展，广大人民群众自觉健身的意识不断增强。

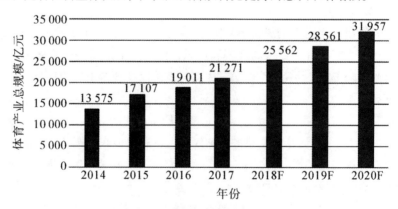

图3-2　中国体育产业市场整体规模

数据来源：国家统计局、国家体育总局。

按国际通行标准，当人均 GDP 达到 5 000 美元时体育产业将会迅速发展，2017 年中国人均 GDP 达 8 000 多美元，但人均体育消费只相当于全球平均水平的 1/10，我国人均体育消费水平仍有很大的提升空间（图 3-3）。

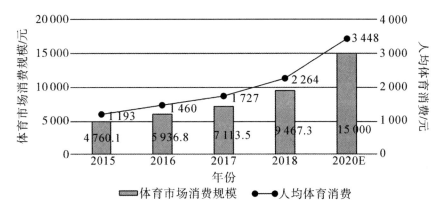

图 3-3　中国体育消费市场规模及人均体育消费发展趋势

数据来源：国家体育总局、易观。

90 后、00 后的年轻一代作为新兴主力消费人群，他们在运动消费、互联网体育方面的相关消费需求明显，因此众多品牌在个性化服务领域发力。90 后、00 后在文化娱乐消费的占比已经超过 24.5%，高于 80 后、70 后，并已经形成成熟的消费群体，开始成为消费意愿最旺盛的消费群体。他们个性鲜明、追求时尚，消费独立，热衷于各种形式的文化娱乐，成为娱乐产业的重要目标客户。美国体育产业消费人群画像如图 3-4 所示。

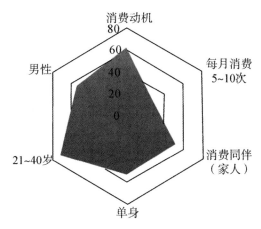

图 3-4　美国体育产业消费人群画像

资料来源：公开资料。

消费升级的浪潮掀起健身热，新一代的审美以马甲线、八块腹肌为代表。从百度词汇热度对比来看，健身相关关键词，如马甲线、腹肌等从 2015 年起热度明显增加，这反映了消费者对健身的关注度大增。在各大社交平台如微博、朋友圈等越来越多的人开始晒出健身照片和锻炼成果，"脱衣有肉，穿衣显瘦"成为衡量男性魅力的一大标准。如今健身不仅是为了追求健康，更是成为一种时尚。

同时，市场流动性资金宽裕，资本看好体育产业，各类基金不断出手。上市公司看好体育产业的长期发展，纷纷成立基金，可通过投资与并购，整合体育相关资源，为自身业务创造新的发展点，丰富自身业务生态。另外，上市公司所设立的多只体育基金，均与地方的引导基金有密切关系；社会资本与政府资源的相互合作，在促进地方体育产业发展，加速体育公司的成长方面有着较好的作用，这也是国家和地方宏观政策的落实方式之一（表 3-1）。

表 3-1　上市公司热衷成立体育产业基金

投资机构	机构背景	管理机构	投资方向
动域资本	动域资本成立于 2015 年，由贵人鸟股份、虎扑体育和上海景林投资管理有限公司共同发起成立，专注于体育产业投资	贵人鸟、虎扑体育和景林投资	工具/社区、O2O 等入口型体育服务产品；B 端系统产品
探路者和同体育产业并购基金	探路者和同体育产业并购基金成立于 2015 年，由探路者、子公司天津新起点、江西和同资产 3 家共同发起设立，主要关注投资体育垂直类媒体和大众体育赛事相关领域	江西和同资产管理有限公司	投资了奥美康、FitTime、众景视界、冰世界、乐动天下、光猪圈健身、马拉松；倾向体育营销、健身和硬件技术开发等
雷曼凯兴体育文化基金	该基金成立于 2015 年 7 月，由深圳雷曼光电科技股份有限公司与控股股东李漫铁、北京雷曼凯兴投资管理有限公司共同投资设立，总规模为 5 亿元，首期 1 亿元，专注于体育文化产业基金管理，以投资体育垂直类媒体和大众体育赛事相关领域的企业为主		目前披露骑行项目 1 个，足球项目 2 个

从 2013—2016 年国内体育行业投资事件及金额变化（图 3-5）可以看出，体育行业的投资事件数量及金额都在逐年上升，尤其是在 2015 年，投资事件数量达到了 2014 年的近 4 倍，金额是 2014 年的近 3 倍。这一方面与 2015 年整个创投市场火热有关，另一方面也与体育产业处于爆发期有关，众多资本方都在布局该产业。尽管 2016 年处于资本寒冬期，但是我们从投资事件数量和金

额可以看到，2016 年的投资事件数量基本与 2015 年持平，但是投资金额却是 2015 年的近 2.5 倍，资本寒冬似乎并没有给体育行业带来影响，体育行业的投融资表现依然亮眼，可见资本市场十分看好体育产业。

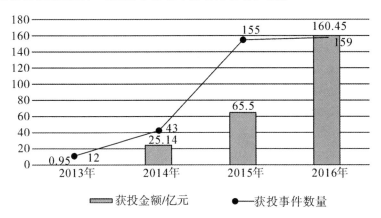

图 3-5　2013—2016 年国内体育行业投资事件及金额变化

从 2015—2016 年国内体育行业获投轮次变化（图 3-6）来看，2016 年的早期投资（A 轮及 A 轮前，下同）占比达到 85%，与 2015 年 94% 的占比相比有小幅度下降，并且 2016 年早期投资主要集中在 A 轮，而 2015 年集中在种子天使轮。另外，2016 年的中后期投资（B 轮及 B 轮后，下同）占比达到 12%，而 2015 年的占比仅为 4%。可见 2016 年的资本对于进行种子天使轮融资的初创期项目还是比较谨慎的，这与整个创投市场的大环境也比较相符——资金流向 TOP（奥林匹克全球赞助计划）项目。

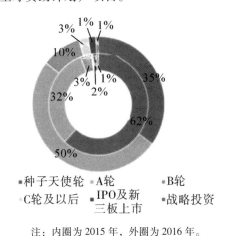

注：内圈为 2015 年，外圈为 2016 年。

图 3-6　2015—2016 年国内体育行业获投轮次变化

2014—2017 年中国企业海外并购足球俱乐部案例如表 3-2 所示。

表 3-2 2014—2017 年中国企业海外并购足球俱乐部案例

编号	主并方	并购目标	联赛	公司行业	金额	控股情况/%
1	上海品怡	帕维奇	意丙	金融	不详	100
2	合力万盛	海牙	荷甲	体育	800 万欧元	100
3	万达集团	马德里竞技	西甲	房地产	4 500 万欧元	20
4	莱德斯集团	索肖	法乙	LED	700 万欧元	100
5	中国华信	布拉格	捷甲	能源	约 1 000 万欧元	60
6	星辉互动	皇家西班牙人	西甲	娱乐	约 1 700 万欧元	56
7	上海根宝	洛尔卡	西乙	体育	未透露	51
8	龙峰企业	洛尔卡	西乙	房地产	未透露	49
9	华人文化	曼城	英超	投资	4 亿美元	13
10	浙江睿康	阿斯顿维拉	英冠	信息	5.7 亿元	100
11	双刃剑体育	格拉纳达	西甲	体育	3 700 万欧元	98
12	铂涛集团董事长郑南雁	尼斯	法甲	酒店	4 000 万欧元	40
13	苏宁电器	国际米兰	意甲	电商	2.7 亿欧元	70
14	雷曼光电	纽卡斯尔喷气机	澳超	LED	550 万澳元	100
15	复星集团	狼队	英冠	房地产	4 500 万英镑	100
16	奥瑞金	欧塞尔	法乙	包装	700 万欧元	59.95
17	中欧体育	AC 米兰	意甲	体育	5.2 亿欧元	99.93
18	棕榈集团	西布朗维奇	英超	投资	3 亿元	88
19	莱茵体育董事长高继胜	南安普顿	英超	体育	2 亿英镑	80
20	戴秀丽、戴永革姐弟	雷丁	英冠	房地产	未透露	75
21	5U 体育	北安普顿	英甲	体育	未透露	60

资料来源：新浪体育、网易体育、搜狐财经、财经网等各大网站及报纸的数据资料。

2) 政策引导对于体育赛事门票市场的影响

自 2014 年以来国家发布了各项关于体育发展、体育行业、场馆建设等政策，这其中，国务院公布的《国务院办公厅关于加快发展体育竞赛表演产业的指导意见》（以下简称《意见》），对于体育票务行业的发展起到了至关重要的作用。

中国国家体育总局副局长李颖川表示，《意见》主要从提出产业发展目标等五个方面规划引领中国体育竞赛表演产业发展。2018年12月21日，国务院新闻办公室举行政策例行吹风会，邀请李颖川就《意见》介绍情况

李颖川表示，《意见》首先提出可量化体育竞赛表演产业发展目标：到2025年，产业总规模将达到2万亿元（人民币，下同），建设若干具有较大影响力的体育赛事城市和体育竞赛表演产业集聚区，推出100项具有较大知名度的体育精品赛事，打造100个具有自主知识产权的体育竞赛表演品牌，培育一批具有较强市场竞争力的体育竞赛表演企业。

国家体育总局经济司司长刘扶民解释道，2016年中国体育产业总规模是1.9万亿元，我们设定体育产业平均年增长率为14%，照此测算，竞赛表演产业规模到2025年将超过2万亿元。

李颖川表示，《意见》还从丰富赛事活动、完善赛事体系，壮大市场主体、优化市场环境，优化产业布局、加强平台建设，强化协调配合、加强资金保障四个方面规划体育竞赛表演产业发展。

国家体育总局政策法规司司长褚波表示，为了进一步保证《意见》落实到位，将持续推进全国体育行业"放管服"改革，优化相关赛事审批事项，建立健全行业信用体系，加强行业自律，并要求全国各地各部门强化部门间、地区间协同配合，形成工作合力，确保目标得以实现。到2025年，体育竞赛表演产业总规模达到2万亿元，基本形成产品丰富、结构合理、基础扎实、发展均衡的体育竞赛表演产业体系。

助力发展职业赛事。着力发展足球、篮球、排球、乒乓球、羽毛球、冰球、围棋等职业联赛，鼓励网球、自行车、拳击、赛车等有条件的运动项目举办职业赛事，建立具有独立法人资格的职业联赛理事会，合理构建职业联赛分级制度。遏制非理性投资和无序竞争。积极探索适应中国国情和职业体育特点的职业运动员管理制度，借鉴"名人堂"等国际经验建立职业体育荣誉体系，推动实现俱乐部地域化（国家体育总局、民政部、人力资源和社会保障部负责）。

支持引进国际重大赛事。综合评估世界锦标赛、世界杯赛等大型单项国际赛事的影响力和市场价值，引进一批品牌知名度高、市场前景广的国际顶级赛事。筹办好北京冬奥会、冬残奥会及赛前各级各类测试赛，树立国际重大赛事与城市良性互动、共赢发展的典范（国家体育总局、北京冬奥组委负责）。

引导扶持业余精品赛事。创新社会力量举办业余体育赛事的组织方式，开

展马拉松、武术、搏击、自行车、户外运动、航空运动、极限运动等项目赛事，采用分级授权、等级评价等方式，增加赛事种类，合理扩大赛事规模。鼓励各地加强体育赛事品牌创新，培育一批社会影响力大、知名度高的业余精品赛事（国家体育总局负责）。

积极培育冰雪体育赛事。以筹办北京冬奥会、冬残奥会为契机，大力发展高山滑雪、跳台滑雪、冬季两项、速度滑冰、短道速滑、花样滑冰、冰球、冰壶、雪车、雪橇等各类冰雪体育赛事，推动专业冰雪体育赛事升级发展。积极运用信息通信技术，打造智慧冬奥，提升办赛水平，带动相关产业发展。加强与国际组织合作，有计划地引进高水平的冰雪赛事（体育总局、北京冬奥组委负责）。

促进体育竞赛与文化表演互动融合。以观赏性较强的运动项目为突破口，创新开发体现中华优秀文化、具有中国特色的体育竞赛表演精品。支持举办各类体育庙会、表演赛、明星赛、联谊赛、对抗赛、邀请赛等，推动体育竞赛与文化表演相结合。打造武术、围棋、象棋、龙舟等具有民族特色的体育竞赛表演品牌项目（国家体育总局、文化和旅游部负责）。

表 3-3　2014—2018 年国家颁布的体育文件

时间		发布单位	文件名称
2014 年	9 月	国务院常务会议	《部署加快发展体育产业、促进体育消费推动大众健身》
	10 月	国务院	《国务院关于加快发展体育产业促进体育消费的若干意见》
2015 年	3 月	国务院	《中国足球改革发展总体方案》
	12 月	财政部 国家税务总局	《财政部 国家税务总局关于体育场馆房产税和城镇土地使用税政策的通知》
2016 年	4 月	国家发展改革委、国务院足球改革发展部际联席会议办公室（中国足球协会）、国家体育总局、教育部	《中国足球中长期发展规划（2016—2050 年）》
	5 月	国家发展改革委、国家体育总局、教育部、国务院足球改革发展部际联席会议办公室（中国足球协会）	《全国足球场地设施建设规划（2016—2020 年）》
		国家体育总局、国家旅游局	《关于推进体育旅游融合发展的合作协议》

表3-3(续)

时间		发布单位	文件名称
2016 年	6 月	国务院	《全民健身计划（2016—2020 年）》
	7 月	国家体育总局	《体育产业发展"十三五"规划》
	8 月	国家体育总局	《竞技体育"十三五"规划》
	10 月	中共中央、国务院	《"健康中国 2030"规划纲要》《关于加快发展健身休闲产业的指导意见》
	11 月	国家体育总局	《冰雪运动发展规划（2016—2025 年）》
		国家体育总局	《全国冰雪场地设施建设规划（2016—2022 年）》
		国家体育总局	《群众冬季运动推广普及计划（2016—2020 年）》
		国务院办公厅	《关于进一步扩大旅游文化体育健康养老教育培训等领域消费的意见》
		国家体育总局	《水上运动产业发展规划》
		国家体育总局	《航空运动产业发展规划》
		国家体育总局	《山地户外运动产业发展规划》
	12 月	国家旅游局、国家体育总局	《国家旅游局 国家体育总局关于大力发展体育旅游的指导意见》
2017 年	1 月	国家体育总局、教育部	《2017 年全国青少年体育活动计划》
	7 月	国家发展改革委、国家体育总局、公安部、交通运输部、卫生计生委、人民银行、工商总局、新闻出版广电总局、银监会	《关于支持社会力量举办马拉松、自行车等大型群众性体育赛事行动方案（2017 年）》
2018 年	1 月	教育部、国家体育总局与北京冬奥组委	《北京 2022 年冬奥会和冬残奥会中小学生奥林匹克教育计划》
	12 月	国务院办公厅	《国务院办公厅关于加快发展体育竞赛表演产业的指导意见》

3）高新技术引入

VR、AR（增强现实）、5G 等前沿技术的到来，使数字技术在现场观赛、验票核销、IP 周边购买和服务领域的应用得到优化升级。电子竞技、体育赛事、网络直播等新兴文化产业成为新的增长点。

无纸化、生物智能识别技术等，借助人脸识别、身份证、会员卡等短快好的方式，让更多人简单轻松地参与到现场的赛事活动中。新技术融入体育赛事的各个方面，一次次地刷新现场观赛的体验感。

更多的赛事主办方选择互联网+技术的方式，打造自由票房销售，建立自己的售票体系，形成 APP、小程序。在整体的销售系统环节中建立自己的数据信息管理运营方案。拥有基于大数据、云计算、新零售、人工智能等新技术的创新平台无疑为市场提供了更大的发展空间与价值提升空间。

4）城市化发展进程与人口规模

中国的城镇化进程和产业转型升级。城镇化，是指随着一个国家或地区社会生产力的发展、科学技术的进步以及产业结构的调整，其社会由以农业为主的传统乡村型社会向以工业（第二产业）和服务业（第三产业）等非农产业为主的现代城市型社会逐渐转变的历史过程。城镇化过程包括人口职业的转变、产业结构的转变、土地及地域空间的变化。根据美国地理学家诺瑟姆对世界各国城市化的研究，世界城市化分为三个时期：初期（人口城镇化率在30%以下）：农村人口占优势，工农业生产力水平较低，工业提供就业机会少，农业剩余劳动力得不到释放。中期（人口城镇化率 30%～70%）：工业基础比较雄厚，经济实力明显增强，农村劳动生产率提高，剩余劳动力转向工业，城市人口比重快速突破 50%，而后上升到 70%。后期（人口城镇化率 70%～90%）：农村人口向城镇人口的转化趋于停止，农村人口占比稳定在 10%左右，城市人口可以达到 90%左右，趋于饱和，这个过程的城市化不再是人口从农村流向城市，而是城市人口在产业之间的结构性转移，主要是从第二产业向第三产业转移。

根据 Wind 和联合国数据，我国城镇化初期是 1949—1995 年，中期是1996—2032 年，后期是 2033 年以后。2017 年年底我国城镇人口占总人口的比重是 58.52%，已经进入生长理论曲线的中期。图 3-7 显示，我国城镇化中期的前半段增速较快，在 2017 年后城镇化增速开始放缓。

但是总的城镇化率只是一个总数，近年来我国三、四线城市在棚改和人口回流的驱动下城镇化率有了明显提升，分地区来看，我国各省城镇化率较高的已经达到 80%以上，进入城镇化后期的有上海（87.9%）、北京（86.5%）和天津（82.9%），其中有 13 个省级行政单位（上海、北京、天津、广东、浙江、江苏、辽宁、福建、重庆、内蒙古、山东、黑龙江、湖北）的城镇化率均超过全国平均水平 58.52%。

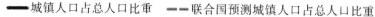

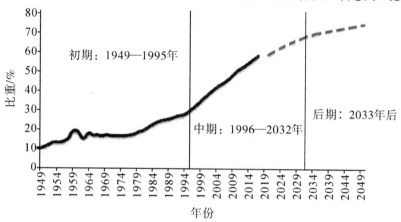

图 3-7 我国城镇人口占总人口比重

资料来源：联合国，wind，联讯证券。

城镇化是中国发展中的重要环节。这不仅因为美国城镇化率达到90%、韩国达到80%等现实差距，更因为城镇化背负着扩大内需、拉动增长的重任，其核心驱动力是经济发展及需求。党的十八大明确提出了"新型城镇化"概念，中央经济工作会议进一步把"加快城镇化建设速度"列为2013年经济工作的六大任务之一。

中国的城镇化进程和产业转型升级，是无法割裂的发展状态，而体育产业的发展无疑为其提供了内容填充。而体育 IP、体育场馆基础建设与城镇化发展的融合度，是映射体育产业发展的重要指标，毕竟体育现场观赛与体验参赛的社区属性相对明显。城镇化进程为体育消费升级提供了很好的赋能，也为体育现场消费提供可能性，这是中国体育发展需要的未来动力考量。

体育人口基础是体育消费增长的首要条件。我国体育人口数量已经处于历史最高位，每年的体育人口总数都在刷新历史，并且根据国内的政策引导，未来我国参与体育锻炼的人数还会持续良好地提升。从体育人口占比这一项数据来说，目前中国还处于一个低位，距离世界发达国家平均水平和美国体育人均占比水平还有明显的差距。我国体育行业发展历史较短，人民体育意识和经济水平、国家竞技体育水平等因素都是中国体育人口占比与发达国家平均水平存在差距的原因。未来我国宏观经济水平的增长、人民体育意识的觉醒，以及行业厂商有意识地通过发展策略来培养体育人群等，将会有效地缩短我国与先进市场之间的距离。

全球人口最多的 50 座城市中，中国占据 17 座城市。中国 2018 年约有 14 亿人口，占世界总人口的 18% 以上，再加上政府广为宣传的国家体育发展目标，将体育产业的发展带来前所未有的机会。体育赛事市场的培育和发展也需要消费者的聚集效应来支持。城市社区化和农村城市化在激发体育消费、活跃体育市场方面的效应，会吸引更多的投资，提高体育产业的规模效应。没有城镇居民占总人口比重的提升，没有城镇化产生的人口聚集效应，体育市场拓展和体育的繁荣是不可能的。城市化改变人们的消费观念和生活方式，从而促使体育产业的发展。城市化的发展，能增加休闲体育的消费人口。

2014—2017 年，我国居民人均可支配收入保持在 9% 左右的稳定增长态势，到 2017 年，人均可支配收入达到 25 974 元，增长 7.3%（图 3-8）。同时在文化娱乐的需求增加和消费升级的刺激下，人均文化娱乐消费支出也不断增加，并于 2017 年突破 2 000 元，占比 11.4%。教育文化娱乐消费在居民消费中的占比不断增加，说明了越来越多的居民愿意将收入投入文娱体消费中（图 3-9）。

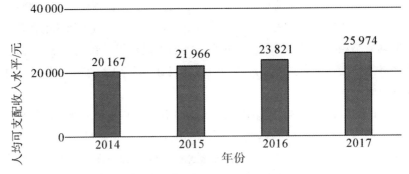

图 3-8 2014—2017 中国居民人均可支配收入平均数

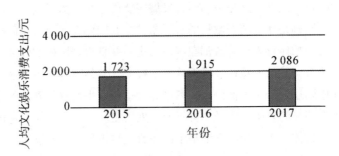

图 3-9 2015—2017 年中国居民人均文化娱乐消费支出数

数据来源：国家统计局

中国线下娱乐各行业均保持稳步增长的态势，2017年总体市场规模达到创纪录的3 735.1亿元，在90后、00后新生代消费人群崛起的助推下，2019年总体市场规模有望达到4 900亿元（图3-10）。

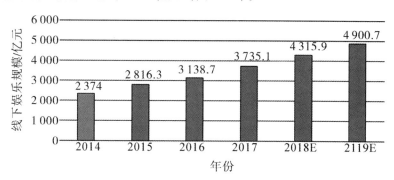

图 3-10　2014—2019 年中国线下娱乐行业规模及预测

3.1.2　大型体育赛事 IP 门票市场现状

1. 竞技观赏类

自国务院2014年颁布《关于加快发展体育产业促进体育消费的若干意见》（又称"46号文件"）以来，中国体育市场逐渐活跃，在中国民众日益增长的体育消费需求面前，包括中超足球联赛、CBA（中国男子篮球职业联赛）、排超和中网等各类竞技观赏类比赛满足着不同人群的需求，同时像斯诺克中国赛、花样摩托车大奖赛和花样滑冰等相对小众体育赛事，在中国也有相当体量的专业观赛群体，这个群体的人数也在持续增加。中国的体育迷是很幸运的，每年除了NBA中国赛、UFC（终极格斗冠军赛）等国际知名体育IP也相继把优质的比赛带到了中国，每年的七八月，中国的足球迷还有机会不出国门就能观看到国际冠军杯、英超亚洲杯和法国超级杯这样的顶级赛事。借助大型体育赛事项目的举办带动产业发展无疑也是另一个行之有效的办法，借助2022年冬奥会，中国的冰雪运动得到了蓬勃发展，花滑、冰壶、冰球等得到了实际的发展。

在政府促进足球运动发展的政策指导下，中国足球俱乐部得到的回报快速提高。2015年《福布斯》给出的中国十大足球俱乐部的平均商业价值高达1.3亿美元（统计时主要考虑球队收入、市场价值、比赛成绩、品牌价值和俱乐部财富及市场规模），这与美国足球大联盟十大足球俱乐部的平均商业价值1.97亿美元的差距并不是特别大。

在2015年十大最具价值俱乐部排行中，排名第一的是2.82亿美元的广州恒大。恒大两次夺得亚冠冠军，还获得了中超5连冠。2010年，许家印买下这家俱乐部时只花了1600万美元。北京国安虽然本赛季成绩一般，但还是以1.67亿美元列第二，上海滩新贵上港俱乐部以1.59亿美元列第三。以下是完整榜单（图3-11）。

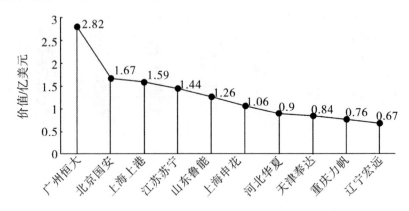

图3-11 2015年全国十大最具价值俱乐部排行

据测算，中国网球公开赛（中网）自2004年创办以来已经走过十几年，带动餐饮、旅游、时尚、传媒等多项产业融合发展，拉动北京城市综合经济的价值超过亿元。但谁又能想到中网从2012年才开始盈利？自主品牌赛事的培养是一个长期的过程，如果没有社会各界的大力支持，没有运营团队的精耕细作，很难打造出好的体育品牌。

而上海F1方程式赛车迎来了第1000场赛事，门票更是一票难求，同样是个引入多年的赛事IP，其成长过程同样缓慢，同样得到了社会各界的支持和关注。

1）中国足球超级联赛

得益于领导人的关注，足球在中国受到国家更广泛的经济和体育产业战略支持。中国的足球市场规模大，机会也是独一无二。

2019年，由全球著名的财务咨询公司德勤历时5个月完成的《中超联赛2018商业价值评估白皮书》正式出炉。其中中超联赛（CSL）多项数据创新高。另外，随着近年来中超的不断发展，大牌外援的引进和亚冠联赛的突破，球迷对中超的关注度逐年提升。该数据显示，球迷对中超的关注度、关注时长和关注场次都有明显提高，超过70%的中超球迷对联赛发展保持乐观。

2018年中超联赛场均观众数量2.4万、中超比赛转播累计收视人次6.9亿，这些数据都大大超过2004年的数据。

尤其在财政收入方面，中超公司在 2018 年总计进账 15.9 亿元，其中商业赞助为 4 65 亿元（11 家赞助商），版权收入约为 10 亿元，剩下的部分则归为其他收入。

此外，德勤咨询还摘录了一些俱乐部高层对联盟发展的评价——"15 年以来中超最大的改变就是不断地走向世界，中超整体一直在进步，整体形象也越来越好，如中超的转播技术、字幕效果都有明显改进""近年来的各项中超政策都是有利于足球产业长期健康发展，中超公司也在与俱乐部一道执行、贯彻这些新规""中超一直在积极地追求变化，不断变革。现在中超主动通过多种渠道了解俱乐部（如请第三方调研），都是中超在不断变好的印证……"

报告显示，在各项硬数据都持续上升的情况下，中超联赛的声望与影响力亦有所提升。海外媒体数量众多，为联赛赞助商提供了良好的海外曝光条件，中超联赛海外转播机构遍布五大洲，覆盖 96 个国家和地区，辐射上亿人群。

相比于其他欧洲顶级联赛等足球赛事，中超联赛的播出时长保持领先，中超赞助商在众多赛事 IP 中获得更长的曝光时长。

2018 年中超联赛实现媒体渠道覆盖 26 家，其中新媒体逐渐取代传统媒体成为球迷的主要收视渠道——2018 年新媒体渠道累计收视人次占比 51%，首次超过占比 49% 的传统媒体。

该白皮书显示，中超 2004—2018 年各项数据突飞猛进，不管是场均现场观众人数、累计收视人次还是中超公司的总收入都得到了历史性的突破，其中现场观众平均人数从 1.1 万飙升到 2.4 万，增长了 2 倍有余（图 3-12）；虽然 2018 年的累计收视率较 2017 赛季下降了一些，但近 7 亿的观看人数依然是 2007 年的 4.9 倍（图 3-13）；2018 年中超总收入更是直逼 16 亿土元（图 3-14）。

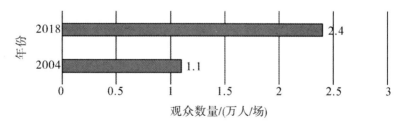

图 3-12　中超联赛场均观众数量

注：场均观众数保持高位（观众的认可和欣赏程度也体现在到现场观看的人数提升上，2004—2018 年联赛场均观众数从 1.1 万人增长到 2.4 万人，增长超过 1 倍）。

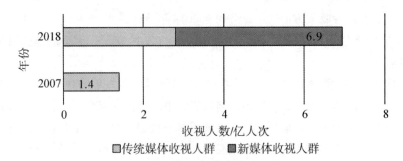

图 3-13　中超比赛转播累计收视人数

注：收视人次持续攀升（新媒体转播渠道的出现促使中超联赛覆盖群体大幅增长，但同时对传统媒体收视造成冲击，使得中超联赛累计收视人次在 2018 赛季较 2017 年略有下降，但仍达到 6.9 亿人次，相比 2007 年增长超过 3 倍）。

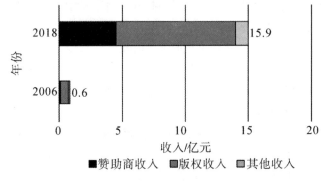

图 3-14　中超公司总收入

注：事业价值历史新高（随着中超联赛质量和经济水平提升、联赛球迷数量的增长推动中超整体商业价值的发展，中超公司在 2018 年的总收入达到 15.93 亿元）。

数据来源：德勤中超报告。

体育比赛的那股荷尔蒙爆发一定要去现场感受才能深入人心。足球，作为世界第一大运动，带给人们欢乐。足球球迷——这个世界数量最多的体育运动粉丝群体，代表了很强的一支社会力量。体育消费属于精神消费，是一种只有当这个国家经济水平达到了一定程度，人们的收入达到了一定标准，才能发展起来的消费形式。美国的体育产业已经繁荣很多年了，中国的体育产业也在逐渐起步，如何构筑起本土的体育文化，是我们值得探索的。我们知道自从 VAR（视频助理裁判）引入中超后，虽然对比赛的流畅性有些影响，不过比赛的误判减少，比赛的公正性也在提高，总体还是利大于弊的。除了 VAR，中超联赛也因为场地抢镜，着实让人惊喜。光鲜亮丽的草坪会给职业联赛增光添彩，而一块坑坑洼洼的"菜地"只能成为中超不职业的"注脚"，努力成为世界第六大职业联赛的中超，对场地的要求过低，就显得有些"草"率了。曾几何时，"菜地"球场是中国足球职业联赛绕不开的话题，尤其是在足球职业化开始的前些年里，"青黄不接"的"菜地"球场俨然成为职业化的绊脚石。这样的比赛条件给球队带来了打法上的困难。"菜地"球场在电视转播中也给观众带来了不良观感，对联赛产生较大负面影响。

随着职业化进程的推进，球队、球迷等各方对比赛地的要求越来越高，如今"菜地"球场也就越来越少见。以往，即便场地再差，也没听说过比赛要延期的新闻。所以，2019 年 4 月初武汉卓尔与河南建业的比赛因为场地不过关而延期举行的消息就着实令人吃惊，也给客队河南建业上千名球迷造成了诸多不便和损失。

中国足协提出，要将中超打造成世界第六大足球职业联赛。既然提出了高目标，中超就要表现得更加职业化，草皮质量的提高自然首当其冲，该谁负责要从规章制度中予以明确。因为草皮质量出现的比赛延期，到底该如何处理，也应明确。职业化成果来之不易，职业化进程的推进更不易。别让草皮这样的小细节，成为中国足球前进的掣肘。

赛事的商业价值与粉丝关注息息相关。在德勤体育业务发展（中国区）负责人王小欣看来，中超无疑是中国排名第一的职业联赛，但是它在未来发展道路上也会面临一些挑战。针对如何吸引年轻一代球迷的课题，中超也在做这方面的思考。

年轻球迷能为联赛和俱乐部带来更多的商业收入，反过来，联赛和俱乐部要进一步提升球迷的比赛日现场体验，营造中超观赛的良好氛围。这就涉及发展数字战略的问题，通过数字层面的优化，提升赛事在线上的表现，对于提升 IP 品牌价值意义重大。2018 年中超职业联赛场均观众数如表 3-4 所示。

表 3-4　2018 年中超职业联赛场均观众数　　　　　　单位：人

排名	球队	体育场	场均观众
1	广州恒大淘宝	广州天河体育场	47 001.67
2	北京中赫国安	北京工人体育场	41 743.47
3	大连一方	大连体育中心体育场	33 144.73
4	江苏苏宁	南京奥体中心体育场	32 507.80
5	重庆当代力帆	重庆奥体中心体育场	32 434.40
6	山东鲁能泰山	济南奥体中心体育场	24 784.53
7	上海上港	上海体育场	21 631.33

表3-4(续)

排名	球队	体育场	场均观众
8	上海绿地申花	上海虹口足球场	21 477.00
9	天津权健	天津海河教育园区体育场	19 665.60
10	长春亚泰	长春体育中心体育场	18 819.07
11	河南建业	郑州航海体育场	18 401.40
12	天津泰达	天津奥体中心体育场	17 716.33
13	贵州恒丰	贵阳奥体中心体育场	16 703.47
14	河北华夏幸福	河北廊坊体育场	16 028.60
15	北京人和	丰台体育中心体育场	12 533.60
16	广州富力	广州越秀山体育场	10 254.60

2）中国男子职业篮球联赛

由于球队频繁更名，恐怕很多人已经忘记CBA球队最初叫什么名字了。甚至，在大多数人的眼中，CBA球队根本没有队名，很多球迷习惯用地名直呼这些球队。例如，广东对辽宁，新疆对四川，等等。而在NBA，根本没有人用地名去指代某一支球队。例如，湖人对决勇士，一般情况下都不会说洛杉矶对旧金山。这就折射了CBA一个尴尬的现状，尽管发展了这么多年，大多数球队都没有自己的球队文化。

如此频繁更换队名，让外界看笑话，可对CBA球队本身来说，却是他们的无奈。这是因为出售冠名权是CBA球队一项主要的收入来源。另外，能够真正走进体育场观看比赛的球迷人数寥寥，很多时候CBA球赛上座率比较惨淡，相比总决赛一票难求座无虚席的场面，常规赛则略显冷清，甚至有些比赛零零散散的观众还没有工作人员和球员多。

3）网球赛事IP

数据显示，2018年中网赛事累计现场观众流量20.8万人次，与去年同期相比增长1.4%，钻石球场以外的场地观众流量同比上涨4.7%，莲花球场上座率增长17.6%。

"整体票房跟去年相比基本持平，入场率有所提升，中央球场（钻石球场）的上座率下降，外场莲花球场的上座率却大幅上升。外场的票房消费能够追回中央球场，差距很小，这说明很多人已经开始形成十一期间看中网的习惯。纳达尔没来？阵容不行？咱别去钻石球场，上莲花球场吧，但是还得消费。这是一个好现象。"张军慧说。

体育资产的价值在某种程度上拼的是历史积累和沉淀。这种历史沉淀内化为体育文化，外化为具备高公认度的消费产品，如温网的草莓冰激凌、法网的礼帽。通过赛事的积累，中网成长为本土最具品牌影响力的赛事之一。单就票房而言上海的 ATP（职业网球联合会）遥遥领先本土其他网球赛事。

为培育网球市场的发展，除了北京的中网、上海的 ATP、南昌 WTA（女子网球协会）、成都 WTA/ATP、珠海 WTA/ATP250 等赛事外，中网协会还在全力打造属于自己的联赛体系。

4）排球赛事 IP

在最后的"抢七"大战中，天津渤海银行女排客场 3∶2 力克上海光明优倍女排，从而第 11 次问鼎国内联赛冠军，并成功拿走 300 万元的总决赛冠军奖金，亚军队伍的奖金也达到了 260 万元。优化的赛制、精彩的比赛、超高的人气、高科技手段的应用、多家赞助商和直播平台的全方位介入……全面升级后的中国排球超级联赛在"元年"就展示了巨大的发展潜力。中国排球协会携手联赛运营方及商务推广合作伙伴体育之窗、排球之窗深化改革、力求创新，探索出了一条打造世界级赛事 IP 的"中国之道"。

2017—2018 赛季具有划时代意义：一系列数据显示，全面升级的中国排球超级联赛正加速向更加职业化和市场化的新阶段迈进。经过多年的辛苦耕耘、市场推广，很多人认为，现在排超已经成为比肩中超、CBA 的中国第三大赛事 IP。

首先，这个赛季排球的改革力度很大，在赛制上有了很多变化，临时转会制度增加联赛竞争力，如在常规赛一支独大的上海女排，要面临多个球队的挑战，天津女排也借助临时外援的制度获得了冠军，排超总决赛场次是 7+6，看点十足。

其次，作为中国排球超级联赛运营商，体育之窗联合中国排球协会、人民体育、共享境界发布了多项联赛统计数据。其中，排超元年男女排联赛共进行了 299 场比赛，网络平台观赛总点击量达 7.4 亿人次，网络话题量超 10 亿，这几组数据堪称历届之最。此外，赛制优化、新技术应用、众多新媒体平台参与转播、多家企业和品牌加入赞助体系等现象，不仅为排超注入了新活力，同时也表明：在中国排球联赛深化改革的大背景下，排超作为一个世界级、共享和开放的赛事 IP，其价值已经跃上新高度。

最后，自 1996 年年底创办以来，中国排球联赛一直锐意改革，与初创时期相比，参赛俱乐部由 16 家增至 28 家，参赛阵容由起初的"全华班"发展到如今各队共引入十余名高水平外援，联赛承办城市由以往的 10 多个增加到 20

多个，而且还有排超全明星赛，南北方阵容的比拼，可谓是意义非凡。20多年的联赛，诞生出多个世界级明星如惠若琪、朱婷，以及现在当家花旦李盈莹。有着女排情结的中国排球迷对中国男女排的发展有着不同的关注度，相较足球、篮球这可能是个特例，因而对于排球联赛的票务的影响也截然不同。

5) 搏击运动 IP

尚武精神是中华民族的精神之一，搏击赛的成长甚至令许多体育从业者侧目。"城市英雄"和"昆仑之路"这两项赛事通过在地区寻找合作伙伴，以品牌授权+运营协作的方式开展，目的是推广昆仑决的品牌，同时为 A 级赛事选拔运动员。姜华表示，昆仑决的签约运动员已有一两百名。

官方公布"城市英雄"的合作伙伴包括武圣搏击俱乐部（广东深圳）、精武搏击俱乐部（河北石家庄）在内的 10 家。姜华表示，"城市英雄"已经进行了上千场赛事，"昆仑之路"则有 80 多场。

"昆仑决自由搏击冠军赛"创立之初就在青海卫视播出，2015 年 1 月起以周播形式转战江苏卫视。官方公布的信息显示，昆仑决陆续在内蒙文体、江苏体育、吉林体育等 20 余个平台播出，版权还卖到海外 70 多个国家和地区，包括欧洲体育频道、法国电视台、泰国电视台等，新媒体方面则由爱奇艺独家首播。

当然，国内搏击赛事想要靠版权获得大的收入还比较困难，但姜华表示这部分收入每年有 30%~40% 的增长。

2016 年年底，美国媒体福布斯评选出了 2016 年度亚洲最具影响力的搏击赛事，来自新加坡的综合格斗赛事 ONE 冠军赛位居亚洲第一位，其发展势头直逼对标的搏击 IP——UFC（终极格斗冠军联赛）。

UFC 自 1993 年成立至今，先后在 22 个国家举办了 440 多场比赛，已经成为世界上最具影响力的综合格斗（MMA）赛事。目前，已有多位中国选手在 UFC 舞台上崭露头角，包括女子草量级世界排名第七的张伟丽、雏量级新星宋亚东和老将李景亮等。

2018 年 11 月，UFC 宣布计划 2019 年在中国上海开始运营世界上规模最大的综合格斗（MMA）训练和发展中心。而在 2019 年 6 月，这座耗资数千万美元建造的 UFC 精英训练中心就在上海静安区正式开业，其中奔驰中心 UFC 中国赛首场千万级的票房无疑提振了其落户中国的信心。

UFC 精英训练中心（上海）将成为中国和亚太地区综合格斗运动员的训练和培养中心。UFC 也将把这座训练中心建设成为其在亚洲地区的总部，为 UFC 员工和训练中心教练提供驻地，其中包括 MA、力量体能、运动科学、理疗和营养方面的专家。UFC 可以在精英训练中心中制作和直播赛事，以及其他原创节目。

6）大型公众赛事

在经历过 2008 北京奥运会、2010 广州亚运会、2011 深圳大运会、2013 南京亚青会和 2014 青奥会后，中国的大型公众赛事对于体育产业的发展、城市的发展起到重要的助推作用。2008 年奥运会中国观众达到 8.42 亿，票房 12 亿元人民币。这些赛事拥有成体系的赛事文化，如口号、会徽、吉祥物、火炬、奖杯和主题曲等，每项都能得到追捧并传播广泛，同时大大提高民众参与体育运动的热情。

继 2015 男篮亚锦赛后，由国际篮球联合会主办的世界最高水平的国家队级篮球赛事——2019 篮球世界杯，于 8 月 31 日至 9 月 15 日在中国的 8 座城市举行，这其中包括北上广深、南京、武汉、东莞和佛山，32 支球队也包括美国、西班牙和塞尔维亚等诸多世界强队；2022 年冬季奥运会，届时北京将成为第一座举办夏季和冬季奥运会的城市。与此同时，杭州正在为同年的亚运会做准备。

2019 年 8 月 18 日第二届青年运动会在山西举行，这是山西首次承办的全国综合性大型运动会，规模空前，影响重大深远。四年一届的全国青年运动会与青奥会一脉相承，是我国奥运战略的重要组成部分，是衡量我国竞技体育可持续发展水平的重要标志。第二届青年运动会设 49 个大项，1 868 个小项，并且还是夏季奥运会项目与冬季奥运会项目首次在同一届综合性运动会上举办。山西根据实际情况，结合第二届青年运动会各项目的设置要求，综合研判，对承办的 36 个项目制定了项目布局方案，方案布局到全省 11 个地级市，并延伸到 11 个县（市），还包括 9 所省直高等院校，3 所市属院校，共涉及场馆 57 个。第二届青年运动会的举办，不仅仅在竞技体育层面获得收获，群众体育也受到影响蓬勃开展。第二届青年运动会必将成为山西走向全国、走向世界的一张靓丽的体育名片。

第七届世界军人运动会在武汉举行，2019 年 10 月 18 日至 27 日，来自 100 多个国家的近万名现役军人在长江两岸同场竞技。本届赛事包含射击、游泳、田径、篮球等 27 个大项、329 个小项。武汉军运会共设有 35 个场馆，分布在沌口、光谷、黄家湖、后湖四个城市区域，在这其中不乏武汉大学、湖北中医药大学等诸多武汉高校的体育场馆。军运会比赛结束后，27 个场馆将保持高频使用，独立承接国内外大型赛事，而高校运动场馆则可继续进行体育教学、运动训练等任务。

2020英雄联盟全球总决赛，这项每年都会掀起全球电竞热潮的顶级国际赛事，2020年再次来到中国。2017全球总决赛在中国举办期间，超过8 000万观众收看了半决赛。而门票售罄的北京国家体育场（鸟巢）更是容纳了超过40 000名前来观看决赛的粉丝。2020年英雄联盟总决赛也是延续了这一成功。

第31届大运会，将于2021年8月8日至19日在成都举行，共设篮球、排球、田径、游泳等18个体育项目，届时将有来自约170个国家和地区的1万余名运动员及官员汇聚蓉城参赛。大运会举办权"花落"成都，是成都提出世界赛事名城建设目标后成功申办的首个世界性综合运动会。

2021西安全运会、2021汕头亚青会、2022杭州亚运会和2022北京冬奥会，这类大型公众活动中的重点活动，除了注重经济效益，更有益于促进发展长期社会效益，其对体育产业的发展，对城市化进程及产业转型的引领发挥着重要作用。

7）其他赛事IP

除以上主流体育赛事IP外，近些年来中国的市场体量、人口红利、大型公众赛事以及国际发展的需求，促使一部分自有赛事IP和引进赛事IP也逐渐活跃起来，这些赛事IP更频繁地出现在人们生活中：冰球、花样滑冰、冰壶等冰雪项目为此培育了一批专业观众，但仍受制于体育市场化发展水平，在打造核心IP方面还欠缺足够的成功经验；马术、击剑、极限运动等类单项赛事小众却拥有很垂直的人群关注，运营模式与国际先进水平的差距，赛事的包装推广能力欠缺，诸多原因导致这类赛事IP门票收入较为惨淡，很多赛事还是以赠票或低价政策维持，但未来票房还是有很大的提升空间；橄榄球、棒球等赛事及培训在高校开展得如火如荼，相信未来会形成独立赛事IP角逐中国体育商业市场。除此之外，小协会高级别赛事的引进也是近些年的商业运作方式，铭泰体育引进的国际摩联（FIM）花式极限摩托世界锦标赛，是世界上规模最宏大、历史最悠久的顶尖级极限摩托锦标赛。自2001年成立至今，已有约20年历史，目前已在五大洲的25个国家成功举办了超过120场的国际比赛，点燃了全球摩托迷的热情。这项赛事吸引了世界顶级的竞技水平的车手，更是以顶级车手难度超高、观赏性极强的空中动作而闻名于世。目前已先后于广州、北京、深圳、武汉等多个城市举办数场赛事。

①台球、斯诺克

在丁俊晖、潘晓婷等体育明星的引领下，台球、斯诺克赛事也开始从国内一二线城市逐步深入三四线乃至五六线城市开展，将赛事IP和城市化进程形成了很好的融合。2019年中国赛事一览如表3-5所示。

表 3-5　2019 年中国赛事一览

开始日期	结束日期	赛事	地点	类别
1 月 4 日	1 月 8 日	CBSA 中国青少年斯诺克系列赛海宁总决赛	海宁	斯诺克
1 月 12 日	1 月 13 日	"巨星在线"杯世界斯诺克元老锦标赛中国区资格赛	北京	斯诺克
3 月 15 日	3 月 20 日	CBSA "亚琦集团"杯中式台球世界锦标赛国内、国际会外赛	江西玉山	中式台球
3 月 22 日	3 月 26 日	CBSA "亚琦集团"杯中式台球世界锦标赛	江西玉山	中式台球
3 月 24 日	3 月 28 日	中国（亚洲）城市斯诺克俱乐部联赛总决赛	广东佛山	斯诺克
4 月 11 日	4 月 14 日	中国斯诺克青少年系列赛嘉兴公开赛	浙江嘉兴	斯诺克
5 月 3 日	5 月 4 日	成都彭州中式台球国际公开赛会外赛	四川彭州	中式台球
5 月 6 日	5 月 9 日	成都彭州中式台球国际公开赛	四川彭州	中式台球

除以上台球赛事外，北京世界斯诺克中国公开赛，成都世界斯诺克锦标赛、上海斯诺克大师赛等都是落户国内的顶级赛事。其中斯诺克中国公开赛在中国乃至世界斯诺克职业排名赛中创造了七大第一和唯一：中国历史最悠久、中国地位最高、影响力最大、世界上唯一以"中国"为名字命名的赛事。

②F1 赛车

创立于 1950 年的世界一级方程式锦标赛将迎来赛事的第 70 个赛季。而这项全球商业化程度最高的体育赛事，进入中国，也已经 15 个年头了。

2019 年恰逢 F1 史上的第一千站大奖赛落户申城，此次大奖赛不仅为全球车迷打造了一场盛大的车坛嘉年华，同时赛事与三菱重工达成合作，实现了F1 中国站自主招商品牌进入赛事赞助序列的突破。上海还举行了包括路演、第一千站大奖赛纪念币揭幕和历届车手用品展示等各种纪念活动。赛事门票在开赛前 2 个月就已售罄，这也显示了中国车迷的观赛热情，为主办方带来了可观的收益。

③自行车赛

我国的自行车赛事种类还是很多的，各类国际赛事也吸引了各国自行车选手来参与，提高了赛事整体的参赛水平，增加了观赏性。大部分赛事票价亲民，也有赛事提供免费赠票，吸引了众多爱好者。

2. 竞技参与类

以路跑为代表的竞技参与类赛事近些年来呈井喷态势，因此马拉松这种赛事乘势而起。马拉松凭借门槛低、场地限制小、辅助器材少的特点，在相对缺乏运动场地的中国城市遍地开花。同时全民健身上升为国家战略、建设健康中国、体育赛事审批改革等政策红利也进一步激发了市场活力，提高了社会力量办马拉松赛的积极性。"一场马拉松认识一座城"让越来越多的城市将马拉松视为提升城市形象与影响力的重要载体。

国家体育总局田径运动管理中心主任于洪臣发布 2018 年马拉松主报告，截止到 2018 年年底，中国境内举办马拉松及相关运动规模赛事（800 人以上路跑赛事、300 人以上越野赛事）共计 1 581 场，其中中国田径协会认证赛事 339 场，非认证赛事 1 242 场，累计参赛人次 583 万，其中地市级异地参赛跑者为 192.05 万，占总比例的 32.34%。全国不含港澳台地区的 31 个省（区、市）、285 个地级市举办了不同形式的马拉松比赛，占地级市总数的 85%。此外，2018 年中国马拉松年度总消费额达 178 亿元，全年赛事带动的总消费额达 288 亿元，年度产业总产出达 746 亿元，对比 2017 年增长了 7%。马拉松运动对推动、提升和促进各省、区、市、县的全民健身、城市旅游消费、经济增长、城市知名度和美誉度发挥了重要的作用。2012—2018 年中国马拉松场次如图 3-15 所示。

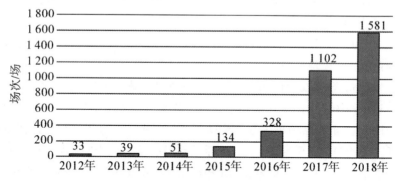

图 3-15　2012—2018 年中国马拉松场次

资料来源：中国田径协会。

在肯定成绩的同时，主报告中指出了中国马拉松发展面临的困难与挑战，如马拉松文化基础薄弱，行业规则意识尚未健全；产品创新不足，赛事同质化现象明显；行业监管的理念及方法亟待创新；针对相关办赛方出现的违规问题处罚不及时；马拉松项目竞技水平还有待提高；等等。中美全马每万人次场次对比如图 3-16 所示。

图 3-16　中美全马每万人次场次对比

2020 年，全国马拉松规模赛事达到 2 000 场，中国田径协会认证赛事达到 370 场，各类路跑赛事参赛人数超过 1 100 万人次，马拉松运动产业规模达到 1 300 亿元。即便中国的马拉松存在不少的泡沫现象，存在着一定的盲目性，但是，越来越多中国人的参与使得马拉松运动重新获得了朝气，越来越多的中国人的参与使得马拉松的训练方法和参赛理念有望得到突破。

3. 电子竞技类

电子竞技在中国互联网移动化的助推下，迅速得以拓展（图 3-17）。相关数据显示，2017 年中国电竞用户规模达到 2.5 亿人，增长率超 100%，达到 105%。随着电竞市场爆款产品的推广和普及，2018 年中国电竞市场用户规模达到 3.1 亿人。2017 年中国电子竞技市场规模达到 655 亿元。随着 LPL（英雄联盟职业联赛）联盟化改革以及战术竞技类游戏的爆发，2018 年中国电子竞技市场进一步增长，市场规模超 800 亿元，达到 863 亿元。

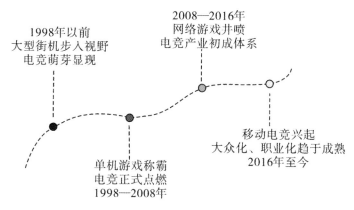

图 3-17　电子竞技发展历程

从 20 世纪的大型街机到后来的单机"称霸"，再到后来的网络游戏形成，并逐步形成电竞萌芽。电竞俱乐部的概念起源于 SC（星际争霸），形成于 CS（反恐精英）。在 CS 期间中国的俱乐部（其实分不清是俱乐部还是战队）层出不穷，其中最具代表性的还是 wNv。到了 War3 时代，也涌现了很多俱乐部，尤其是 w 是当时最成功的 War3 俱乐部，培养了 SKY、INFI 等世界冠军，而且有了自己培养新人的模式。DotA 时代最成功的就是 EHOME，但是最终败在没有规矩的俱乐部行业。除了它之外，LGD 是最值得敬佩的俱乐部。到了 DotA2 和 LOL 时代，俱乐部就如雨后春笋一般，层出不穷。Team King 俱乐部成立于 2013 年 10 月，Snake 电子竞技俱乐部成立于 2013 年 9 月 11 口，皇族电子竞技俱乐部成立于 2012 年 10 月 2 日，等等。2011 年王思聪全额收购了 IG 电子竞技俱乐部。IG 电子竞技俱乐部是一家以电子竞技及周边业务为核心、旗下有多名国内顶级电子竞技选手的俱乐部，IG 的目标之一是打造全球顶级电竞俱乐部，IG 已整合前 CCM 电竞俱乐部 DotA、星际争霸 2（SC2）、英雄联盟（LOL）项目所有队员。

2017 年腾讯宣布 LPL 和 KPL（王者荣耀职业联赛）进行主客场改革之后，重庆、太仓等电竞城市迎来了全新的挑战和机遇。太仓本地的电竞产业对头部赛事的依赖程度不是很高，主客场改革之后并不用担心赛事资源流失，但是随着电竞地域化逐步推进，上海的国内电竞中心地位会被慢慢削弱，太仓想要继续依靠上海带来的辐射发展也会越来越困难。

以积极推进电竞地域化的腾讯为例，在腾讯的电竞规划中，一个城市的电竞人口密集度决定了电竞赛事是否能够落地，在这样的情况下头部赛事将会首先扩散到一、二线城市当中，电竞小镇难以获得赛事资源，如果像一些三、四线城市投入大量资金发展赛事、建设场馆是非常不明智的选择。未来主客场制度全面铺开，电竞地域化彻底实现后，对二线电竞主场城市周边的小镇才能有一定借鉴价值。

据企鹅智酷联合腾讯电竞发布的《2017 中国电竞发展报告》中对电竞用户的调研数据显示，2018 年中国电竞爱好者将有望突破 2.8 亿。

《英雄联盟》S 系列赛是目前全球范围最热门的电竞赛事之一，英雄联盟赛事官方发布的《2017 年英雄联盟电子竞技赛事数据浅析》显示，S7 全球总决赛的直播观赛数据，其中独立观众人数峰值达到了 8 000 万。

如此规模的关注度，赋予了这些热门电竞赛事巨大的商业价值。但有关数据显示，虽然电竞运动积累了海量用户，但其商业价值相较篮球等成熟运作的体育项目，还存在很大差距，电竞运动的商业化道路仍然漫长，但也潜力巨大。数据显示，2018 年电子竞技总收入为 6.96 亿美元。

3.1.3　全国体育场馆概况

在中国经济快速发展，居民收入不断提高，居民生活水平稳步提升，居民生活娱乐消费升级的宏观背景下，体育产业迎来了"全民体育"时代。

体育场馆是为了满足运动训练、运动竞赛及大众体育消费需要而专门修建的各类活动场所的总称。体育场馆主要包括对社会公众开放并提供各类服务的体育场、体育馆、游泳馆，体育教学训练所需的田径棚、风雨操场、运动场及其他各类室内外场地。体育场馆作为准公共物品，具有社会公益性和市场经营性双重属性，一方面体育场馆主要是国家利用公共土地资源、花费财政收入建设的，有义务让每位市民享受和使用公共体育设施；另一方面体育场馆作为城市服务资源，在由国家化、单位化走向社会化的进程中相应地要求市场在资源配置中发挥决定性作用。但就目前而言，多数大型体育场馆所面临对社会开放和商业化应用融合的窘境，部分场馆彻底沦为物业，既无商业价值，对社会开放又产生较高的运营成本，场馆与体育的融合呈断层式存在。

1. 体育场馆数量规模

1) 全国体育场地基本情况①

根据第六次全国体育场地普查数据显示，截至 2013 年 12 月 31 日，我国（不含港澳台地区）共有符合第六次全国体育场地普查要求的各类体育场地 1 694 607 个，用地面积 39.82 亿平方米，场地面积 19.92 亿平方米。其中，室内面积 0.62 亿平方米；室外体育场地 152.55 万个，场地面积 19.30 亿平方米。体育场地面积 1 991 996 957 平方米，人均面积 1.46 平方米。其中，室内场地 169 113 个，建筑面积 259 156 182 平方米，人均面积 0.19 平方米。本次普查是"十一五"以来我国进行的规模最大、范围最广、内容最全面的关于体育场地的专项普查。下一步国家体育总局将会有效利用此次调查的结果和数据，实现到 2025 年人均体育场地面积达到 2 平方米的目标。

2) 全国体育场地分布情况②

在全国体育场地中，体育系统管理的体育场地 2.43 万个，占 1.43%；场地面积 0.95 亿平方米，占 4.77%。教育系统管理的体育场地 66.05 万个，占 38.98%；场地面积 10.56 亿平方米，占 53.01%。军队系统管理的体育场地 5.22 万个，占 3.08%；场地面积 0.43 亿平方米，占 2.16%。其他系统管理的

---

① 第六次全国体育场地普查数据公报 [R/OL]. http://www.sport.gov.cn/n16/n1077/n1467/n3895927/n4119307/7153937.html.

② 用地面积是指体育场地实际占有的土地面积，包括附属配套设施的占地面积，以及道路、停车场绿化带等占地面积。因此，本次普查中的体育场地用地面积既包括《城市用地分类与规划建设用地标准》规定的"体育用地"，也包括在非体育用地上建设体育场地所占用的土地面积，如普通中小学、宾馆、商场及饭店内的体育场地。

体育场地①95.76 万个，占 56.51%；场地面积 7.98 亿平方米，占 40.06%（表3-5）。

表 3-6　各系统体育场地数量及面积情况

系统类型	场地数量/万个	数量占比/%	场地面积/亿平方米	面积占比/%
合　计	169.46	100.00	19.92	100.00
体育系统	2.43	1.43	0.95	4.77
教育系统	66.05	38.98	10.56	53.01
其中：高等院校	4.97	2.93	0.82	4.12
中小学	58.49	34.52	9.29	46.64
其他教育系统单位	2.59	1.53	0.45	2.26
军队系统	5.22	3.08	0.43	2.16
其他系统	95.76	56.51	7.98	40.06

（3）体育场地按单位分布

在全国体育场地中，行政机关管理的体育场地 8.39 万个，占 5.11%；场地面积 0.86 亿平方米，占 4.41%。事业单位管理的体育场地 68.66 万个，占 41.80%；场地面积 11.45 亿平方米，占 58.75%。企业管理的体育场地 13.77 万个，占 8.38%；场地面积 4.11 亿平方米，占 21.09%。其他单位管理的体育场地 73.42 万个，占 44.70%；场地面积 3.07 亿平方米，占 15.75%。

表 3-7　各单位体育场地数量及面积情况

单位类型	场地数量/万个	数量占比/%	场地面积/亿平方米	面积占比/%
合　计	164.24	100.00	19.49	100.00
行政机关	8.39	5.11	0.86	4.41
事业单位	68.66	41.80	11.45	58.75
企业单位	13.77	8.38	4.11	21.09
其中：内资企业	12.94	7.88	3.40	17.44

---

①　其他系统管理的体育场地是指除体育系统、教育系统和军队系统外，社会其他各行业/系统所管理的体育场地。

表3-7(续)

单位类型	场地数量/万个	数量占比/%	场地面积/亿平方米	面积占比/%
港、澳、台商投资企业	0.46	0.28	0.39	2.00
外商投资企业	0.37	0.23	0.32	1.64
其他单位	73.42	44.70	3.07	15.75

4）体育场地按类型分布

根据此次普查标准，全国普查到82种主要体育场地类型，场地数量154.01万个，占93.77%；场地面积17.92亿平方米，占91.94%。其他类体育场地10.23万个，占6.23%；场地面积1.57亿平方米，占8.06%（表3-8）。

表3-8　各类型体育场地数量及面积情况

场地类型	场地数量/万个	数量占比/%	场地面积/亿平方米	面积占比/%
合　计	164.24	100.00	19.49	100.00
82种主要体育场地类型	154.01	93.77	17.92	91.94
其他类体育场地	10.23	6.23	1.57	8.06

在82种主要体育场地类型中，数量排名靠前的体育场地分别是篮球场、全民健身路径、乒乓球场、小运动场和乒乓球房（馆），共计124.80万个，占75.99%（表3-9）。

表3-9　场地数量排名靠前的场地类型情况

场地类型	场地数量/万个	数量占比/%
合计	124.80	75.99
篮球场	59.64	36.31
全民健身路径	36.81	22.41
乒乓球场	14.57	8.87
小运动场	8.91	5.42
乒乓球房（馆）	4.87	2.97

场地面积排名靠前的体育场地分别是小运动场、篮球场、田径场、体育场和城市健身步道，共计11.33亿平方米，占58.13%（表3-10）。

表 3-10 场地面积排名靠前的场地类型情况

场地类型	场地面积/亿平方米	面积占比/%
合计	11.33	58.13
小运动场	4.42	22.68
篮球场	3.58	18.37
田径场	1.69	8.67
体育场	1.05	5.39
城市健身步道	0.59	3.03

5) 体育场地按城乡分布

全国体育场地中，分布在城镇的体育场地 96.27 万个，占 58.62%；场地面积 13.37 亿平方米，占 68.60%。其中，室内体育场地 12.87 万个，场地面积 0.54 亿平方米；室外体育场地 83.40 万个，场地面积 12.83 亿平方米。分布在乡村的体育场地 67.97 万个，占 41.38%，场地面积 6.12 亿平方米，占 31.40%。其中，室内体育场地 2.73 万个，场地面积 0.05 亿平方米；室外体育场地 65.24 万个，场地面积 6.07 亿平方米（表 3-11）。

表 3-11 室内外体育场地城乡分布情况

室内外体育场地	城镇体育场地		乡村体育场地	
	数量/万个	场地面积/亿平方米	数量/万个	场地面积/亿平方米
合计	96.27	13.37	67.97	6.12
室内体育场地	12.87	0.54	2.73	0.05
室外体育场地	83.40	12.83	65.24	6.07

6) 体育场地按地区分布

全国体育场地中，分布在东部地区的体育场地 71.10 万个，占 43.29%；场地面积 9.38 亿平方米，占 48.13%。分布在中部地区的体育场地 40.39 万个，占 24.59%；场地面积 4.18 亿平方米，占 21.45%。分布在西部地区的体育场地 42.63 万个，占 25.96%；场地面积 4.28 亿平方米，占 21.96%。分布在东北地区的体育场地 10.12 万个，占 6.16%；场地面积 1.65 亿平方米，占 8.47%（表 3-12）。

表 3-12　东、中、西部和东北地区体育场地分布情况

地区	省份数量/个	场地数量/万个	场地面积/亿平方米
合计	31	164.24	19.49
东部	10	71.10	9.38
中部	6	40.39	4.18
西部	12	42.63	4.28
东北	3	10.12	1.65

7）我国体育场地十年发展变化

对比第五次全国体育场地普查（截至 2003 年 12 月 31 口），全国体育场地数量增加 84.45 万个，用地面积增加 17.32 亿平方米，建筑面积增加 1.84 亿平方米，场地面积增加 6.62 亿平方米；人均场地面积增加 0.43 平方米，每万人拥有体育场地数增加 5.87 个（表 3-13）。

表 3-13　体育场地主要指标十年发展变化情况

指标	单位	2003 年	2013 年	增长/%
全国体育场地总数量	万个	85.01	169.46	99.34
全国体育场地总用地面积	亿平方米	22.50	39.82	76.98
全国体育场地总建筑面积	亿平方米	0.75	2.59	245.33
全国体育场地总场地面积	亿平方米	13.30	19.92	49.77
人均体育场地面积	平方米	1.03	1.46	41.75
每万人拥有体育场地数量	个	6.58	12.45	89.21

全国新建三大球场地中，足球类场地 0.71 万个，场地面积 2 136.99 万平方米；篮球类场地 47.69 万个，场地面积 28 179.67 万平方米；排球类场地 3.07 万个，场地面积 960.62 万平方米（表 3-14）。

表 3-14　三大球新建场地数量和面积情况

三大球场地	数量/万个	场地面积/万平方米
足球类场地	0.71	2 136.99
篮球类场地	47.69	28 179.67
排球类场地	3.07	960.62

2. 体育场馆市场规模

根据国家统计局 2015 年公布的《国家体育产业统计分类》，体育场馆服务、体育场地设施建设被纳入了体育产业 11 个大类中，涉及体育场馆、其他体育场地服务，以及室内、室外体育场地设施建设 4 个小类。

根据国家体育总局公布的体育产业统计数据，2014 年体育场馆管理活动增加值 69.48 亿元，占比 1.72%，从业人员 2.47 万人，较往年有所增长；体育场馆设施建设 136.82 亿元，占比 3.39%，从业人员 5.38 万人，较往年有所下降，下降原因与大型体育场馆设施建设速度放缓有关（表 3-15）。

表 3-15　2014 年全国体育产业发展状况

类别	增加值/亿元	增加值同比增长/%
合计	4 040.98	11.30
体育场馆活动管理	69.48	14.06
体育场馆建筑	136.82	−14.46

数据来源：国家体育总局

3. 发展现状及规模

目前国内大型体育场馆设施多为政府投资建设，场馆运营管理主要有事业单位、国资公司与专业机构运营这几种模式，但目前仍以事业单位模式为主，抽样调查显示 60% 以上的场馆采用该模式，仅有少部分是公司化运营模式。事业单位模式是由体育总局下属的事业单位进行管理，由政府财政进行全额或差额拨款，资产的所有权与经营权不分离，这种模式限制了经营人员的积极性，缺乏激励机制；国资公司模式是由国资公司针对具体的体育设施成立专门的管理公司，运营管理纳入国资管理体制，资产的所有权和经营权相对分离；专业机构模式下资产所有权与经营权完全分离，实行契约式管理，政府仅作为资产所有者行使监管权力，场馆的日常运营管理工作交由专业机构负责。大型体育场馆设施盈利点选择如表 3-16 所示。

表 3-16　大型体育场馆设施盈利点选择

基础条件 盈利点	赛事文体 活动资源	场馆硬件 设施	周边 常住人口	商业环境	品牌 影响力	参考
赛事活动 文化活动	高水平赛事文化演出	功能完备/条件优良	—	—	—	所有场馆均可选择
全民健身 体育培训	—	功能完备/条件优良	—	—	有知名的全民健身品牌	所有场馆均可选择

表3-16(续)

基础条件 盈利点	赛事文体 活动资源	场馆硬件 设施	周边 常住人口	商业环境	品牌 影响力	参考
无形资产 开发	顶级赛事/文 体活动	—	—			所有场馆均 可选择
配套商业 办公	具备满足观赛 或参加活动人 群需求的功能	具备一定体量 的独立活动 空间	具备满足周边 人群日常活动 需求功能			有相应设施 的场馆可 选择
延伸产业	承办过重大赛 事或为知名职 业体育队主场	除比赛场地外 有独立空间供 游客参观	—	为所在城市 地标性建筑		城市地标性 场馆可选择
商业开发 周边土地 开发	—	—	足够人流支撑 相应的商业经 营面积；城市 扩张的目标 区域	未来有潜力 成为城市新 兴商圈		所有区域内 有规划土地 的场馆可 选择

体育场馆是公共体育文化设施，具有一定的公益性和特殊性，国内大部分体育场馆特别是大中型体育场馆仍以政府性投入和运营为主导，近些年来，随着体育产业的发展、体育资源的开放，社会力量逐步参与到场馆建设和运营中来，呈现出了市场化、企业化运作的趋势。以北京奥运会为例，大部分场馆建设之初采用了市场化、企业化的运作模式，并在赛后进行了企业化运营，将体育场馆的经济和社会效益最大化（表3-17）。

表3-17 北京奥运会主要场馆运营行模式

项目	运行模式	备注
鸟巢	联合体，PPP模式，北京市政府、中信联合体	收回产权，北京市国资公司运营
水立方	捐赠	北京市国资公司运营
国家体育馆	BOT模式，捆绑奥运村开发	收回产权，北京演艺集团运营
五棵松文化体育中心	BOO模式，捆绑商业用地开发	项目转让，华熙集团运营

全国新建全民健身路径器械330.03万件、登山步道0.12万条、城市健身步道0.97万条和户外活动营地0.09万个，场地面积共计0.87亿平方米。

从财务营收来看，我国体育场馆运营行业处于亏损状态。在我国，体育场馆的收入主要有财政拨款、经营收入、其他收入等。根据《中国体育产业发展报告（2013）》，在我国场馆中，财政拨款占经营经费的33.7%，场馆自身的运营收入占50%左右。场馆主要支出由前期建设投入、人力资源薪水支出、日常维护支出、大型维修费用和场馆赋税等部分组成。2013 年，我国体育场馆收入合计 646.1 亿元，支出合计 662.6 亿元，利润率为-2.6%。其中，我国大型体育场馆收入共计 30.6 亿元，支出总计 36.4 亿元，利润率-19.0%，大型体育场馆运营亏损程度高于体育场馆整体水平。完善体育场馆多元运营途径，盘活已有场馆资源，提高大型体育场馆利用效率已成为我国体育产业健康发展的一个主要课题。

4. 我国大型体育场馆运营机制

我国体育场馆处于行业整体亏损状态。尽管我国体育场馆行业产值和增加值增长迅猛，引领体育产业发展，但我国大部分大型体育场馆都为体制内经营，普遍存在运营机制陈旧、业务模式单一等问题，导致大型体育场馆闲置率高，行业整体亏损的现状。

国家明确支持新型体育场馆发展。国家政策文件明确支持城市体育综合体、体育小镇等新型体育空间，拉长服务链，把场馆设施打造成以体育为主题、功能丰富、配套齐全、经营性强的服务实体。加强体育场馆与旅游、商业娱乐等业态融合，推动体育场馆多元化商业经营，成为实现产业可持续发展的必由之路（图 3-18）。

图 3-18　体育场馆多元化商业经营

我国正处于体育场馆建设加速期，体育场馆建设企业应收翻倍，体育场馆领域发展加速，推动体育场馆设施建设增多，体育场地升级，运动场景丰富扩张，进而更多地吸引广大人群参与体育活动，为体育消费增长打下用户基础。

5. 大型体育场馆建设与运营模式

国家明确鼓励，有良好的政策环境。2010 年发布的《国务院关于鼓励和引导民间投资健康发展的若干意见》明确提出鼓励民间资本投资生产体育用品，建设各类体育场馆及健身设施，从事体育健身、竞赛表演等活动。之后财政部、国家发改委，以及各地方政府不断出台新的政策法规，鼓励 PPP（政府和社会资本合作）项目，并规范项目流程。

场馆运营的发展趋势是将由政府直接管理，过渡到独立市场化管理，再过渡到专业的独立托管，最终实现集团化、规模化管理。国际经验表明，场馆运营模式发展到成熟阶段，大多采取集团化托管模式，政府基本退出运营管理职能。目前华熙、体育之窗已开始推进集团化管理，形成完整的可借鉴、可移植的体育场馆经营模式，并低成本地实现模式推广。

3.1.4 体育赛事门票市场服务支持

近年来，在国家政策和市场经济的双重助推下，中国体育产业发展迅猛，作为产业核心环节的体育商业赛事也迎来全新局面。成熟的体育赛事商业模式主要包括赛事版权、赞助、门票收入以及周边衍生品四大部分，从目前体育票务企业与俱乐部、赛事主办机构的合作方式看大概分两类：保底销售（对赌票房，但通常是票务企业未完成票房而违约）、佣金分成。但对现阶段国内大多数赛事而言，连接上游赛事和下游终端消费者的重要商业环节——票务，发展仍相对滞后。

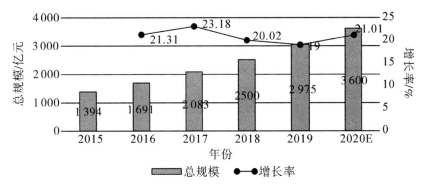

图 3-19　中国体育赛事产业总规模及趋势

数据来源：国家体育总局、易观整理（"中国体育赛事产业总规模"数据基于每年度国家体育产业总规模与增加值数据公告中"体育竞赛表演活动"以及"体育场馆服务"等相关数据整理推算得出）。

3.1.5 多场景娱乐及现场观赛的竞争

伴随着产业转型升级及互联网在国内如火如荼的发展，近年来人们线上及现场娱乐场景逐渐增加。线上部分，各种网综、剧集、赛事直播、游戏；线下部分，演唱会、舞台剧、体育赛事、展览、旅游等，日益深入消费者的生活。尽管国家出台各种政策保障体育产业的发展，但我们体育现场的观赛体验感、交通便捷性、票价高低、体育明星有无等因素在多场景竞争下显得足够突出，如何让更多丰富有趣的现场娱乐活动融入，如何利用技术提升观赛体验，如何站在消费者视角制定相应的消费策略，都是我们提升现场竞争所需要改善的。同时，在用户需求不断提升的背景下，未来产业的优质体验和智能化服务将具备更高的行业壁垒。

美国体育现场消费近年来受文体娱乐场景消费的冲击明显，如何提升现场消费，降低观赛群体流失，不仅是欧美体育需要考虑的问题，更是我们这种体育产业发展较为初级的国家必须考虑的。通过制度建设、商业化提升加强俱乐部运营能力的提升：俱乐部文化建设、球迷文化建设、观赛体验建设、场馆环境建设、球星的选才包装计划建设（可参照韩、美的相关经验），商业化驱动是俱乐部自身能动性的重要动力。

与欧美不同的是我们所处的阶段不同，美国的体育俱乐部同样面临着挑战，既然选择多了，竞争自然也更激烈。每个球迷在选择一场比赛时总会综合考虑各项因素：票价、开赛时间、球队战绩、球星等。如何在赛事林立的周末，吸引球迷到现场观赛，并完整看完两三个小时的比赛，这对每一支队伍来说都是一次考验。美国的体育俱乐部上座率也显示出一定程度的下降，停车、饮料、纪念品等周边消费成本逐渐走高，甚至已经超过了球票，纵使有顶级的现场体验也同样会使一部分人望而却步。我们的体育现场消费建设必须从现在就开始考虑，如何进行文化建设，如何提升竞争力，如何进行消费引导。

3.2 体育赛事门票市场发展趋势及预测

3.2.1 中国体育赛事门票市场与美国体育赛事门票市场概况及发展对比

2018 年美国体育核心产业的总收入中，赛事门票收入 197 亿美元（27%），约等于 1 300 亿元，而在这当中获得最多收入的则是美国的四大职业体育联盟。美国四大职业体育联盟指的是 NFL（美国国家橄榄球联盟），MLB

（美国职业棒球大联盟），NBA，NHL（国家冰球联盟）。

相比美国体育产业，中国体育产业在各项收入项目中的收入差距是巨大的。中国体育产业在赛事门票收入项目上的收入数据目前还没有官方的确切统计，美国数据网站 www.statista.com 给出了相对准确的中国 2016 年线上票务销售数据 458.8 百万美元，约 30 亿元。

这里解释下为什么美国线上体育票务与线下体育票务销售差别非常小，而中国体育票务线上消费与线下消费的差距却很大。首先美国体育票务线下渠道发达，存在着各种代理商，诸如银行、电台、便利店等通过线下进行票务销售，更有电话销售的优惠政策等，而线上销售只占整体销售的 1/3 左右。中国体育票务销售因为线下渠道不发达，而线上渠道更为便捷，因此中国体育票务销售几乎全部是线上销售，线上销售占整体票务销售的近 100%。

下面我们就微观数据来做一个对比，赛事门票收入：在美国一支 NFL 的球队年平均的门票收入是 5 100 万美元，NFL 的比赛场馆平均有 65 000~85 000 个座位，而一张 NFL 比赛球票的平均价格是 80 美元。30 支 NBA 球队一年的门票总收入超过 10 亿美元，平均下来一支球队的门票收入超过 3 300 万美元（2.1 亿元）。一支 MLS 球队一年的门票收入暂时没有统计数字，但是在 2012 年这一年一支 MLS 球队的平均总收入是 2 600 万美元，折合人民币 1.69 亿元，其中 90% 的收入来自赛事门票销售。各国体育服务占体育产业比重如图 3-20 所示。

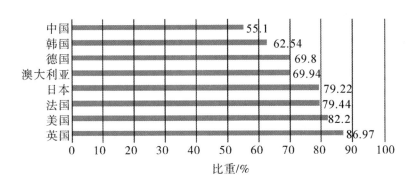

图 3-20　各国体育服务占体育产业比重

数据来源：公开数据整理。

美国体育经历百年商业化历程，中国体育尚处于产业化转换初期。美国职业体育 19 世纪初就开始商业化进程，第二次世界大战后步入快车道，以职业体育和健身休闲为驱动，体育衍生产业专业化发展。

第一个职业体育联盟是 1871 年成立的国家棒球协会，1875 年改名为全美棒球联盟，制定了各项规则，并开发联赛市场。这种体制很快推广到篮球、橄榄球、冰球等项目，最终形成了 NFL、MLB、NBA、NHL 美国四大职业体育联赛，及其下属数百家俱乐部形成的梯级联赛。同时美国的大学体育赛事也非常成熟，如 NCAA（美国大学生体育协会）等。

中国 1994 年推出首个中国足球男子职业联赛（甲 A），但直到 2005 年才成立中超联赛公司；1995 年中国男子篮球职业联赛成立，相继形成排球联赛、乒超联赛等赛事体系。但是，中国体育联赛尚处于发展初期阶段。体育发展至今，一直受到较为严格的行政化管制，在赛事、场馆、俱乐部、运动员等方面的商业化程度低。

相比之下，中超球队在 2018 年的门票总收入仅为 1 亿元左右。门票收入过千万元的俱乐部只有 4 家，主要分布在北京、上海和广州。CBA 每支球队的门票收入大概在几百万元到一千万元。长期以来，体育票务作为连接上游赛事和下游终端消费者的重要商业环节，在整个体育产业消费改革中相对滞后。

3.2.2 体育场馆及赛事承办场地发展趋势

2013 年，我国人均体育场地面积仅 1.46 平方米，室内场馆人均仅 0.19 平方米。按照《国务院关于加快发展体育产业促进体育消费的若干意见》要求，到 2025 年，我国人均体育场地将达到 2 平方米。预计未来需要建设将近 8 亿平方米体育场地，其中室内场地面积约增加 1.1 亿平方米。

在体育场馆建设方面，未来主要增加满足高水平比赛训练的中型体育场馆和满足大众健身的小型场馆。中型场馆主要建在区县级城市；小型场馆包括各类综合性、羽毛球馆、篮球馆、游泳馆等设施，将会分布在城市社区。

从产业规模来看，不管是体育场馆管理服务还是场馆设施建设，未来发展速度和市场规模增长较快，每年将保持不低于 10% 的增长速度，涵盖依托场馆举办的赛事活动等各有关产业，未来年产业增加值将达到 5 000 亿元以上规模，在体育产业中占比达到 10%（图 3-21）。

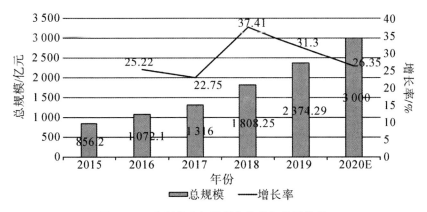

图 3-21　中国体育场馆服务整体规模及趋势

数据来源：国家体育总局、易观整理。

越来越多的体育场馆将自身定位为一个线上线下体育资源集合场景。更加便利和舒适的运动体验将会刺激体育人群在运动场地内进行体育消费。大多体育场馆有满足大众运动需求的普及型设施和场地，以参与率高的热门体育运动项目人群为主要服务对象，将周边现场餐饮、停车等其他服务作为主要收入来源。具备数据化和互联网属性的场馆是发展的基础，有利于场地形成智慧化运动，链接更多体育场景，串联产业上下游产品，将其打造成全体育资源的聚合地，从而推动体育现场消费，加速体育场馆现场消费模式的形成。

作为体育行业的第一刚需和最基础的产业，体育场馆领域进入了一个明显的发展加速期，整个行业也开始呈现爆发的态势，具体则表现为，体育场馆数量的增多（图 3-22），运动场地形成新的创新形式。

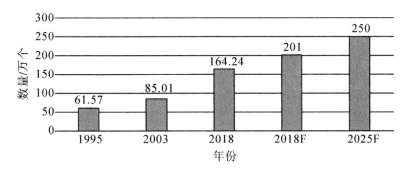

图 3-22　我国体育场馆数量情况及趋势预测

数据来源：国家体育总局、易观整理。

在体育赛事运营的基础之上，体育场馆空间越来越注重餐饮、购物消费、休闲娱乐等多种业态的综合，以多种业态对人流形成复合吸引力，提升区域消费能力。

3.2.3 我国体育赛事门票市场发展趋势分析

在过去的 3~5 年，全球体育产业市场规模的年均增长率为 7.7%，未来 3~5 年将会趋缓至 7%。十大最具增长潜力项目排名依次为：电竞、足球、篮球、群众参与型项目（如马拉松）、搏击、英式橄榄球、美式橄榄球、自行车、网球、板球。

未来 3~5 年，传统体育各收入结构增长速度排名依次为：数字媒体版权、赞助及广告、IP 授权和衍生品销售、C 端参与消费、票务与商务款待、传统电视版权。

提高体育资源发展水平是未来发展体育消费存量市场的必经之路，首先，线下实体体育资源布局，提升人均运动场地的面积，提升运动场地配套设施密度和整体水平；其次，线上虚拟体育资源的布控，增加布局体育赛事的互联网直播版权，网络体育社区和平台内容运营的优化升级；最后，实现体育场景的体验升级，提升运动场地及设施的数据化程度，从而利用数据化来增强体育人群的运动体验。

中国体育的城市化进程，体育基础设施建设与体育 IP 的融合，提高了各个体育细分产业链当中的产品供给能力和创新能力、场景服务的打造能力，同时产业转型升级带来的经济水平提升，及科技进步推动的赛事服务升级，将大力促进中国体育票务市场的发展，激活体育票务的爆发式发展。

在城市化进程和体育基础设施与体育 IP 的融合趋势下，未来的中国体育票务行业市场前景巨大，通过政府的大力引导、资源开放，预计中国体育票务在未来的 5~10 年内将达到甚至超过 120 亿元。

1. 竞技观赏类

竞技观赏类体育赛事是体育现场观赛的典型代表，从传统的足球、篮球、排球，到高尔夫、冰球、游泳、赛车等，这些体育赛事在发展进程中逐步成熟，并逐渐形成自己的观赛阵营，而中国竞技观赏类体育赛事的代表——中超联赛进步明显。

2018 赛季中超联赛全观众人数 577 万 2 715 人次，场均 24 053 人，创近年新高，其中单场超 5 万人的场次为 5 场，4 万~5 万人的场次为 26 场，3 万~4 万的场次为 30 场，单场 1 万人以下的场次为 11 场。广州恒大淘宝主场天河体育中心体育场场均 47 001.67 人，高居榜首；北京中赫国安的主场工人体育场场均 41 743.47 人，排名第二；大连一方主场人连市体育中心体育场场均 33 144.73 人，排名第三。

2018 赛季中超平均每场比赛的上座人数达到 2.41 万人，而 2017 赛季中超的场均上座人数为 2.38 万人，2019 年的上座人数比 2018 年略有提升。中超联赛电视直播已经覆盖全世界 96 个国家和地区的 24 亿人口，而 2018 赛季中超联赛国内的电视收视人数达到 3.37 亿人，中超上座率远远超过韩国与日本联赛。

单场观众人数排名中，2018 赛季国安主场对阵鲁能、恒大、人和的比赛排在前三位，均超过 5.3 万人。恒大则有 14 个主场的比赛观众人数超过 4.6 万人，排在前列，而末轮对阵天津泰达的比赛也有 3.2 万余人观战。此外，大连一方主场对阵长春亚泰的保级生死战吸引了 5.1 万余名观众。从中赫国安提供的数据中可以看出对比 2017 赛季，2018 赛季的观赛人数整体呈现良好的上升趋势，这也意味着中国各联赛的发展前景。

2. 竞技参与类

竞技参与类赛事，以各种路跑、越野跑为代表，彩色跑、100 千米越野跑等成为国内较为知名的赛事 IP，但就体量而言城市马拉松依然是发展的重头戏。

近年来马拉松赛事在国内呈现井喷趋势，各地政府也为办赛大开绿灯，通过举办马拉松路跑等赛事，在展示城市形象的同时，也能促进城市发展并增加综合经济效益。以厦马为例，比赛当天参观的游客约 2.2 万人，为厦门旅游业带来 4 700 万元的收入。2018 年厦马的直接经济收益为 1.16 亿元，带动经济效益 1.75 亿元，综合经济效益 2.91 亿元。

在厦马的影响下，路跑成为全面健身运动中参与人数最多的项目。赛前举办的马拉松博览会，也很好地促进了参赛者对赛事的了解，在分享会上各抒己见。

热门项目的职业联赛依旧会收到更高的关注度与更好的商业化前景，在赛事打造方面，应提升参赛品质，创新参赛模式，推动马拉松从量变到质变的发展。加强"放管结合"并不断"优化服务"；打造中国马拉松俱乐部联赛；建立多元传播体系，不断提升马拉松传播力，推动媒体融合发展；主动借助新媒体传播优势；加强对马拉松运动知识的普及。加强国际合作与交流，进一步提升中国马拉松品牌影响力。2017 年中国马拉松规模赛事类型分布如图 3-23 所示。

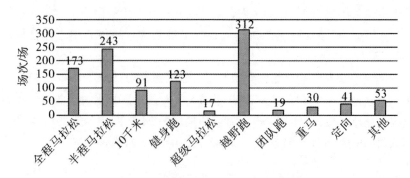

图 3-23　2017 年中国马拉松规模赛事类型分布

资料来源：中国田径协会、智研咨询整理。

我国马拉松行业呈现快速发展趋势，2011 年，规模以上赛事仅有 22 场，2017 年已经达到 1 102 场，增长速度十分迅速（图 3-24）。

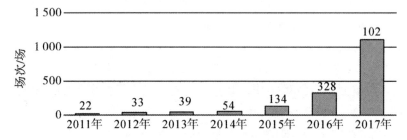

图 3-24　2011—2017 年中国马拉松场次

资料来源：中国田径协会、智研咨询整理。

未来要把大众体育赛事转变为一个体育资源整合点，整合线上资源：依靠大众赛事这一强参与的体育场景，引导体育人群连接更多的线上体育场景。整合线下资源：借助大众赛事搭建起团跑、健身群体等体育组织，释放体育人群的深层次社交。

3. 电子竞技类

电子竞技虽然未入选杭州亚运会的赛事项目，但电子竞技在中国互联网向移动端转化和人口红利的驱使下逐渐得到重视。其次，以足球、篮球为代表的传统体育俱乐部也逐渐涉及电子竞技，电子竞技有望成为传统体育的数字化载体。2018 年中国电子竞技市场价值为 12.5 亿美元。2016 年，中国电子竞技联赛的数量不到 10 个。目前，中国电子竞技联赛的数量已超过 100 个。

此外，国家统计局在 2019 年发布的《体育产业统计分类（2019）》中，提及电子竞技，并将其归为职业体育竞赛表演活动，与足篮排三大球属同类型。职业体育竞赛表演具体指商业化、市场化的职业体育赛事活动的组织、宣传、训练，以及职业俱乐部和运动员的展示、交流等活动。为了迎合电竞市场发展的需要，许多中国大学正在筹备由国家资助的电子竞技相关项目，重点是支持和培养人才、管理、活动和转播。

电子竞技赛事将持续专业化、体育化、多元化的发展。赛事运营全民专业化，流程标准体系逐渐构建，赛事直转播、赛制、票务管理、现场服务等多方面在探索中不断发展。电竞也将融入城市发展，以线下场馆为重要载体，在逐渐 IP 化的过程中从赛事导流发展电竞商业综合体，以产业园为载体打造产业链生态，未来电子竞技将作为城市泛娱乐生态内容在商业、产业、文化三方面深度融入城市发展（图 3-25）。

图 3-25　全球电竞市场观众

第 4 章　大型体育赛事门票定价的
　　　　 特性与影响因素分析

4.1　体育赛事门票的特性

4.1.1　体育赛事门票的定义

门票是指进入某些场所的有效凭据，通常是一次性的，也被称为入场券，而且需要购买。门票按票面质地分为塑料门票、纸质门票、磁卡门票、金属门票等。许多词典对于门票也有不同的定义。金山词霸指出：证明持有者已支付或有权获得某种特定的服务、权利或报酬的纸条或卡片，俗称门票。英文单词为"ticket"，法文单词为"etiquette"，ticket 与 etiquette 源于古法语中的 etiquette 这个词。这个词在早期英语中的意思是"写得很短的通知""贴在公共场所的通告"和"文字证明"。这个词最早的文字记载意为在 1673 年时使用的一种类似入场券的东西。

另外，门票收入又称为票房收入，对应的英文词语为"box office"，《美国传统词典》中，"box office 主要有如下含义：①票房，售票处剧院或体育场等地的售票小间；②卖座力，戏剧或演员的卖座力，大众喜爱程度；③卖座率，演出的上座总数；④上座率，演出的票房总收入。"显然，体育赛事门票是指能够进入指定的体育场馆观看指定赛事的有效凭证。

4.1.2　体育赛事门票的种类

体育赛事通常分为周期性综合赛事，如亚运会、奥运会、全运会等；周期性单项赛事，如足球世界杯、单项锦标赛等；联赛制赛事，如 NBA、CBA 等；

临时性赛事，如商业赛事等①。因此，根据赛事的特点，门票设置的种类也不同。周期性综合赛事由于项目设置多，通常按项目设置单场门票；周期性单项赛事通常设单场门票、赛期全程通票、组合套票（如半决赛+决赛）等；联赛通常设立单场门票、俱乐部全年通票等；商业性赛事通常为单场比赛，只设单场门票。

4.1.3　体育赛事门票的特征

体育赛事作为服务性产品具有特殊的产品特征，表现为体育赛事的无形性、体育竞赛产品的不稳定性、体育赛事产品的不可存储性、体育赛事产品生产和消费的同时性②。因此，体育赛事门票不仅仅是观众到指定地点观看指定赛事的有效凭证，它还具有其他票务产品不具备的特征。

1. 独特的收藏价值

由于体育赛事的不稳定性，即使是周期性赛事，其参赛球员以及自身状态也具有不确定性，导致赛事成为唯一性事件，因此，其门票也具有唯一性，具有一定的收藏价值，特别是特殊材质制成的门票。

2. 独特的传播载体

由于体育赛事的不可储存性，其门票成为其赛事文化与理念传播的重要载体，特别是各俱乐部的比赛门票能够通过独特的设计传播俱乐部文化与理念，扩大俱乐部的影响力。

3. 独特的名片效应

由于体育赛事产品生产和消费的同时性，特别是高端大型赛事门票，其门票成为当今人际交往的重要手段。赠送体育赛事门票已成为如今商业战场上重要的公关手段。

4.1.4　大型体育赛事门票定价的功能

因为体育赛事的规模与级别、设置项目、比赛进程、参赛双方水平等条件不同，其门票价格差异也较大。在经济学中，价格是商品交换价值的货币表现形式，市场调节是其最基本的职能。价格功能是在价格经济学内涵基础上的延伸，是单纯在价格基础上折射出来的各种心理现象，体现为对商品内隐性信息的体现。体育赛事作为一种特殊形式的产品，在被观众消费的过程中，赛事门

---

① 王子朴. 体育赛事类型的分类及特征 [J]. 上海体育学院学报，2005，29（6）：26.
② 王晓东. 体育赛事门票经营开发策略的研究 [D]. 北京：北京体育大学，2005.

票价格将其蕴藏的各种价值直接体现出来①。

1. 衡量赛事价值的功能

我们常常会在体育赛事的观看过程中发现一些令人不解的现象。例如同样规模级别的赛事如果注重推广宣传，即使推出高价门票也能吸引大量的观众，而有些体育赛事的门票价格即使不断下调也无人问津。这主要是由于观众往往会根据门票的价格来判断体育赛事的规模、比赛水平与激烈程度。有些赛事不断调低门票价格甚至送票，反倒让观众认为该项赛事规模小、水平低。因此，门票价格有时候成为衡量体育赛事价值的重要指标。

2. 衡量观众收入水平的功能

随着人们物质生活水平与精神生活水平的不断提高，观看高水平的体育赛事已经成为人们休闲娱乐的重要途径。同一赛事不同价格的门票能够体现观众的收入水平与消费水平。例如，有的观众倾向于购买高价格门票，尤其是对于级别较高的比赛，认为这不仅仅是观看了一场高水平的比赛，还象征着一种社会地位，而对于级别较低的赛事的低价票，有些观众会认为有失其身份，故不会购买。

3. 衡量赛事收入水平的功能

体育赛事门票价格的高低直接影响赛事的门票收入水平，同时也影响整个赛事收入水平。例如有些赛事的主要收入来源为赞助收入，其为了吸引更多观众，进而增加赞助收入，会降低门票的价格；有些赛事受众群体忠诚度较高，门票收入为赛事主要收入，那么其会提高门票价格，保证赛事门票收入。

4. 衡量赛事举办场馆水平的功能

体育赛事通常会在指定的比赛场馆进行，比赛场馆座席数量有限，一些热门赛事为了限制观众数量，需要调高门票的价格。因此，我们不难发现在一些综合型与高水平、高规格场馆举办的热门赛事，由于其座席数量较多，票价比在小型场馆举行的同级别赛事票价低。

4.2　影响大型体育赛事门票定价的理论因素

4.2.1　体育赛事的价值是门票定价的基础

体育赛事产品的价值是凝结在体育比赛中的一般人类劳动，其价值量的大

---

①　孔庆波.基于赛事门票价格功能的消费心理研究［J］.山东体育科技，2012，34（5）：25.

小是由生产体育比赛时所耗费的社会必要劳动时间决定的，它由体育劳动资料转移的价值、体育劳动者为自己劳动创造的价值、体育劳动者为社会劳动创造的新价值三部分组成。体育赛事产品价值的这一构成表现在货币形态上，就形成了转移价值的货币表现、必要劳动的货币表现及盈利三部分。因此，体育赛事的门票价格就是由体育比赛的生产成本、利润和税金三个部分构成。

第一，成本是制定门票价格的最低经济界限。在社会主义商品生产中，体育比赛的门票价格必须补偿生产中已消耗的生产资料的价值和支付的劳动报酬的价值，简单再生产才能正常进行下去。体育赛事的成本包括社会成本和会计成本。体育赛事的社会成本是为了实现公共产品、外部性和私人产品的生产和销售，社会支付的全部成本。它包括政府资源的机会成本和承办者的会计成本和沉没成本①。由于政府资源的配置既可以采用市场化的办法，如招标购买公共服务，此时的价格可由市场价格决定；也可以采用指令性的方法，如拨款解决，此时需要评估这些资源用于其他项目的收益，估算的难度较大。因此，本书在分析影响体育赛事的门票价格的因素时，对体育赛事的社会成本不作为重点阐述。

体育赛事的会计成本是经营者为获得利润的实际支付，包括固定成本和变动成本。固定成本包括：申办费、固定资产投资的折旧费用、财务费用（贷款利息）、部分日常维护费和管理费，训练和管理球队的成本，竞技者出场费，赛事推广费等。变动成本包括：赞助商服务费，佣金，定点生产和外购的纪念品等。根据体育赛事的不同性质，经营者的会计成本的构成也各有不同。因此，在制定门票价格时，要根据不同类型的赛事项目，考虑不同的会计成本的影响因素。

第二，税金是体育赛事门票价格的组成部分。税金配合价格政策，影响体育比赛的利润水平，对体育赛事的生产和消费起着调节作用。国家应通过有关税收政策，鼓励和支持体育赛事的发展，可以将体育比赛的门票价格的税率定得低些，以增加其纳税后的利润。

第三，利润是体育比赛门票价格的组成部分。体育比赛的利润应当是门票价格减去全部成本和上缴税金后的余额。在制定体育比赛的利润水平时，我们必须明确，体育比赛的门票价格必须以社会平均利润水平为基础，在社会平均利润水平的基础上，根据体育赛事的特点，确保在正常生产、合理经营的条件

① 沉没成本：在经济学和商业决策制定过程中经常使用，是指要素一旦完成配置，无法由现在或将来的任何决策所能改变的成本，即已经付出且不可回收的成本。

下，使体育赛事的生产者、经营者与其他部门获得大体相同的经济利益。

4.2.2 体育赛事的供求是门票定价的杠杆

商品的价值是决定其价格的基础，价格是价值的货币表现，但价格并不简单等同于价值。要使价格完全地、绝对地反映价值，即在商品交换中，要求价值与价格之间完全一致是不可能的，一个重要因素就是市场供求的变化，市场供求的变化不断影响价格的变化，因而使价格不断地偏离价值。这样，商品的价值就在这种波动中得以实现。这一理论也完全适用于体育赛事商品。在一定条件下，体育赛事的门票价格与体育赛事的供求关系在市场经济中表现为：当体育比赛的门票价格上升时，这种体育比赛的社会需求量就减少，反之则增加；体育赛事的门票价格与其社会需求量之间存在反比关系。同样，当体育比赛的门票价格上升时，这种体育比赛的社会供给量就会增加，反之则减少；体育赛事的门票价格与供给量之间存在一种正比关系。因此，体育赛事门票的市场价格就取决于体育赛事的供给和需求。由于供给与需求是统一体，二者总是不断发生作用，互相作用的结果就是不断趋于平衡。只有当体育赛事的社会总供给与社会总需求达到相对平衡时，这种体育赛事门票的市场价格就决定了。

4.3 影响大型体育赛事门票定价的具体因素

门票是进入体育比赛场馆的凭证，消费者通过购买门票到现场观看体育比赛，以满足各自的需求。门票的价格影响着消费者的购买行为，因而对体育赛事的上座率有所影响，进而影响体育赛事的经营活动。体育赛事的门票价格不是固定的，它随着供求关系的变化围绕价值上下波动。体育赛事的门票定价受到多种具体因素的制约，包括消费者需求、体育赛事产品本身、体育赛事的供给、市场竞争、体育赛事的经营目标等。以下按照影响体育赛事门票定价的具体因素的重要程度进行阐述。

4.3.1 消费者的需求对门票定价的影响

随着经济的发展，人们物质生活水平不断提高，闲暇时间越来越多，精神文化和自身发展的需求在生活中所占的比重逐渐扩大。因此，体育赛事消费者将越来越多，赛事产品市场也将不断扩大。但与此同时，观赏性产品的种类和数量也在不断增多，不仅电影、音乐会、戏剧等文化娱乐的形式越来越多，质量越来越高，而且体育赛事的种类也不断增加，越来越多的国外赛事经营者瞄准了中国市场。因而，某　体育比赛想吸引消费者的关注，制定合理的门票价格提高赛事的上座率，就必须对影响消费者购买体育赛事门票行为的因素进行分析。

1. 个人因素

年龄、性别、职业等人口统计学因素和比赛的出席率有关。体育比赛现场，男性消费者明显多于女性消费者，不同职业群体对体育比赛项目有着不同的偏好。从对现场消费者的访谈中发现，最经常出席体育比赛的消费者是那些青年人，他们受过良好的教育、有可自由支配的收入，而且没有可能侵蚀其休闲时间的家庭负担。在成年人中，那些追寻"存在经验"① 的人们往往是体育比赛的常客，他们对有形物品的需求不高，而对于观赏体育比赛这类体验性消费的热情高涨。消费者对体育赛事门票的需求，还受到个人经济状况的限制。消费者收入水平提高，引起需求曲线向右移动，同一门票价格下的市场需求量增加，有支付能力的消费者数量增加。在供给不变的条件下，赛事经营者即使适当降低门票价格，由于消费者总量增加，总利润也能得到提高，消费者也可以从经营者的价格调整中获得实惠。随着经济收入水平的提高，消费者在满足基本生活需要之外，转向更高层次的消费需求，有能力到现场观看体育比赛的消费者数量增加。生活形态是指一个人用自己的活动、兴趣和意见来表达其生活在这个世界中的个人模式，它是一项动态因素。来自相同亚文化、社会阶层和职业的人或每个人在生活中的不同阶段，可能会有不同的生活形态。有人也许会选择"归属型"的生活形态，将自己的大量时间花在家庭和志愿者组织内；而另外一些人可能会选择"成就型"的生活形态，他们会更乐于长时间地工作在具有挑战性的计划上，同时对于旅游和运动也颇为疯狂。体育赛事经营者可针对不同生活形态的人群，制定出符合他们需求的宣传策略，吸引他们对体育比赛的注意力，从而愿意花钱购买门票到现场观看体育比赛。具有不同特征的群体和个体，由于客观条件的限制，他们对体育赛事的认知是不同的，因而对体育比赛的观赏性需求也有所不同。在制定体育比赛的门票价格时，需要充分考虑个人基本信息、经济状况和生活形态等个人因素的影响。

2. 心理因素

消费者在任意给定的时间内会有多种不同的需求，有些是生理上的需求，

① 大卫·沃尔夫对成年人生活中的经验阶段分为：财产经验阶段，即人们努力获得财产的生命阶段；满足经验阶段，这一阶段满足的并非是物品，而主要是服务的购买；存在经验阶段，基本上是以非实体性的东西为核心内容，包括欣赏美丽的落日、学习刺激性的事物、观赏比赛等。

有些是心理上的需求。根据亚伯拉罕·马斯洛的动机理论①，一个人在满足了比较基本的需求之后，都会转向寻求较高层次的需求，对于一个人任何层次需求的满足，都有助于促使其走向成熟。体育比赛的观赏性需求是在满足了基本生活需要之后产生的，满足的是消费者的一种心理需要，因而，这种消费形式受到消费者心理因素的影响。

消费者偏好是消费者对体育比赛的相对价值的主观评价，它受各人性格、信念和态度的影响。消费者对于喜欢的体育项目，无论门票价格如何变动，只要在其可支付的范围内，都会购买门票到现场观看体育比赛，他们对比赛的忠诚度会相当高。由于体育赛事市场不成熟，多数消费者对体育比赛市场信息掌握不多，因而，消费者偏好对消费者是否出席体育比赛的影响相当大。消费者对未来的预期，包括对未来该项赛事门票价格的预期、对未来收入水平的预期、对该项赛事未来供给状况的预期等，都会对消费者当前的门票购买行为产生影响。如果消费者预期未来的门票价格水平会下降，在其他条件不变的情况下会选择推迟消费，使当前对门票的需求量减少；如果消费者预期未来的收入会显著提高，其当前的门票购买量往往会增加；如果消费者预期未来该赛事的供给会更多样化、品质会更好，他们也会推迟现期的消费而使当前的门票需求量下降。

通常情况下，消费者对体育比赛门票的需求量，与价格呈反方向的变动关系。但由于某些主观心理因素的影响，这一反方向变动关系常常被打破，出现反常的消费者购买行为。因而，在制定某项体育比赛的门票价格时要充分考虑目标市场的消费者购买心理。

3. 文化因素

社会阶层是社会中按照等级排列、具有相同性质和持续分界特征的人群，其成员大多拥有相似的价值观、兴趣和行为。不同社会阶层中的人们不但在一般的消费品上的态度是不同的，而且在其参与的休闲活动中，也表现出了截然不同的对产品和品牌的偏好。上等阶层的消费者更有可能观看那些具有广泛社会影响力的体育比赛，在满足休闲娱乐的基础上，更加侧重于社会交往。而下等阶层的消费者会更倾向于出席那些国内举办的一般体育比赛，他们主要是为了满足休闲娱乐的观赏性需要。

在影响消费者行为的诸多因素中，文化因素发挥了最广泛、最深入的影

---

① 马斯洛的动机理论：生理学需求（饥饿、口渴），安全感需求（安全、保护），社交需求（归属感、关爱），想要获得尊重的需求（自我尊重、获得认可、社会地位），自我实现的需求（自我发展和实现）。

响。大到整个民族的文化，小到某个小型社会团体的文化，都对人的价值观、感觉、偏好和行为产生影响。对于在不同国家、地区举办的不同项目的体育比赛，消费者都会有不同程度的青睐。因而，在制定体育赛事的门票价格时，需要考虑到不同文化差异对消费者购买行为的影响。

4. 环境因素

消费者的生活环境可以分为小环境和大环境。小环境是指家庭或朋友间的生活环境。小环境对一个人行为的影响是较大的，如果家人或朋友喜欢体育运动，并且乐于到现场观看体育比赛，常常讨论这些话题，就会影响消费者到现场观看体育比赛的积极性，促使消费者购买门票到现场亲自感受体育比赛的氛围。大环境包括社会环境、政治环境、经济环境和科技力量，这些都会影响消费者的态度、价值观、重要决策和日常的决策（如购买体育比赛的门票）。大卫·米尔研究发现，人们不断改变的价值观对其休闲时间的活动安排造成影响[①]。随着环境趋势的发展，人们又开始趋向于恢复到以前的传统家庭形态，年轻父母的活动变得更加以子女为中心，特别是在他们的工作时间延长之后，那些对于身心有益的体育竞赛表演活动也得到了较多的青睐。消费者所处的环境并不是一成不变的，随着环境的改变，消费者的行为也会发生变化。因而，需要创造有利于体育赛事发展的环境，从而正确引导消费者对比赛的认知。消费者的环境因素影响着其购买门票的行为，因此在制定体育比赛门票价格时需要考虑环境因素。

希伯里提出，体育营销者最初应该瞄准由 60% 重度、10% 中度以及 30% 轻度组合而成的消费者群体[②]。因而，体育赛事门票价格的制定，需要重点考虑 60% 重度消费者的情况，鼓励他们购买门票到现场观看比赛。至于 10% 和 30% 的中度和轻度消费者，则需要不断加深他们对赛事的认同度，扩大赛事在他们中的影响力，以吸引这些潜在消费者更多地购买门票、更多地到现场观看比赛。

4.3.2 体育赛事产品对门票定价的影响

1. 体育赛事产品本身

体育赛事的时间也是影响门票价格的一个重要因素。接近时间，是指花费

---

① MEER D. Marketing trends in the '90s for the Performing Arts [J]. Dance/USA journal, 1991 (Summer)：16-23.

② 戴维·希伯里，谢恩·奎克，汉斯·韦斯特比可. 体育营销学 [M]. 2 版. 北京：清华大学出版社，2004：180.

在搜寻比赛信息、到达比赛场地、排队进场等方面的时间。比赛时间，是指观赏比赛所花费的时间。举办时间，是指举办体育比赛的时间。这三个时间对于门票价格的制定具有不同的意义。如果接近时间较长，消费者会认为花费那么多钱还要浪费时间，观看比赛得不偿失，降低观看比赛的热情。而如果比赛时间相对较长，大部分消费者则会认为购买门票到现场观看比赛是物有所值。如果在"五一""十一"或者周末期间举行体育比赛，消费者购买门票的数量要比以往增加很多。

不同运动项目的门票价格有所差别。例如，大众接受度较高的足球、篮球、排球、乒乓球等比赛，由于这些运动项目的普及度较高，有大量的体育迷愿意花钱到现场观看比赛，门票的需求相对较大。但诸如棒球、垒球等比赛，由于大部分消费者对这类比赛不甚了解，因而门票的需求量相对较少。不同的赛事级别门票价格也存在很大的差异。像奥运会、F1、网球大师杯等这类世界顶级的赛事，会吸引大量消费者的关注，相对较高的价格并不会影响门票的需求数量。但是像中超联赛这样的赛事，由于参赛运动员的水平有限、赛事的精彩程度不高，除了部分的铁杆球迷外，大部分消费者并不愿意为这类赛事的门票支付高价。体育赛事的可替代性越大，替代赛事的相近程度越高，则消费者对它的需求越小。当赛事的门票价格发生变化时，消费者会转而观看其他相近度较高的赛事，进而减少对该赛事的门票需求。体育赛事门票的消费支出在消费者总支出中所占的比重越大，对门票的需求就越小。对于我国西部地区的大部分消费者而言，购买门票到现场观赏体育比赛会在他们日常消费总支出中占较大的比重，因而，他们通常对赛事的门票需求不大。体育赛事需要的考察时间越长，则消费者对该比赛的门票需求可能越大。因为，当消费者决定减少对价格上涨的门票的购买之前，需要花费更多的时间去寻找和了解该赛事的可替代品，消费者可能会由于怕麻烦而继续购买该赛事的门票。

2. 体育赛事质量

体育赛事由参赛双方在规定时间内共同创造，因而赛事质量由参赛双方的技战术水平共同决定。比赛中双方运动员的实力对比和参赛队的战略战术都会影响到比赛的实际精彩程度，从而影响比赛的质量。如果参赛队双方的实力相差较大，其比赛结果是可以确定的，此时体育比赛会缺乏悬念，赛事的精彩度也会降低。

只有当参赛队双方处于势均力敌的情况下，比赛才会充满悬念，赛事的精彩程度也不容置疑。任何一项职业都有卓越人物的涌现，尤其是体育界的明星更是层出不穷，他们面对比赛场上瞬息万变的情况和激烈的对抗，往往表现出一种出人意料的高超技艺，从而增加了比赛的精彩度。只有精彩的体育比赛才会吸引消费者的目光，消费者才会愿意为此支付门票。

同时，体育赛事的质量也体现了消费者对比赛的满意程度。由于消费者对比赛价值认识的差异性，当赛事与消费者价值指向相符，则质量较高。当赛事不能满足消费者的消费需求时，则赛事质量较低。基于此，经营者对比赛价值的宣传有助于提高比赛质量，获得较高的消费者满意度。过去我们只注重体育比赛的价值，而对体育赛事质量的重视不够。因而，导致了大量高价值低质量赛事的涌现，影响了消费者的观看热情。所以，在制定门票价格时，我们需要充分考虑体育赛事的质量。

3. 体育赛事的无形资产

体育赛事的无形资产是指存在于体育运动中具有体育特质，受特定主体控制的，不具有实物形态，能持续地为经营者带来经济效益的资产①。体育赛事的无形资产包括赛事的价值、赛事的品牌、商誉、会徽等。

体育赛事的价值通过运动员在比赛中表现出来，消费者在观看比赛中获得了视觉上的享受和精神上的满足。门票是消费者消费体育赛事产品的凭证，经营者与消费者通过门票的买卖达成商品的交换。一项体育赛事放到一张门票上的价值以可知利益和所支付价格之间的关系为基础②。不同性质的比赛，消费者希望获得的价值也是有差别的。例如国家队的比赛，消费者希望从中获得强烈的国家荣誉感以及爱国主义的情感；而本土队的比赛，消费者需要获得的是一种归属感、认同感。因而，需要针对消费者希望获得的无形利益，为具有不同价值的比赛制定门票价格。

品牌是市场经济孕育出来的产物，每个品牌之下都有一个产品，只有得到消费者信任、认可与接受，并能与消费者建立强韧而密切的关系，才能使标定在该产品上的品牌得以存活③。品牌形象的差异正在取代传统的产品本身的差异，经营者卖的不再是差异化的体育赛事产品，而是差异化的赛事品牌理念。赛事的品牌定位、品牌规划、品牌管理都是打造体育赛事品牌必须考虑的问题。因此，在门票的定价过程中起决定作用的不再是体育赛事产品本身，而是一个独特鲜明的赛事品牌形象。

体育赛事的门票价格的高低在很大程度上与体育赛事的价值、品牌、信誉

---

① 李敦厚，周旺成，李颖川. 体育无形资产管理与开发的理论研究 [G]. 体育软科学研究成果汇编，1998.

② Shank M D. 体育营销学 [M]. 北京：清华大学出版社，2002：499.

③ 周朝琦，侯龙纹. 品牌经营 [M]. 北京：中国经济出版社，2002：2.

及服务等无形因素有很大关系。因此，在制定门票价格时，需要考虑到体育比赛的无形资产因素。

4. 体育赛事的有形展示

尽管体育赛事不能以有形的实物形式静态地展示出来，但消费者通常可以从一些相对固定的体育服务信息环境中去初步认识服务的水平、档次、规模，这些可传达体育服务特色及优点的有形组成部分被称为有形展示。美国经济学家研究发现，赛场的新旧影响着赛季的上座率，场馆的停车场、卫生状况、拥护度、场内的食品服务质量对消费者都具有一定的积极或消极影响，进而决定消费者的消费[①]。

体育赛事的有形展示，包括场馆的设计（地点、颜色、材料、尺度、形状、结构、风格、附件）、参赛队的形象标志（队服、队徽、队名）、附加产品（食品、中场节目）以及比赛气氛等。这些有形方面的服务，常常被看成核心赛事产品的延伸，会影响消费者购买门票的行为。因而，在制定门票价格时，需要考虑体育赛事的有形展示因素。

4.3.3 体育赛事的供给对门票定价的影响

门票是体育赛事经营者允许消费者进入比赛现场观看比赛的权利证明。绝大多数情况下，门票均实行一人一票、一票一座的规定，因此门票销售的最大数量以赛场的座位数为限。在不考虑不同位置座位的差别的情况下，根据场馆的设施和运动项目的特点，体育赛事有固定座位的（职业足球比赛等），也有无固定座位的（高尔夫等）。有固定座位时，门票的可供给量就是赛场的座位数。如果赛事的赛场有 n 个座位，一场比赛的门票可供给的数量最多就是 n 张。对无固定座位的赛事，如果承办方可对消费者进入比赛现场设置限制，承办方就可以卖出门票，此时供给量可随票价而变，但仍然有一个最大容量[②]。

因此，在各种体育比赛中，一旦参赛队伍和赛制确定下来，整个赛期的比赛场次及赛事市场可能提供的门票供给也随之确定下来，并不会因到场观看比赛的消费者人数的增加和减少而相应地增加或减少。这种体育赛事门票的供给受市场因素的影响相对较小甚至不受影响的特殊现象，称之为门票的供给刚性。当体育赛事的门票供给呈现刚性特征的时候，由于消费者人数的变化，门票价格会发生相应的变化。

---

① 张宏，楚继军，谭建湘. 体育竞赛表演市场营销组合初探 [J]. 广州体育学院学报，1999 (4).

② 李南筑，袁刚. 体育赛事经济学 [M]. 上海：复旦大学出版社，2006：245-246.

4.3.4 市场竞争对门票定价的影响

竞争是决定价格的重要因素之一。绝大多数的体育赛事是在垄断市场中运营的，这意味着经营者为这个独特的产品制定价格，他们是唯一的销售者。但这并不意味着体育赛事的经营在运行中就没有竞争因素存在。本书把体育赛事的竞争者分为：行业外竞争者、行业内竞争者、项目内竞争者和品牌竞争者。

1. 行业外竞争者

行业外竞争者，指提供不同产品满足不同消费需求的竞争者。人们观看体育比赛是为获得精神上的愉悦，而电影、戏剧等能使人们获得同样感受的行业必然成为体育比赛的竞争者。纳斯比特和阿伯德恩宣称，"艺术会取代体育成为主要的社会休闲的活动""体育将会发现其正处于为争取人们空闲时间及金钱的一场竞争日益激烈的斗争中"①。因此，在未来的日子里，艺术表演产品成为体育比赛的有力竞争者。

2. 行业内竞争者

行业内竞争者，指提供不同比赛项目以满足同一需求的竞争者。行业内竞争者是决定需要类型之后的次一级竞争，也称平行竞争。受消费者个人生活习惯、时间安排及兴趣爱好的影响。不同时间、地区的消费者对体育赛事的服务的需求呈现出非均衡性，也就是说人们可能会选择不同的体育比赛项目进行消费。因此，某一项体育比赛与其他项目的体育比赛之间也存在竞争关系。

3. 项目内竞争者

项目内竞争者，指满足同一需要的项目的各级参赛队之间的竞争。以足球联赛为例，超级联赛会员俱乐部和甲级联赛会员俱乐部之间就形成项目内竞争。在门票销售中，甲级球队的竞技水平以及俱乐部经营，相对较弱。为了赢得消费者的青睐，甲级俱乐部必须加大比赛价值的宣传，提高赛事的有形服务质量，以及制定相应价格折扣销售门票的策略，以谋求广大球迷的认同。

4. 品牌竞争者

品牌竞争者，指满足同一需求的同种体育项目内同级别的，但不同品牌之间的竞争。仍以足球联赛为例。由于职业足球比赛的提供受到地域上的限制，因此职业足球品牌竞争者从门票销售的角度来看，特指具有相同服务半径的同级别赛事。以上海为例，同时存在上海申花和上海国际两支足球俱乐部，它们之间的竞争是相当激烈的。俱乐部为了获得经营上的优势会利用各种促销手段

---

① THOMA J E, CHALIP L. 国际体育管理 [M]. 北京：人民出版社，2000：261.

来吸引球迷，"同城大战"也成为众多消费者关注的热点。此时，门票往往炙手可热，由于需求量大，门票价格也因此有所上涨。

市场经济条件下，竞争影响了产品价格的上下波动，体育赛事的门票价格也是如此。因而，在制定门票价格时，需要考虑到体育赛事的行业外竞争者、行业内竞争者、项目内竞争者、品牌竞争者对比赛门票价格的影响。

4.3.5 体育赛事的营销目标对门票定价的影响

在市场经济体制下，体育赛事的经营者追求的是利润的最大化，门票收入是经营者可获得利润的主要来源之一。因而，赛事经营者想获得更多的利润，在更大程度上取决于合理的门票价格所推动的门票销售规模。通常，体育赛事的经营者在利益的驱使下会尽可能地提高门票价格。许多国际级的体育赛事的运作情况就是如此，如 2003 年西班牙皇家马德里足球队访华比赛等，它们多有高水平职业运动员的加盟，赛事的质量有保证。对于这类体育赛事，消费者做出购买门票的选择往往不是出于对经常性消费的考虑，而将它作为一生中难得的机会。因此，制定较高的门票价格不仅不会影响门票的销售，反而会起到宣传体育赛事的作用，进而刺激消费者的消费欲望。

但是，对于多数国内体育赛事而言，经营者追求利润最大化的门票定价目标并不意味着要制定最高单价门票。经营者的门票最大利润既有长期和短期之分，又有全部赛事产品和单个赛事产品之别。有远见的经营者，都着眼于追求长期利润的最大化。当然这并不排除在某种特定情况下，对某些赛事定高价门票以获得短期最大利润。特别是对于一些中小体育赛事经营者，这种情况是比较常见的。一般来说，门票价格越高，单位门票利润越大。

但是经营者所追求的门票利润最大化并非单位门票利润最大，而应是长期总体利润最大。过高的门票价格往往会抑制市场需求，引起代用品进入、竞争者增多、购买行为推迟，导致销售减少、市场份额下降，最终难以保持高价，并会招致公众反感和政府干预。因此，体育赛事经营者追求门票最大利润不能与门票价格最高画等号，而应在销售量、成本、利润三者关系中确定合适的门票价格水平。

4.3.6 其他因素对门票定价的影响

1. 法律、法规

在市场经济中，由于价值规律、供求规律和竞争规律自发的作用，会产生某些无法自我完善的弊端。因此，在社会主义市场经济中，政府制定了一系列政策和法规，对市场价格进行宏观干预和管理，建立了社会主义市场经济的价格管理体制。这些政策、法规和改革措施，有监督性、有保护性，也有限制性，它们在社会主义市场经济中制约着市场价格的形成，各体育赛事的经营者制定门票价格时决不可违背这些法律、法规和政策。

2. 政府

政府在体育赛事市场中承担着重要的角色，可以保证公共物品的有效供给和维护。当私人不愿或无法提供体育市场上相关物品时，市场便处于失灵状态，需要政府对资源进行控制和分配。由于体育赛事对基础设施有特定的要求，诸如对承办赛区的市政建设、大型体育场地、宾馆住所等公共物品的要求，如果不能达到赛事标准，比赛将无法如期进行。政府在影响供给方的同时，也影响着体育消费者。一国或一地区成功申请承办某一体育赛事，由于地缘上的接近，引起心理上对体育赛事的接近，从而刺激周边地区体育消费者的消费热情。因此，在制定体育赛事门票价格时政府的作用也是必须考虑到的。

3. 电视转播

电视传媒利用自身再现现场的动感画面，有效地策划，全方位地传递赛事的进展状况，吸引消费者的目光，使他们对体育进行消费。随着当代电视的普及与电视转播技术的进步，可使千里之遥的精彩赛事同步传至千家万户。电视消费者比现场消费者多出上千甚至上万倍，电视传媒不仅带来了体育赛事的产业化，也造就了体育产业化所需的庞大的消费群体。因此可以说，电视媒体是体育赛事供求平衡的保证条件。但同时，由于电视媒体的发达，多数体育赛事都进行电视转播，因此，会影响部分消费者到现场观看体育比赛的积极性。所以，在制定体育赛事门票价格时要考虑到电视转播的问题。

第 5 章　大型体育赛事门票定价的经济计量学分析

体育赛事的门票定价是一个十分复杂的问题，它受大型体育赛事本身的性质，如运动项目赛事级别、举办时间和地点；体育赛事的运行基本环境，如城市人口结构、经济发展、人均收入；体育市场状况，如消费者需求和体育赛事的供给特征、替代品和互补品的竞争与合作以及体育赛事承办方的经营理念、市场定位经营目标和策略的影响，同时门票定价又对承办方的经营收入和经营效果产生影响。

5.1　体育赛事的门票供给与空心市场

门票是体育赛事承办者允许观众进入比赛现场观看比赛的权利证明。门票价格是承办方与观众一致接受的成交价格，它既是承办方的一种收入，也是观众的一种支出。除少数赛事外，门票均实行一人一票，一票一座的规定，因此门票销售的最大数量以赛场的座位数为限。

5.1.1　门票的供给特征

1. 门票的供给量特征

以下由于是讨论门票的平均价，因此可暂不考虑不同位置座位的差别。由于场馆的设施和运动项目的特点，体育赛事有没有固定座位的，如高尔夫球赛、马拉松赛等；也有有固定座位的，如职业足球、篮球、排球比赛等。

有固定座位时门票的可供给量就是赛场的座位数。因此赛事的赛场一旦确定，门票的可供给数量就已确定。如果赛事的赛场有 n 个座位，一场比赛的门票可提供的数量最多就是 n 张。如联赛共比赛 m 场，那么就是 $n \times m$ 张。其供给曲线如图5-1、图5-2所示。对无固定座位的赛事,如果承办方可对观众进入比赛现场设置限制,承办方就可以卖出门票,此时供给量可随票价而变,但仍然有一个最大容量,其供给曲线如图5-3所示。考虑到座位的设计可利用赛场的空间高度,形成错落有序的排列,因此同样的赛场面积,有座位的赛场比无座位的赛场可容纳的观众多,即 n 大。

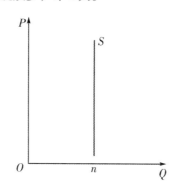

图 5-1　有固定座位的单场比赛的供给

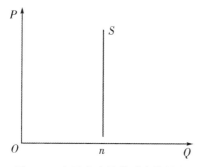

图 5-2　有固定座位的联赛的供给

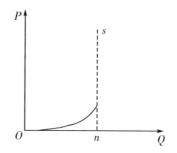

图 5-3　无固定座位的单场比赛的供给

因此,体育赛事的门票供给具有比赛和赛场一旦确定就能有限量地成批提供的特点。

2. 门票供给的成本特征

体育赛事可分为两类:一类是承办方租赁赛场的,比赛一旦确定,为组织赛事就必须支付申办费、推广费、出场费(详见第 3 章)及场地租赁费等费用。这类费用与观众人数无关,是即使没有观众也要支付的费用,记作 TFC_1。另一类是承办方自己拥有赛场的,即使不举办赛事仍然有赛场固定资产的折旧费、维护费、管理费的支出,可记作 TFC_2。除固定成本外,就是变动成本,即每售出一张门票,从而增加一个观众所增加的费用,这类费用极小,可忽略不计，即认为增加观众的边际成本为零。因此，租赁赛场的承办方，一旦决定举办赛事的成本 $TC_1 = TFC_1$；自己经营场馆的，不举办赛事的成本 $TC_2 = TFC_2$，举办赛事的成本 $TC_2 = TFC_1 + TFC_2$。显然在同类赛事条件下，租赁场地的承办方的 TFC_1 大于自己拥有场馆的承办方的 TFC_1，因为后者的 TFC_1 不包括场地租赁费。

结合供给量和成本的特征，可以认为体育赛事门票的本质特征是要么不提供，要提供就全部提供出来，即具有生产的不可分性和边际成本为零的公共产品的部分特征。

5.1.2 空心市场

空心市场（empty-core market）是指某一商品，有供给，也有需求，但没有交易的市场①。造成空心市场的原因很多，一方面，典型的是顾客总希望以最低的价格买到最好的商品，如果这种消费是可以等待的话，顾客有可能认为他始终未能搜寻到最低价而不进行交易；另一方面也有可能是卖方未能搜寻到出价最高的人而不愿交易。

例如有两个公司，甲和乙同时举办两场完全相同的体育比赛。为举办这两场比赛，甲方支付场地租赁费和球队出场费 10 万元的固定成本 TFC_1，球场有 2 000 个座位。乙方的固定成本 TFC_2 是 5 万元，有 1 000 个座位。假定不同座位看球是没有区别的，且观众和公司都是经济人，公司知道共有 1 800 个人会看球，且每个人的门票的最高愿付价是 100 元。

第一种情况是两家公司协商，放弃一场，由甲、乙双方共同运作 2 000 人的赛场，由于可忽略卖出一张门票的边际成本，则总成本 $STC = TFC_1 = 10$ 万元，总收入 $TR = 1\ 800 \times 100 = 18$（万元）。盈利为 8 万元，双方进行分配。这是一种放弃竞争，实施市场垄断的做法。

第二种办法是两家串谋，确定统一价格 100 元，由观众自由选择上哪一家看比赛。两家的总成本 $STC = TFC_1 + TFC_2 = 15$（万元），两家的总利润是 3 万元，按预先的协商方案进行分配。这是一种托拉斯的价格联盟的做法，实质上也是形成垄断。

第三种办法是两家自由竞争，由于边际成本为零，因此只要票价大于零（边际收益大于边际成本）公司就能减少亏损，而且顾客也是经济人，哪家的

---

① 杰思·巴尼. 获得与保持竞争优势［M］. 2 版. 北京：清华大学出版社，2003：129，133 -137.

票价低就到哪家看比赛，从而形成只要甲的票价低于乙的票价，全部观众就会到甲家看比赛。反之则全部到乙家看比赛，直全乙家坐满。由于两家都有博弈心理，不希望自己的票价比另一家的高，因而双方等待对方出价，一旦某一家出价，另一家就以较低价出价。当然对方也有可能出价后再降价，双方彼此杀价，观众等待最低价再买票。

这个例子表明，对于具有生产的不可分性，要么不生产，一旦生产即可生产相当数量生产方式，由于增加产量的边际成本为零，根据最大利润原则，只要边际收益大于零则应开业，而不应停业。此时若有多个企业生产完全替代的产品，市场的竞争博弈会造成空心市场，即有价无市，导致市场失灵。这种情况的市场并不少见，如对于质量相同的产品一旦生产出来，如果供给量大于需求量，就会出现空心市场。

空心市场的出现会导致整个行业，即使是效率最高的企业在竞争条件下也会亏损。一个行业中出现定价低于平均成本的竞争被称为断喉竞争（cut throat competition）。

5.1.3 体育赛事的空心市场分析

以上分析表明，当存在较大的固定成本，产品的生产具有类似公共产品的生产不可分性时，要么不生产，一生产就会产出数量较大的一批产品，而且每个产品的边际成本很小；当市场的需求量小于供给量，几家企业同时提供无差别的这类产品时，就可能出现空心市场，企业出现断喉竞争，致使几乎每家企业都处于亏损状态。

体育赛事的门票市场有类似的生产性质，固定成本大，而且是为了保证赛事正常进行的支出，比赛要么不举行，一旦举行所提供的观众座位数就比较大，如F1汽车大奖赛上海站有15万个座位，足球比赛有几万个座位，篮球比赛有几千到1万个座位，而且每增加一个观众观看比赛，边际成本很低，几乎可以忽略不计。体育赛事之所以没有出现空心市场的状况，根本原因是体育赛事的独一无二性。即使是相同项目、相同球队的比赛，比赛的过程不同，胜负结果也不同，发生的时间和地点也不同。因此，体育赛事之间是有差异的，不存在完全替代的问题。但是若此种差异仅表现为比赛的精彩性和娱乐性，这种差别也很容易反映为观众愿付价的区别，也仍然会形成空心市场。例如，甲赛事比乙赛事精彩，观众形成共识后就会增加愿付价，如甲赛事比乙赛事观众愿多付10元钱，那么在多付钱的条件下，比赛质量就变成"无差别"。例如，甲出价50元，乙只要出价低于40元，观众仍然会往乙的赛场云集。如果差异性反映为认同感和归属感，即观众是特定球队的球迷，除自己认定的球队，其他比赛无论如何都不愿意去看，那么差异就很难消除，空心市场就不可能出现。我国由于体育赛事开展历史较短，各俱乐部还没有培养出大批自己的球迷，因而赛事的差异性还没有牢固的基础。在这种情况下，要阻止空心市场的形成，有效的办法就尽可能不要让无差异的或相近的体育赛事的门票供给量大于需求量。特别是对于一些在国内没有运动基础的体育赛事，推出时观众是为了好奇去观看比赛，那么此时不但同类赛事可替代，甚至不同类型的运动项目的比赛也能替代，文娱演出也能替代，更不用说电视直播赛事的替代，这时就容易产生体育赛事门票的供大于求，甚至形成空心市场。因此，一个地区有必要根据门票的售出情况，适当控制体育赛事的场次和密集度，避免体育赛事之间出现恶性竞争。

5.2 体育赛事的门票需求

5.2.1 理论界的需求影响因素分析

无论是哪种商品，影响它的需求因素很多，如果将间接因素包括在内，几乎可以说是无所不包。即使是直接的、定性就能判断的因素也有不少，而且看法也不尽相同。以下从理论经济学（新古典综合学派）和应用经济学（营销理论）角度分别列出他们较典型的看法。

理论经济学中的需求（demand）有严格的定义。它是指消费者在一定时期内，在各种可能的价格水平愿意而且能够购买的商品数量。简单讲，经济学中的需求是指在市场条件下商品本身的价格作为自变量，需求量作为因变量的一个函数关系，并且将因自身价格变动引起的需求量变动称为需求量的变动。将除自身价格外其他因素，如消费者的偏好、收入、其他相关商品价格的变动等造成的需求量变动称为需求的变动，即需求函数的参数和形式的变动或平面图形上需求曲线的移动，并且有个人需求曲线和市场需求曲线之分。

斯蒂格利茨（J. E. Stigliez）认为，"在使需求曲线发生移动的各种因素中，收入变化和其他商品价格的变动是两种重要的经济因素""非经济因素也可以使市场需求曲线发生移动。重要的非经济因素包括嗜好的变化和人口结构的变化""有时候，需求曲线因有了信息而发生移动""获得信贷的难易程度的变化也会使需求曲线发生移动"；最后，人们对未来的看法也能够使需求曲线发生移动。如果人们认为他们将失业，他们就会减少支出。在这种情况下，经济学家说，他们的需求曲线依赖于预期。"① 归纳起来就是：除自身的价格外，收入、相关商品的价格、嗜好、人口、信息和预期六个因素是影响需求变化的重要因素。

需求弹性是指某一变量（自身价格、收入、其他商品价格等）的相对变动引起的需求量的相对变动量的比率。因此，影响需求的价格弹性的因素也可近似看作需求的影响因素。国内学者归纳了五种因素，商品的可替代性、商品用途的广泛性、商品对消费者生活的重要程度、商品的消费支出在消费者预算总支出中所占比例和所考察的消费者调节需求量的时间②。

除理论经济学外，应用经济学也对影响需要的因素进行了分析，其中对消费者行为理论、营销理论进行了大量的研究。它们从消费者购买行为的形成和决定来分析需要的原因。它们首先将顾客分为最终消费者和组织顾客（厂商、中间商、政府和非营利性组织）③。关于消费者行为的典型模型如图 5-4 所示④。

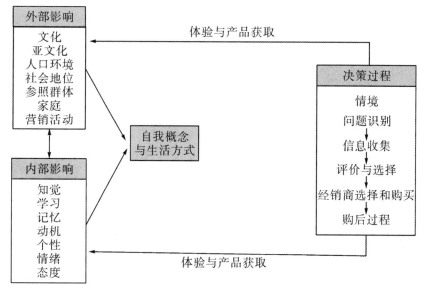

图5-4　消费者行为总体模型

---

① 斯蒂格利茨. 经济学 [M]. 2 版. 黄险峰, 张帆, 译. 北京：中国人民大学出版社, 2001：70-73.

② 高鸿业. 西方经济学 [M]. 3 版. 北京：中国人民大学出版社, 2004：49, 50, 221.

③ 威廉·皮诺特, 麦卡锡. 营销精要 [M]. 8 版. 北京：北京大学出版社.

④ 德尔·I. 霍金斯, 罗格·贝斯特肯厄思·A. 科瓦. 消费者行为学 [M]. 符国群, 译. 北京：机械工业出版社, 2000：23.

其中的四个部分，外部影响、内部影响、自我概念与生活方式、决策过程中又都包括了若干的具体因素影响消费者的需要，最终变成购买的行为。

体育营销理论中的一种观点认为，影响观众出席观看体育比赛的有九类因素：体育迷动机因素（fan motivation factors），比赛的吸引力（game attractiveness），经济因素（economic factors），竞争因素，人口统计因素（demographic factors），体育场因素（stadium factors），体育的社会价值，体育专注（sport involvement），体育迷情结（fan dentification）（指消费者对体育组织的个人风险和情感专注）。其中体育迷动机因素又分为提高自尊、远离日常生活、娱乐价值、良性压力、经济价值、归属需要和沟通纽带等八个动机；比赛的吸引力又受运动明星、球队的排名、特殊性等因素影响；经济因素又包括门票价格、居民收入、国家的经济状况等；竞争因素有其他体育赛事和其他的娱乐活动，是否有电视直播等；人口统计因素有人口数、年龄、性别、教育、职业和种族背景等；体育场因素包括的内容更多，如体育场的自然环境、标语、记分板质量、座位是否舒适、可感知的拥挤等；体育的社会价值又包括社会团结、公众行为、娱乐狂喜、追求卓越、社会公平、健康意识、个人质量和商业机会等①。

体育营销学的另一类观点认为，影响消费者购买行为的因素可分为一级、二级和三级因素。一级因素指消费者内部因素，是一组特定产品或服务的使用会对他们的生命产生影响的个人信仰，是促使消费的内在激励因素，如渴望健康和福利等。二级因素是对决策过程立即做出影响的因素，如以前对产品或服务的经历、家庭同伴、参与的体育俱乐部地域、阶层。三级因素是那些不会马上产生影响，但又必须承认的因素，这些因素会修正或决定个人行为，但不一定是为消费者的利益，而是外部团体的利益，如媒体向消费者提供的信息，如文化和服务团体为了自己的利益而利用体育赛事等也会影响赛事的需要。此外，体育消费决策过程，如问题认知、信息搜寻、信息来源、对选择的消费对象的评估，购买、购买后的评价环节中都会有不少因素影响消费者的需求②。

除上述以定性分析方法来确定需求的影响因素外，还有不少研究者试图通过定量的方法了解需求量与影响因素之间的关系。研究者采用的绝大多数是多元统计方法，定量方法的优点是不仅能判别该因素对需求量的影响方向，是正向的，还是反向的，而且能确定影响的大小，从而确定影响因素的重要性排

---

① 马修·D. 尚克. 体育营销学［M］. 2 版. 北京：清华大学出版社，2003：193-213.
② 戴维·希伯里，谢恩·奎生，汉斯·韦斯特比克. 体育营销学［M］. 2 版. 北京：清华大学出版社，2004：40-51.

序。缺点是建立模型需要有较长时间的、准确的数据，新兴的体育市场很难满足数据上的要求。此外，很多无法量化的重要因素难以进入数学模型，因此结果的解释力不强。例如多布森（Dobson）和戈达德（goddard）（1998）利用1947-1997 年英格兰足球联赛的相关数据建立了 96 个俱乐部观众人数的需求模型，证实联赛排名是对观众人数影响最强的正相关因素，此外短期忠诚度（年与年之间观众的定性）、门票价格、比赛的观赏性（用进球数表示）及所在城市的人口与观众人数也显著相关。但另外一些研究也得出一些其他的结论，如采用较小的英格兰橄榄球队数据的研究表明球队收入影响球队成绩的因果关系比球队成绩影响门票收入的因果关系要强得多，即球队收入与球队成绩互为因果关系，从而导致对使用单方程回归模型的怀疑。又如有的研究表明随着人均收入的下降和失业率的上升，球赛观众人数会上升，人均收入的需求弹性为负，即收入增加，消费者倾向于放弃到现场观看足球比赛①。这与理论上的定性分析认为人均收入增加门票需求量一定会增加的结论有矛盾。

以上关于门票需求的研究表明，尽管需求分析始终是理论界讨论的热点，但由于分析角度的不同，再加上不同商品、不同顾客的需求目的、所处的社会经济环境不同，很难得到彼此相互独立、普遍适用的需求量的影响因素的一般结论。可行的办法是放弃从社会角度对体育赛事需求的一般性讨论，仅从赛事承办方角度出发，根据不同顾客的需求目的所决定的决策准则进行分析。这种分析也有利于赛事承办方确定门票价格。

5.2.2　体育赛事的门票需求分析

以下从赛事承办方角度讨论门票的需求因素。首先分析门票的需求主体，然后再分别讨论其影响因素。

1. 体育赛事门票的需求主体和需求目的

获得门票的途径有两类：一类是赠票，即赛事承办方免费赠送的门票（以下简称"赠票"）；另一类是通过付款购买而获得门票（以下简称"购票"）。这两类人群组成比赛的现场观众。

购票的目的又分两种：一种是为了自己需要看比赛而去买票，是作为消费者为满足效用去买票；另一种是买票后赠送给别人看，如个人买票给亲朋好友去看，单位（企业或非企业）买票给客户或单位职工去看，不论是给亲朋好

①　史蒂芬·多布森，约翰·戈达德. 足球经济［M］. 樊小苹，张继业，译. 北京：机械工业出版社，2004：249-296.

友还是客户或员工均属于为了维持良好的公共关系而买票。赠票的目的有三个：一是承办方赠送给相关的部门和个人，也是为了良好的公共关系的需要；二是为了营造赛场气氛，如组织啦啦队（有的啦啦队也是买票入场）；三是避免空座太多，临时组织人进场观看。门票的需求主体和需求目的如图5-5所示。

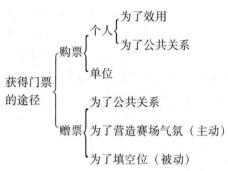

图 5-5　门票的需求主体和需求目的

2. 为了满足观看效用的决策准则和需求因素分析

（1）个人的需求。根据经济人的假定，个人的需求决策准则是：

$$U_i - C_i - P - S_i > 0 \tag{5-1}$$

其中：U_i 表示第 i 个人看比赛所获得的效用，可用此人观看比赛的愿付价作为外部评价；C_i 表示第 i 个人看比赛而不能作其他工作的机会成本；$\bar{P}$ 表示平均门票价格；S_i 表示第 i 个人看比赛的交通费和其他支出。

根据这一准则能比较容易解释回归模型的人均收入下降和失业率上升反而使球赛观众人数上升，与经济学认为随收入增加正常商品的需求量会增加的结论矛盾的现象，这是因为在门票价格不变的条件下，人均收入下降，使门票支付占收入的比例上升，即实际 $\bar{P}$ 相对上升，从而会使需求量减少。但由于收入下降甚至失业，看球所消耗的时间的机会成本下降，即 C_i 下降。若 C_i 下降能抵消 $\bar{P}$ 的上升，$C_i + \bar{P}$ 反而减少，故使得 $U_i - (C_i + \bar{P}) - S_i > 0$ 更容易实现从而使需求量增加。

当时是为了论证价格的调整范围和推导需求曲线之用，因此没有对公式中的各个变量，尤其式（5-1）中 U_i 和 C_i 的影响因素进一步分析。式（5-1）中 U_i 代表观看比赛观众所获得的效用，即增加的福利，是比赛给该观众带来的全部享受，包括前面所举的体育迷动机因素、比赛的吸引力、体育场因素、体育迷情结等因素及其下位因素对该观众综合影响后使观众产生的对比赛的一个综合评价。经济学家认为这种主观的评价是外人无法测度的，唯一可测度的是他的出价。C_i包括了消费者除货币支付（门票、交通费等的支出）外为了观看比赛而不能做其他工作的损失，我们称为看球的机会成本。其中最主要的就是到现场看球需要时间，包括看比赛的时间和交通所需时间，因此时间相对比较宝贵的人，或者在这段时间内有特别重要安排的人，不会选择去看比赛。同时居住地与赛场距离也是影响因素，因为路程远不仅交通费（S）多，而且耗用时间多。

因此比赛的时间安排，如是否节假日、节假日的多少都会对门票需求产生影响。然后是由于选择看比赛而不能参加其他相关活动如有替代作用的其他体育比赛、文娱活动的损失，即专用性，包括时间和经费被"套住"在该场比赛造成的机会损失，即包括了经济学中的相关商品及其价格对选择该场赛事的影响。在式（11-1）中 $\bar{P}$（平均门票价格）是独立考虑的变量。显然 $\bar{P}$ 越大，满足 $U_i-C_i-S_i>\bar{P}$ 的可能性就越小，这一点在第 3 章推导个人需求曲线右下倾斜时已经用到。

（2）市场的需求。市场的需求指全部消费对该比赛的需求，是各个人需求的总和，其需求数量为

$$Q = \sum_{i=1}^{m}, \ a_i = \begin{cases} 0, & U_i - C_i - \bar{P} - S_i \leqslant 0 \\ 1, & U_i - C_i - \bar{P} - S_i > 0 \end{cases} \tag{5-2}$$

其中：Q 表示在平均价格为 $\bar{P}$ 时的观众人数，即需求量；a_i 表示一个 0-1 变量，满足 $U_i-C_i-\bar{P}-S_i>0$ 的人会选择去看比赛，反之 $a_i=0$；m 表示城市中所有的比赛爱好者人数（用城市中的全部人口也一样，因为不爱好此比赛的人，自然不可能满足 $U_i-C_i-\bar{P}-S_i>0$）。

式（5-2）综合反映了一个城市的人口数、人口结构、交通状况等因素对比赛需求的影响。因为城市越大，距离赛场一定半径的人越多；城市越大，公共交通越发达，S_i 越小。

在式（5-1）、式（5-2）中，唯一没有出现的重要的影响因素是收入。通常认为个人收入越高，单位货币对于消费者的主观价值就越低，因为一定的 $\bar{P}$ 对收入不同的人的主观价值不同，考虑到 $\bar{P}$ 是一个客观存在的东西，而且用收入来修正 $\bar{P}$ 有一定难度，加之由于收入而造成的对单位货币（面值）的不同评价是一种主观的、难以预计的因素。因此我们认为将收入对消费者购买决策的影响仍然归结在 C_i 内，即把它作为一种支付一定货币去看比赛，而不能用于其他方面的机会成本来考虑较为恰当。

通过式（5-1）、式（5-2），我们首先区分了客观存在的因素如 $\bar{P}$、S_i 和主观的因素 U_i、C，区分了影响个人决策的因素和影响市场的因素，层次较为

清晰、易于判断它们对门票需求的作用方向。

3. 单位为了公共关系而购票的需求分析

（1）个别单位的需求分析。其决策准则与式（11-1）完全相同，仍然是：$U_i-C_i-\bar{P}-S_i>0$，但区别在于 Ui 不是观看效用，而是公关效用。由于购票不是自己观看，而是给其他人看，所以无法考虑个人的特殊需要（个别例外），考虑更多的是社会对该赛事的评价，是否具有炫耀价值，能否体现时尚、高贵的品质。由于是公关需要，单位的收入相对个人而言自然多得多，票价占收入的比例，需求价格弹性小，因此在 C_i 中考虑的因支付一定费用而不能用于其他方面的机会损失小，而且也不会注重所请之人的时间成本，故总体上对 C_i，$\bar{P}$，S_i 的考虑较少，比较现实的考虑是门票支出能否进入成本，注重的是公关效用 U_i。

（2）市场上单位的需求分析。其市场仍然可用式（11-2）决定，但 m 是指在这个城市内的全部单位。因此，城市越大，单位越多，市场的门票需求量就会越大。

4. 赠票的分析

赠票的需求是价格为零条件下的需求，因此个人的需求决策准则是 $U_i-C_i-S_i>0$。但当门票需求旺盛时，没有营造气氛和填空座的需要，此时公共关系的需要则较为强烈。反之则公共关系减弱，营造气氛和填空座需求增强。由于赠票会减少承办方收入，而且赠票会造成社会的惜购影响心理，因此必须慎重考虑。此外，现场气氛会影响电视直播的收视率和赞助商的赞助价格，因此当门票销售状况不好时营造气氛和填充座位的措施有利于提高比赛的观赏性和赞助价值。

5.3　大型体育赛事门票的定价体系分析

5.3.1　大型体育赛事门票定价策略

不同体育赛事因内部、外部环境的影响，市场开发程度不尽相同，门票定价策略也应不同。需根据体育赛事商业价值情况，综合考虑赛事的特征、影响力以及赛事产品生命周期的所处阶段等，选取不同的定价策略。

1. 成熟赛事门票定价

成熟赛事是指具备多年的成功市场运作经验，赛事体系比较完整，已经形成较为稳定的顾客群和赞助商的商业性体育赛事。此时的门票定价策略应保持现有水平，不宜过高或过低地调整赛事门票价格，对门票价格的调整应以附加服务的方式体现。重点在于保护赞助商和观众利益，以尽量延缓该项目进入衰退期。

2. 新兴赛事门票定价

新兴赛事是指进入市场时间不长，缺少成功运作经验，赛事体系尚未形成或并不完整，没有形成稳定的顾客群和赞助商的商业性体育赛事。由于商业性体育赛事产品不同于传统工业或服务业产品，观众、赞助商和媒体对其产品功能（赛事结果和效应）缺乏预知，需要一定阶段的认知和理解，所以此阶段传统新产品进入市场的"撇脂"策略并不适用于该项赛事，赛事组织者应以较低门票价格进入市场，一则争取尽快得到观众、赞助商和媒体的认可，二则提升与成熟赛事争夺市场的能力。

3. 特殊定价

特殊定价是指针对特殊情况，包括特殊的场合、时期和群体等，采取特殊的定价策略，这类赛事一般应采用折扣定价策略。即对原有商业性体育赛事的门票价格进行折扣定价。由于此类赛事承担着特殊的任务，往往不对赛事成本做过多的考虑。例如，某项国际邀请赛，作为外事活动内容之一，为营造赛场的热烈场面，主办方可能给较高水平的赛事制定很低的门票或赞助价格；针对学生、下岗待业职工、残疾人等低收入或无收入的特殊群体，赛事组织者也应采取折扣定价策略，履行自身的社会职责。还可对体育赛事代理商实行门票的内部定价，做到既保证赛事自身利益，又给利益相关者提供利益空间。

5.3.2 大型体育赛事门票定价方法

在定价方法不断多样化的当今国际市场上，企业常用的定价方法有三种：成本导向定价法、需求导向定价法和竞争导向定价法。体育组织在为体育赛事门票定价时，可根据自身情况进行单独选择或综合运用。

1. 成本导向定价法

成本导向定价法包括多种具体方法，如成本加成定价法、目标收益定价法和投资回收定价法等。

成本加成定价法是一种简单的定价方法，即在产品单位成本的基础上，加上预期利润作为产品的销售价格。但由于商业性体育赛事产品的特殊性，运动员无形资产的价值和成本投入目前还难以进行量化计算，所以，成本加成定价法较少被用于商业性体育赛事门票定价。

目标收益定价法是各种定价方法中的基础方法，是根据体育组织的总成本和估计的总销售量，确定一个目标收益率，作为定价的标准。该方法具有较强的计划性，便于操作实施，也便于体育组织掌握了解赛事市场的变化，对后继赛事定价有较强的指导作用。但这种定价方法，往往对该次赛事的市场需求反应不够敏感，容易造成当次赛事无形资产价值流失。

投资回收定价法对于全额或定额投资商业性体育赛事的组织者而言也是一个选择。在开发商业性体育赛事产品过程中，组织者要投入一笔数目较大的资金，且商业性体育赛事的投资回收期往往以体育赛事的结束为完结点，为确保投资能顺利收回并赚取利润，组织者可根据投入资金和预期的门票销售量，确定一个能实现市场营销目标的门票价格。

2. 需求导向定价法

需求导向定价建立在对赛事市场深入调查的基础上。通过科学的市场调查和预测，正确估算出一个能够充分反映出市场环境、供求关系和竞争状况的基本门票价格。常见的需求导向定价法包括理解价值定价法和需求差异定价法。理解价值定价法也称觉察价值定价法，以商业性体育赛事消费者对赛事产品价值的感受及理解程度作为门票定价的基本依据。也就是说，把买方（赛事消费者）的价值判断与卖方（赛事组织者）的成本费用相比较，定价时更应侧重考虑前者。由于前述原因，赛事组织者对赛事成本费用的计算往往过于粗略，因此理解价值定价法也较适合商业性体育赛事的门票定价。在使用时要注意与赛事的市场定位相配合，尽可能突出赛事特征，拉开本赛事与市场上竞争对手的差异，从而加深消费者对赛事价值的理解程度，提高其愿意支付的价格限度，进而估算在此价格水平下的门票销量，参考成本推算盈利状况，最后确定实际门票价格。

需求差异定价法以不同时间、地点、商品及不同赛事消费者的消费需求强度差异为定价的基本依据，针对每种差异决定其在基础价格上是加价还是减价。门票销售的时间、渠道、门票等级、座位区域、消费者身份等因素都可能影响赛事消费者的需求强度，可根据不同情况进行门票定价的调整。实行差异定价要在调查的基础上进行，根据需求强度的不同进行市场细分，细分后的市场要在一定时期内相对独立，互不干扰，价格差异也要适度，不能引起消费者的反感。

有学者提出，可以将需求导向定价法与目标收益定价法依序结合使用，即通过科学调研之后，确定合理的赛事目标收益，然后再依据目标收益定价法确定赛事门票价格。

3. 竞争导向定价法

竞争导向定价以市场上相互竞争的同类赛事门票价格为定价基本依据，以随竞争状况的变化确定和调整价格水平为特征，通行价格定价法是竞争导向定价法中广为流行的一种。

对于商业性体育赛事而言，不同赛事存在着门票价格竞争。例如同一地点举办同一级别的商业性体育赛事，消费者会对赛事门票价格进行评判，平均价格水平在人们观念中常被认为是"合理价格"，而高于平均价格往往易被认为是"不合理价格"，从而做出购买或不购买的决定。在商业性体育赛事没有前期成功经验的情况下，可参考同类情况下竞争对手的通行门票价格来为自己的赛事门票定价，以期使本赛事门票价格易于为消费者接受，这便是通行价格定价法。

4. 差别定价法

1）差别定价的概念

差别定价在营销学中又被称为需求差异定价，经济学中多被称为价格歧视（price discrimination），指企业以不同价格把同一种物品卖给不同的顾客①。差别定价是对市场具有一定支配力的企业经常采用的一种定价策略，目的是获得更大的利润。从社会角度看，差别定价有可能增进社会福利，也有可能减少社会福利。

经济学中常举的价格歧视的实例有以下几种。

（1）电影票。许多电影院对儿童和老年人收取的价格低于其他观众。在竞争市场上，价格等于边际成本，为儿童和老年人提供一个座位的边际成本与为其他人提供一个座位的边际成本相同。但如果电影院有某种地区性垄断力量，而且，如果儿童对电影票的支付意愿更低，就很容易解释这个事实。在这种情况下电影院通过价格歧视增加了利润。

关于电影院给儿童和老年人提供优惠的另一种解释是一种善举。是善举还是差别定价，判断的依据应是电影院门票收入是增加还是减少了。如果正常价格的电影票供不应求，电影院仍然提供部分儿童和老年人的优惠票，就可以说是一种善举行为。如果正常票供过于求，提供优惠票增加了门票收入，那么就属于差别定价的行为。

体育赛事也有类似的例子，如携学生证可购买优惠的学生票等。

① 曼昆. 经济学原理［M］. 6 版. 梁小民，梁砾，译. 北京：北京大学出版社，2012.

（2）飞机票价。美国许多航空公司对周六停留一晚的两个城市的往返机票收取低价。原因是公务乘客支付意愿高，而且绝大多数不愿在当地停留一晚，出于个人原因的乘客更多地愿意留一晚。因此用是否周六停留一晚作为区分公务乘客（支付意愿价高）和个人旅行乘客（支付意愿价低）的简便可行的方法。

（3）折扣税。许多公司在报纸和杂志上向公众提供折扣券，剪下后去商店购买可获得优惠价。对于这种行为一种解释是促销手段，相当于在杂志上替商店做广告；另一种解释是剪折扣券的顾客一般不是公务繁忙、收入较高的人（不忙的人剪折扣券的代价较低）。因此折扣税也是差别定价区分不同支付意愿人群的一种方法。

（4）数量折扣。对购买量大的顾客提供更多的折扣，一种解释是根据边际效用递减规律增加一单位购买的支付意愿下降，另一种解释是一次性购买量大，卖方单位成本的交易费用低，因此可适当降价。类似的如体育赛事的团体票享受一定优惠。

除以上所举的学生票、团体票外，体育赛事门票销售中的差别定价还有赛季套票、会员优惠票、私人座位（允许球迷长期购买一个座位）等。

2）实行差别定价的条件

由于差别定价有助于承办方增加门票收入，因此如有可能承办方会尽可能实施差别定价。但并非所有情况均能实施差别定价，必须有一定的条件。

第一个条件是有具有不同支付意愿或需求价格弹性不同的顾客，而且承办方可以识别他们。这个条件是差别定价的客观基础。第二个条件是承办方应能花费较少的成本将支付意愿不同的观众分割开，或者说承办方为实施差别定价所增加的成本（包括识别和区分）应小于通过差别定价所增加的收入。这是实施差别定价的经济条件。

3）差别定价的分类

差别定价可分为三类，称为一级、二级和三级差别定价。

（1）一级差别定价。一级差别定价是指承办方对每张门票都按消费者所愿意支付的最高价格出售。以下是按单一价格售票和按一级差别定价的利润分析（图 5-6、图 5-7）。

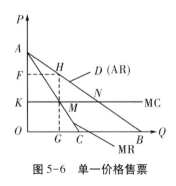

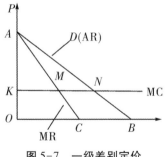

图 5-6　单一价格售票　　　　　　　图 5-7　一级差别定价

其中：AB 表示市场需求线 D，同时也是平均收益 AR；AC 表示边际收益线，当 AB 是直线时，OC＝OB/2；

MC 表示边际成本线（假定为常数）；P 表示门票价格；Q 表示门票数。

由图 5-6 根据最大利益原则 MR＝MC，则 MC 与 MR 的交点 M 决定门票的销售量为 OG，价格是 OF。AFH 是消费者剩余，KFHM 是承办方利润（未扣除固定成本），HMN 是无谓损失，指愿付价高于 MC，但低于 OF 的消费者未能实行消费而造成的社会福利的损失。

一级差别定价如图 5-7 所示，此时承办方的门票售价根据每一消费者的最高愿付价确定，消费者剩余全部转为生产者利润，由于最低价为 MC，则所有支付意愿高于 MC 消费者的消费意愿均已实现，无谓损失为零。AKN 为承办方利润（未扣除固定成本）。

以上分析表明，通过一级差别定价，承办方利润增加，社会福利也增加，消费者剩余被剥夺。

由于要获得消费者的愿付价信息的识别成本太大，因此一级差别定价很难实施，对于门票消费，可能只有经验十分丰富的"黄牛"才能做到，从这个角度讲，"黄牛"接近于用一级差别定价法来获取自己的利润。

（2）二级差别定价。二级差别定价是对消费数量不同的客户规定不同的价格。它适用于组织客户（团购），根据购买多少给予一定的折扣。实行二级差别定价，承办方的利润会增加，部分消费者剩余可转为承办方利润。

（3）三级差别定价。三级差别定价是对支付意愿不同的消费群体收取不同的价格。其中对需求价格弹性小的消费者收高价，对需求价格弹性大的消费者收低价。例如，赛事门票销售时，学生票比普通票价格低就是一种三级差别定价。三级差别定价的优点不仅在于承办方有更高的利润，而且可以将本来统一定价无法吸引的顾客通过低价吸引过来，从而开拓了新的消费市场。

5. 基于计量回归模型的大型赛事定价法

关于大型体育赛事门票的定价分析，学术界主要以如下三个方面为研究方向：一是以区分产品和顾客差异和需求而采取的差别定价策略，如史兵在《综合性运动会门票定价理论研究》一文中，运用微观经济学中的价格歧视理论解释了实施门票差别定价的原因；二是基于博弈均衡模型分析的价格制定，如史凤云在《2010 年亚运会篮球比赛门票定价的理论分析》中指出，基于"贝恩标准"，NBA 比赛与亚运会中国男篮比赛是双寡头垄断结构，故除购买力平价的区别即汇率的差别外，两者定价应该是相同的观点；三是基于营销理论的赛事门票定价及销售方法，如葛幸幸在《奥运门票定价与销售的多维审视》中指出，首先以某项目为参照，根据不同项目的普及程度及影响力制定不同票价，再采取诸如捆绑定价、撇脂定价、促销定价等策略作为营销手段。本书在总结已有研究基础上，欲通过研究影响大型综合赛事票价的主要因素及其影响程度，通过计量模型进行回归分析，找出具有经验性的票价制定方法，为今后的大型体育赛事票价制定提供参考与借鉴。

根据收集并进行整理的 1972—2008 年十届奥运会的数据，包括：奥运会举办国人均 GDP，奥运会总投资（Invest），奥运会主场馆容量（Room），奥运会赞助费（Sponsor），奥运会开幕式门票价格 Y 五项数据截面[①]，使用 Eviews5.0 计量经济学软件，建立以奥运会开幕式门票价格 Y 为被解释量，以奥运会举办国人均 GDP、奥运会总投资（Invest）、奥运会主场馆容量（Room）、奥运会赞助费（Sponsor）为解释变量的计量经济学模型，并且对模型进行经济意义检验、统计检验和计量经济学检验。通过模型分析，我们可以得出这样的结论：奥运会开幕式门票的价格主要由奥运会举办国人均 GDP、奥运会总投资（Invest）、奥运会主场馆容量（Room）、奥运会赞助费（Sponsor）四个因素共同决定。

统计数据如表 5-1 所示。

---

① 唐乐. 夏季奥运会门票定价的影响因素研究 [D]. 北京：北京体育大学，2007.

表 5-1 统计数据①

举办地	Y/元	GDP /万元	Invest /亿元	Room /万个	Sponsor /万元
慕尼黑	782.000	27.482 20	40.800 0	8.000 00	2 584.00
蒙特利尔	850.000	29.698 32	394.400 0	8.000 00	4 760.00
莫斯科	680.000	21.500 00	612.000 0	10.000 00	1 496.00
洛杉矶	748.000	36.244 00	34.000 0	9.200 00	2 720.00
汉城（首尔）	816.000	14.364 32	224.128 0	10.000 00	2 720.00
巴塞罗那	1 700.000	13.600 00	637.568 0	6.500 00	6 800.00
亚特兰大	2 380.000	19.133 84	80.376 0	8.300 00	27 200.00
悉尼	2 720.000	18.138 32	342.448 0	11.100 00	37 400.00
雅典	4 567.500	12.233 94	716.800 0	5.500 00	40 800.00
北京	3 400.000	6.302 90	2 380.000 0	10.000 00	44 200.00

数据来源：《世界统计年鉴》《中国统计年鉴》、联合国统计署、国际奥委会官方网站、各国奥委会官方网站、各国政府官方网站等。

1）模型的建立与检验

根据表 5-1 的数据，以奥运会开幕式门票价格 Y 为被解释量，以奥运会举办国人均 GDP、奥运会总投资（Invest）、奥运会主场馆容量（Room）、奥运会赞助费（Sponsor）为解释变量，利用 OLS 建立多元线性回归模型，结果如图 5-8 所示。依据 OLS（最小二乘法）估计结果可以看出，GDP 的系数没有通过 t 检验，说明 GDP 的系数不显著。同时，通过模型的残差图（图 5-9）可以看出，回归方程存在异方差。为了更精确地判断模型是否存在异方差，对回归方程进行 White Heteroskedasticity Test（怀特检验），结果如图 5-10 所示，取显著性水平 $\alpha = 0.05$，由于 $nR^2 = 8.272\ 2 > 5.99$（临界值），所以回归方程存在异方差。

① 世界统计年鉴 [EB/OL]. www.pinggu.org.cn.

Dependent Variable: Y
Method: Least Squares
Date: 08/30/10   Time: 18:45
Sample: 1 10
Included observations: 10

Variable	Coefficient	Std. Error	t-Statistic	Prob.
GDP	-13.44141	6.468031	-2.078130	0.0923
INVEST	0.084864	0.023168	3.662907	0.0146
ROOM	-134.6565	36.73400	-3.665718	0.0145
SPONSOR	0.057607	0.003938	14.62940	0.0000
C	2181.713	360.6823	6.048849	0.0018

R-squared	0.994528	Mean dependent var	1864.350
Adjusted R-squared	0.990151	S.D. dependent var	1359.683
S.E. of regression	134.9398	Akaike info criterion	12.95439
Sum squared resid	91043.79	Schwarz criterion	13.10568
Log likelihood	-59.77194	F-statistic	227.1927
Durbin-Watson stat	1.406449	Prob(F-statistic)	0.000008

图 5-8　回归方程的估计结果

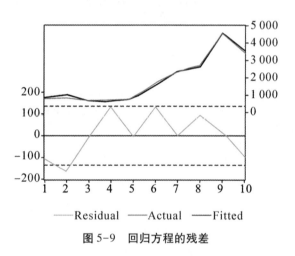

——Residual ——Actual ——Fitted

图 5-9　回归方程的残差

White Heteroskedasticity Test:

F-statistic	0.598475	Probability	0.767782
Obs*R-squared	8.272228	Probability	0.407340

图 5-10　回归方程的怀特检验

为了消除异方差对模型产生的影响，用 WLS（加权最小二乘法）重新建立模型，权数为 Sponsor^{-5}，可以得到以奥运会开幕式门票价格 Y 为被解释量，以奥运会举办国人均 GDP、奥运会总投资（Invest）、奥运会主场馆容量（Room）、奥运会赞助费（Sponsor）为解释变量的函数关系式为（估计结果如图 5-11 所示）。

$Y = -5.126\,083\,476 * GDP + 0.131\,284\,917\,1 * INVEST - 51.068\,636\,25 *$
$ROOM + 0.043\,478\,721\,32 * SPONSOR + 1\,708.777\,969$

Dependent Variable: Y
Method: Least Squares
Date: 08/30/10   Time: 15:25
Sample: 1 10
Included observations: 10
Weighting series: SPONSOR^5

Variable	Coefficient	Std. Error	t-Statistic	Prob.
GDP	-5.126083	1.302441	-3.935751	0.0110
INVEST	0.131285	0.003905	33.62234	0.0000
ROOM	-51.06864	7.356542	-6.941935	0.0010
SPONSOR	0.043479	0.002247	19.35075	0.0000
C	1708.778	24.66316	69.28464	0.0000

Weighted Statistics

R-squared	1.000000	Mean dependent var	3581.211
Adjusted R-squared	1.000000	S.D. dependent var	6120.209
S.E. of regression	0.016674	Akaike info criterion	-5.043066
Sum squared resid	0.001390	Schwarz criterion	-4.891773
Log likelihood	30.21533	F-statistic	3.03E+11
Durbin-Watson stat	1.919974	Prob(F-statistic)	0.000000

Unweighted Statistics

R-squared	0.924725	Mean dependent var	1864.350
Adjusted R-squared	0.864505	S.D. dependent var	1359.683
S.E. of regression	500.4949	Sum squared resid	1252476.
Durbin-Watson stat	0.192506		

图 5-11   加权最小二乘法的模型估计结果

首先，对模型结果进行统计意义检验：我们可以看到，GDP 前面的系数是负数，由此可知，当奥运会申办国或地区的人均 GDP 越大，开幕式门票价格也就越低，这是可以理解的。因为，人均 GDP 较大的国家（城市）意味着其相对比较富裕，从而可以为申办奥运会拿出更多的预算支出，也有能力承担奥运会各项开支，因此不需要从门票中获得收入填补开支或取得额外收益。Invest 前面的系数是正的，由此可知，随着奥运会投资额的增大，开幕式门票的价格也就会越高，这也是可以解释的，因为奥运会的总投入越大，要收回的成本也越大，也就需要从门票中获得更多的收入来弥补。Room 前面的系数为负数，可知，奥运开幕式门票价格 Y 与奥运会主场馆容量成负相关关系，即随着场馆容量增大，门票价格递减，这是可以理解的，因为场馆容量越大，可以出售的门票也就越多，即使每张门票定价相对低，也可以取得很大的收入。Sponsor 前面的系数为正数，也就是说奥运开幕式门票价格 Y 与奥运会赞助费呈正相关关系，这是可以理解的，随着现代奥运会营销战略的实施，奥运会的商业运作也更加成熟，吸引了更多的赞助商参与奥运会的赞助项目，尤其是历届奥运会合作伙伴（TOP 计划）实施以来，越来越多的赞助商参与到该项目，并且门槛越来越高，奥运赞助收入越来越大，在赞助费用增长的同时，门票价格也水涨船高。

其次，对模型进行统计检验：我们可以看到，回归方程的标准差为0.016 674，说明回归方程的拟合值与各观测值的平均误差为 0.016 674（元），说明模型的估计值与观测值拟合程度非常高。拟合优度检验值 $R^2 \approx 1$，回归方程拟合得非常好，回归方程的解释能力非常好，即奥运会举办国人均 GDP、奥运会总投资（Invest）、奥运会主场馆容量（Room）、奥运会赞助费（Sponsor）对奥运会开幕式门票价格 Y 做出了接近于 100% 的解释。回归模型的总体显著性检验值即 F 检验的值为 $F = 3.03E+11$，在 5% 显著性水平上，F 检验值明显大于临界值，说明奥运会举办国人均 GDP、奥运会总投资（Invest）、奥运会主场馆容量（Room）、奥运会赞助费（Sponsor）这四个解释变量对奥运开幕式门票价格 Y 的共同影响是非常显著的。单个回归系数的显著性检验值即 t 检验的绝对值都明显大于临界值 2，说明奥运会举办国人均 GDP、奥运会总投资（Invest）、奥运会主场馆容量（Room）、奥运会赞助费（Sponsor）这四个变量分别对奥运开幕式门票价格 Y 的影响是显著的。

最后，对模型进行计量经济学检验：由模型的残差图（图 5-12）和经过标准化的残差图（图 5-13）可以看出，残差并没有显示出明显的规律，可以初步认为模型不存在异方差。

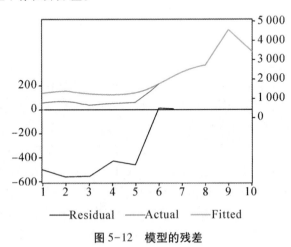

图 5-12　模型的残差

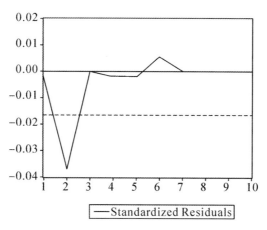

图 5-13　标准化的残差

为了进一步证明模型不存在异方差，我们对模型进行了 White Heteroske-dasticity Test，结果如图 5-14 所示，取显著性水平 $\alpha = 0.05$，由于 $nR^2 = 4.487061 < 5.99$（临界值），所以回归方程不存在异方差。

White Heteroskedasticity Test:

F-statistic	0.101739	Probability	0.986093
Obs*R-squared	4.487061	Probability	0.810726

图 5-14　回归方程的怀特检验

由模型估计结果可以看出，DW 值即 Durbin-Watson stat = 1.919 974 249 23，可以看出结果接近 2，即可以大致认为模型不存在一阶自相关。除此以外，通过模型的偏相关图以及偏相关系数 Partial Correlation-PAC（图 5-15）可以看出，模型不存在高阶自相关。

Date: 08/30/10　Time: 23:22
Sample: 1 10
Included observations: 10

Autocorrelation	Partial Correlation		AC	PAC	Q-Stat	Prob
		1	-0.070	-0.070	0.0654	0.798
		2	0.027	0.022	0.0762	0.963
		3	0.028	0.032	0.0900	0.993
		4	-0.186	-0.184	0.7836	0.941
		5	-0.060	-0.090	0.8702	0.972
		6	-0.075	-0.079	1.0368	0.984
		7	-0.080	-0.083	1.2937	0.989
		8	-0.091	-0.141	1.7853	0.987

图 5-15　模型的偏相关

2）模型的结论

根据模型的结果，我们可以对模型进行结构分析：奥运会举办国人均 GDP 每减少 5.126 083 476 23%，奥运开幕式门票价格 Y 将会增加 1%；奥运会总投资（Invest）每增加 0.131 284 917 089%，奥运开幕式门票价格 Y 将会增加 1%；奥运会主场馆容量（Room）每减少 51.068 636 253 7%，奥运开幕式门票价格 Y 将会增加 1%；奥运会赞助费（Sponsor）每增加 0.043 479%，奥运开幕式门票价格 Y 将会增加 1%。可以看出，奥运开幕式门票价格 Y 与奥运会总投资（Invest）、奥运会赞助费（Sponsor）呈正相关关系；与奥运会举办国人均 GDP、奥运会主场馆容量（Room）呈负相关关系。

3）模型的评价

总体来说，该计量经济学模型主要有两方面的误差：第一，利用 Eviews5.0 计量经济学软件进行拟合过程中产生的误差。第二，抽样统计与数据收集整理过程中产生的误差。这类误差无法避免。针对收集到的统计数据，我们通过利用加权最小二乘法，并且消除模型的异方差，从而提高了模型的精确度，使模型具有更强的解释能力。

4）以广州亚运会门票定价为例

第 16 届亚运会于 2010 年 11 月 12 日至 27 日在中国广州进行，这届亚运会是继奥运会后我国首次再度举办的超大型综合赛事，举世瞩目。作为赛事收入重要组成部分的赛事票价，是赛事门票工作的核心环节，同时门票价格与消费者息息相关，很大程度上决定了观看赛事的观众数量，向来是各方关注的热点。而在前期，公众普遍对官方公布的比北京奥运会还要高的广州亚运会开闭幕式门票有所质疑。

广州亚运会设 42 项比赛项目，是亚运会历史上比赛项目最多的一届，参赛人数也超过历届亚运会的参赛人数。同时，本届亚运会有超过 200 万张门票面向全球公众公开销售。

表 5-2　广州亚运门票价格①　　　　　　　　　　　　单位：元

类别	广州亚运	北京奥运
开闭幕式门票（最高）	6 800	5 000
开闭幕式门票（最低）	1 600	150

---

① 第 16 届亚洲运动会官方网站 [EB/OL]. http://www.gz2010.cn/.

表5-2（续）

类别	广州亚运	北京奥运
赛事门票（最高）	1 600	1 000
赛事门票（最低）	10	30
青少年教育计划	免费	5~10

广州亚运会开闭幕式最高票价为 6 800 元，最低票价为 1 600 元。而赛事门票的最低票价仅为 10 元，最高票价为 1 600 元。而对比之前结束不久的北京奥运会，2008 年北京奥运会赛事门票最低为 30 元，最高为 1 000 元。北京奥运会开闭幕式门票最低为 200 元，最高为 5 000 元。直观地看，广州亚运会比赛门票和开闭幕式门票的最高票价比奥运会的还要高，这无疑令许多人费解，但跳脱表面看，从经济的角度去分析，我们可以得到广州亚运会票价的制定依据。

（1）广州亚运会采取高票价策略的原因分析。

①消费者需求。第 16 届亚运会在我国的广州举行，从人口数字来看，珠三角有 4 000 万人口，并且是中国最富裕的地区，市场需求非常大，亚运会门票价格是通过前期的专业市场调研和统计分析，参考北京奥运会门票定价实际，广大市民尤其是珠三角地区目标观众的消费习惯、消费能力等因素来确定的。

a. 赛事举办当地人均 GDP。经初步核算，2009 年，广州市地区生产总值突破 9 000 亿元大关，达到 9 112.76 亿元，同比增长 11.5%，位列全国各城市第三位，人均 GDP 达到 8.883 3 万元。一方面，根据上述模型可知：由于广州及整个珠三角地区有较高的 GDP 作为支撑，无须通过门票收入填补收支或获取额外收益，故而收取的门票价格应该相对较为低廉；而另一方面，广州全市 2009 年全年城镇居民人均可支配收入达到 27 610.72 元，比上年同期增长 9.3%。从人均可支配收入来看，广州亦是全国各城市中的领跑者，一定程度的高票价才在这里有可能被接受。最终的票价制定也含有这两方力量的共同影响因素。

b. 赛事举办当地居民消费习惯。广州是一个消费型城市，数据表明，多年来最终消费对广州市经济增长的贡献度始终保持在 60% 以上。随着广州经济的增长，城市居民收入增加，刺激了居民的消费，自 1995 年以来，城市居民的消费结构正在向信息化消费方面升级，当食品、衣着等基本消费得到满足后，广州城市居民所增加的消费支出，主要是投向发展与享乐型消费①。2009年四季度全省城镇居民收支情况如表5-3所示。

表5-3　2009年四季度全省城镇居民收支情况

项　目	本季/元	比上年同期/%	本季止累计/元	比上年同期/%
人均可支配收入	5 205.28	9.2	21 574.72	9.3
人均工资性收入	4 094.07	10.2	16 898.87	11.3
人均消费性支出	4 367.98	10.5	16 857.51	8.6
食品	1 584.86	11.3	6 225.22	6.1
衣着	301.72	21.6	1 064.33	9.2
居住	545.14	9.2	1 814.00	3.8
家庭设备用品及服务	303.91	22.8	1 052.57	11.1
医疗保健	259.60	15.0	925.62	10.7
交通通信	747.26	2.7	2 979.88	13.6
教育文化娱乐服务	452.89	7.1	2 168.88	12.0
杂项商品和服务	172.59	10.1	627.01	5.5

资料来源：中华人民共和国统计局官方网站。

从表5-3中我们可以看到，广州居民投入教育文化娱乐服务的支出逐年增加，并且累计增加额在所有支出项目中是第二高的，这说明当地居民的消费方式、消费结构正在发生着转变，由原来的为满足生存的消费为主转变为投资自身发展的消费，其中就包含了在体育方面的消费。

c. 体育运动在当地的普及度。从全国范围来看，广东是数一数二的体育经济大省，广东省体育局提供的资料显示，广东目前经常参加体育锻炼的人数达2 600万，体育人口高达37%，而广州则达到46%，和中等发达国家水平相当，由此形成了一个年超30亿元的体育消费市场，并以超过20%的速度增长，居全国前列。在体育消费上，不少广州人花起钱来可以说是毫不吝啬的。同时，服务性质的体育消费应运而生，广州共有居民1 004.3万，广州市体育消费市场总规模为62.2亿元。广州市民体育消费项目依次是：体育书报杂志占25.1%，运动服与运动鞋占22.3%，体育器材占21.7%，体育欣赏门票占12.40%，租场地17.1%。

---

① 陈利昌. 广东城乡居民收入差距的地区差异分析 [J]. 经济论坛，2005（19）：14-16.

②赛事宗旨理念、目标。广州亚运会的办会宗旨是弘扬奥林匹克和亚运精神，促进亚洲各国（地区）的团结、友谊和交流，致力于构建和谐业洲。办会目标：以一流的组织、一流的设施、一流的环境、一流的服务，把广州亚运会办成具有中国特色、广东风格、广州风采，祥和、精彩的体育文化盛会，为提高亚洲体育运动水平做出贡献；充分展示中国、广东、广州改革开放和经济社会建设的伟大成就，充分展示中华民族的优秀文化，表达对亚洲各国（地区）人民的友好情谊；加快广州现代化国际大都市建设进程，促进广州经济社会全面发展，进一步提升广州的综合竞争力、国际知名度和影响力[①]。

由此可见，本次亚运会的举办对广东经济文化的又一次快速发展乃至广州城市名片的塑造都是一次极佳的机会。广东省是改革开放的前沿阵地，在发展中取得了巨大成就。尤其是辖境内的"珠三角"地区，一度是 20 世纪最后 20 年间中国经济发展的"龙头"和楷模。基于广州推进国际化大都市进程的这样一个背景，自然广州亚运会的票价也会考虑与国际化接轨，尤其是备受关注的开闭幕式票价，这也是此次亚运会开闭幕式票价高的一个原因。另外，组织方也考虑到民众对体育消费的接受力，在各专项的赛事门票上还是以多数人都购买得起的价格为主要定价基准。

③举办赛事总投资额。北京奥运会之后，2010 年的广州亚运会是另一个为世人所关注的由中国城市承办的体育盛会。广州亚运会筹备工作组在国务院新闻办新闻发布会上回答印度记者的提问时透露，广州亚运会的总投资 1 200 多亿元。广州亚运会筹办坚持节俭、廉洁的原则，其资金投入主要包括三个方面：一是亚运会和亚残运会的场馆建设和维护，预算资金为 63 亿元；二是亚运会和亚残运会运行资金，预算资金为 73 亿元；三是城市面貌和环境改善，预算资金为 1 090 亿元，包括地铁建设、城市道路、桥梁和基础设施，环境综合整治，工业污水治理等经费，其中环境综合整治包括空气环境、水环境、交通环境、人居环境和无障碍设施环境综合。

④举行赛事开幕式场馆容量。整个亚运会开幕式场地海心沙广场并非如之前透露的那样有 3.5 万个座位，而仅有不到 2 万个座位。而且因为众多位国家领导人、亚奥理事会成员、媒体等都要参加开幕式，因此能上岛观看开幕式的观众人数十分有限，最终亚组委拿出 5 000 张开幕式门票对外销售，已经占到总门票数量的 1/3。截至 2010 年 8 月 18 日，广州亚组委市场开发部向媒体公

<hr />

① 史宾，王颖. 综合型运动会门票定价理论研究 [J]. 中国体育科技，2009（8）.

布，广州亚运会开幕式门票已全部售罄，中签比例约为1∶3。此次广州亚运会开幕式公开销售门票数目远少于历届国际综合型赛事开幕式场馆的平均容量8.67万人。由上述回归方程结果以及基本市场供求关系经验可知：票价与场馆容量呈反比关系，场馆人数的限制导致了赛事门票的稀缺性，从而抬高了门票价格，这一点是可以理解的。

⑤赛事获商业赞助总额。广州亚运会的市场开发取得了历史性突破，其中赞助领域的收入超额完成指标多达4亿元。广州亚组委市场开发部表示，广州亚运会的赞助商数量和赞助金额远远超过历届亚运会，并透露赞助金额超过4亿美元，是多哈亚运会的5倍、釜山亚运会的3.5倍。根据上述模型，赞助商赞助费用与票价呈正相关关系。这也解释了亚运会的高票价策略。

⑥参考同类赛事定价。"广州亚运会开闭幕式最高票价远超北京奥运会，上届多哈亚运的开幕式门票的最高价格也只有广州的1/6。"对于高票价的质疑，亚组委表示：卡塔尔全国人口只有80万，即使全体国民都跑去看亚运，也没法填满体育场，组委会不得不采取低价销售策略。珠三角有4 000万人口，是中国最富裕的地区之一，市场需求非常大，调高门票价格可以抬高门槛、保障市场，同时防止"黄牛"炒票。北京奥运采取实名售票，其较低的门票价格是一个特例，而广州亚运参照的是国际赛事的惯例。"我们参照的是悉尼和雅典两届奥运会的定价方式，当时雅典奥运开幕式的最高价格相当于10 000元，所以6 800元的价格是一个适度的价格。"

（2）基于计量回归模型的大型赛事定价的结论与建议。

①影响因素定量分析结果。通过上述较为系统的研究，已经得出了回归模型的结果：$Y = -5.126\,083\,476 * GDP + 0.131\,284\,917\,1 * Invest - 51.068\,636\,25 * Room + 0.043\,478\,721\,32 * Sponsor + 1\,708.777\,969$，将广州亚运会相关各项影响因素的具体数据（人均GDP：8.883 3万元；总投资：1 200亿元；总赞助费：27.2亿元；门票数量：5 000个）代入进行分析，得出按计量模型计算得出的门票平均价格为3 533.954元，与本次实际平均票价基本相符，在一定程度上解释了广州亚运会开幕式门票价格的合理性，该定价模型也可为今后的大型综合赛事的主办方提供定价参考。

②体育赛事门票定价的理论依据。体育赛事的价值是门票定价的基础，体育赛事的供求是门票定价的杠杆。影响体育赛事门票定价的具体因素包括：消费者的需求、体育赛事产品、体育赛事的供给、市场竞争以及经营者的营销目标等。前文中的定价体系为赛事主办方提供了一个完整的定价参考，使门票价

格按照市场机制运行，符合人们的心理预期，从而形成良性循环，增加主办方的经营收入。使体育赛事的门票定价在一个合理的范围内，有利十体育竞赛表演市场的竞争和体育产业的有序发展。

综上所述，广州亚运会的票价制定是由来自各方因素相互作用协同影响的结果，有明显的经验和规律可循。与此同时，一些不可量化的经济、政治、文化等因素也影响着赛事门票的制定，赛事组织者在定价之前应充分了解市场需求、消费者保留价格、价格歧视政策，在让赛事门票收益达到最大化的同时使群众广泛地对赛事观赏的需求得到满足。

第6章 大型体育赛事门票定价的案例分析

6.1 夏季奥运会门票定价体系研究

6.1.1 奥运会门票定价与其他定价的异同

奥运会门票作为一种商品，具有一般商品的基本特点。但是，作为一种特殊商品，奥运会门票又具有其本身的特点，二者的异同是奥运会主办国制定门票价格必须考虑的。

1. 定价目标的异同

定价目标是指企业在对其生产、经营的产品制定价格时，有意识地要达到的目的和标准，它是指导企业进行价格决策的关键因素。企业在制定价格时，必须按照企业的目标市场战略、市场定位战略的要求，因此定价目标就成为影响其定价的首要因素。定价目标不同，定价方法与定价策略也会不同。

企业的定价目标主要分为两大类：①以获取利润为目标。获取利润是企业从事生产经营活动的最终目标，一般可分为三种：一是以获取投资收益为定价目标，二是以获取合理利润为定价目标，三是以获取最大利润为定价目标。②以获取市场占有率为目标。获取市场占有率是企业定价的另一主要目标，市场占有率是一个企业经营状况和企业产品在市场上竞争力的直接反映，关系到企业的生死存亡，因此该目标的主要目的是保证企业在市场上拥有一个较为稳定的地位。对于以获取一定的市场占有率为目标的企业而言，通常有两种做法，即定价由低到高或由高到低。

作为特殊商品的奥运会门票，其定价目标和一般商品有所不同。因为尽管举办国奥组委能够制定门票价格，但最终需要通过国际奥委会的批准方可执行。国际奥委会对于奥运会的门票定价有最终决定权，其对举办国奥组委的门票定价采取限制措施的主要要求有：第一，门票定价必须符合举办国的国情。对于经济相对发达的国家，门票价格可以相对较高，而对于经济相对不发达的国家，其门票价格应相对较低。第二，对奥运会比赛的上座率有一定的要求。这一点符合奥林匹克精神，即让尽可能多的观众入场观看比赛，如果比赛场馆座无虚席，那将是最理想的结果。可见，奥运会门票定价目标是：既要获取一定经济利润，同时又要保证一定的观众人数。

2. 定价方法的异同

定价方法是指企业在特定的定价目标的指导下，依据对影响价格形成各因素的具体分析，运用价格决策理论，对产品价格进行测算的具体方法。自1984 年第 23 届美国洛杉矶奥运会以来，各奥运会的奥组委在门票定价方法上普遍采取了感受价值定价法。感受价值定价法是指企业根据购买者对产品的感受价值来制定价格的一种方法。换句话说，就是企业会根据消费者对"某种商品值多少钱"的主观感受来制定价格，这是一种基本忽略了商品成本的定价方法，该方法比较适用于垄断程度较高的市场和产品（我们在后面将会分析到，奥运会的门票市场是一个完全垄断的市场）。因此，对奥运会门票的定价采取感受价值法是合理的。但是，对于奥运会门票的潜在消费者而言，他们对于同一场比赛的感受价值是不同的。一些消费者可能愿意花比门票价格还要多的钱来观看比赛，而另外一些消费者则可能在低于门票价格的情况下还会选择不看比赛。例如，1984 年尤伯罗斯成功地营造了献身奥运的精神。奥运志愿者计划的成功也激起人们购票的狂潮。2004 年雅典奥运会在世界范围内推广"奥运回家"的全球宣传理念和希腊总理呼吁全民"到奥运会赛场去"，把观看奥运比赛提高到一种高度的公民责任。

3. 定价策略的异同

"定价方法"与"定价策略"是两个不同的概念。定价策略是指企业在特定的情况下，依据确定的定价目标所采取的定价方针和价格对策。主要的定价策略有以下几种。

（1）折扣定价策略：我们通常所说的"打折"，指企业为鼓励顾客大量购买而采取的一种策略，主要形式包括现金折扣、数量折扣、功能折扣、季节折扣、价格折让等。

（2）心理定价策略：企业根据消费者的心理特点，迎合消费者的某些心理需要而采取的一种定价策略。其主要形式有：声望定价、尾数定价、习惯定价、招徕定价等。

（3）差别定价策略：经济学中的价格歧视策略，是指企业按照两种或两种以上不反映成本费用的比例差异的价格来销售某种产品。其主要形式有：顾客差别定价、产品形式差别定价、产品部位差别定价、销售时间差别定价等。

（4）地区定价策略：企业根据所卖商品所在地区的不同，而对商品制定不同价格的策略。其主要形式有：产地交货定价、目的地交货定价、统一交货定价、分区运送定价等。

（5）新产品定价策略：主要形式有取脂定价策略、渗透定价策略和均匀定价策略。

（6）产品组合定价策略：当产品只是某一产品组合的一部分时，企业在考虑定价时必须注重产品组合的整体利润最大化，而并不应孤立地考虑单个产品利润，这就是产品组合定价策略。其主要形式有：产品线定价、相关产品定价、产品群定价等。

需要说明的是，以上策略均不一定是单独使用的，在企业定价的时候，往往是采取多种定价策略并行的方式进行。

奥运会门票定价的核心策略是差别定价策略（价格歧视策略）和产品组合定价策略，下面加以重点分析。

价格歧视就是卖方以不同的价格向顾客出售同一种产品的行为，很显然，价格歧视在奥运会门票的定价中是必然会出现的，如开幕式，虽然体育场内的观众都在观看开幕式，但是处在不同座位区域的观众就会买到不同价格的门票。价格歧视策略基本分为三类。

第一，一级价格歧视（完全价格歧视）。这是一种极高难度的价格歧视，也是极为理想化的价格歧视，它是指垄断者完全了解每名消费者的支付意愿，并且向每名消费者索取不同的价格。

以奥运会开幕式门票的定价行为为例，如果采取完全价格歧视，那就是对每一位观众制定一个价格，显然，这在实际的门票定价中是不可能的。首先，向每一个消费者索要一个价格是不现实的；其次，销售方也不可能知道每一个消费者的支付意愿。一般的做法是销售方采取不完全的一级价格歧视，即采用分级定价的策略，制定不同价格的门票。也就是说，通过对看台进行分区，对更加便于观众观看的位置收取较高的价格，对不太便于观众观看的位置收取较低的价格，此外还可以通过设置豪华包厢等方法来完成定价。

采取不完全的一级价格歧视策略的优点在于能够充分满足不同消费者的不

同需求，根据其需求而设定价格，由于获得了更多的消费者剩余，因此会获取比不采取该策略时更高的收益。但是采取该策略也存在一定的风险，关键是门票价格的高低，如果最高价格过高，可能会出现低价票热销、高价票滞销，从而导致总收益受损；而如果各个档次的门票价格差设置不当，如价格差过小，也可能出现高价票热销、低价票滞销的情况，对总收益不利。

第二，二级价格歧视。二级价格歧视策略是指垄断者对不同的消费数量而索取不同的价格。二级价格歧视的应用与时间段和购买量有直接关系。随着消费者对同一商品消费量的增加，其支付意愿逐渐下降。销售方可以在不同时间段或对应一定的购买量来确定价格。例如奥运会的足球比赛，由于小组赛阶段缺少强队之间的较量，因此可能会出现消费者购买门票的热情不高的情况，因此在这一问题上，采取二级价格歧视是非常重要的，如以平均价格低于单场价格的价格销售小组赛的套票，会取得较为理想的结果。

二级价格歧视的优点在于能通过套票的形式让一些可能无法按原价卖出的门票通过相对低一些的价格找到买家，虽然总收入会比按原价售出时要低一些，但是比起门票无法按原价售出还是值得的。采取该策略的风险在于如何选取套票形式，一旦套票形式选择错误，就很有可能出现最终门票总收入低于不设置套票时的总收入。

第三，三级价格歧视。垄断者针对有不同需求的消费者索要不同价格的歧视被称为三级价格歧视策略，这是门票定价中不可忽视的价格歧视策略。例如考虑到学生支付能力差的特点，将学生票与普通票区别销售就是三级价格歧视策略。该策略的优点是通过低价吸引消费能力低的消费者，这样做一方面可以赚取一定的收入，另一方面体育场内可以拥有更多的观众，这种策略比较适合于观众可能不会太多的比赛。但是采取该策略需要注意的是要控制门票数量，数量过多将会对总收入造成不利影响。

产品组合定价在奥运会中的应用即门票组合定价。奥运会是由许多项目组成的综合性运动会，不同的比赛项目由于种种原因对观众的吸引力不同，因此需要对奥运会比赛项目进行分级，同级别的项目门票价格应相似，而不同级别的项目门票价格应拉开一定差距。此外，对于同一项目而言，从预赛到决赛对观众的吸引力也是不同的，因此同一项目不同阶段的比赛门票价格也应该拉开一定的差距。产品组合定价策略的优点在于通过在热门项目及非热门项目的关键比赛设定较高票价而获取较大收益，同时在非热门项目或一些项目的非重要比赛设定较低的价格而获取一定的收益。但是在采取该策略时，一定要合理地对比赛项目进行分级，同时合理设定不同级别的门票价格差，否则将会出现不良结果。

6.1.2 影响奥运会门票定价的经济因素分析

1. 奥运会门票定价的目标

如前所述，奥运会门票的定价目标就是：既要获取一定经济利润，同时又要保证一定的观众人数。因此这个目标在很大程度上决定了奥运会门票定价的大方向。

以 2008 年北京奥运会为例，2006 年 8 月，北京奥组委主席刘淇在接受记者采访时强调："北京奥运会票务政策的基本原则是：除一些关键场次，例如开闭幕式或某些热门项目的决赛票价高一点以外，其他大量的是低价位门票，让普通民众可以负担得起，鼓励更多人到现场观看奥运会。"同时，"由于我们市场开发情况比较好，所以关于门票的收入我们对经济方面的考虑比较少。"[①]

由此可见，北京奥运会门票定价的目标非常明确：以保证观众人数为主，以获取经济利润为辅。而北京奥组委于 2006 年 11 月 29 日公布了奥运会门票价格，在全部可售票中，定价等于或低于 100 元的票数占 58%。其中，有一部分门票将以低于 10 元的价格向中国学生发售，这与北京奥运会门票定价的目标是相一致的。

2. 奥运会门票的需求、供给与均衡价格分析

1）需求、供给与均衡概述

对于任何一种商品而言，都是由买卖双方共同完成商品交易的，买方就是需求方，卖方就是供给方，二者之间的关系在很大程度上决定了产品价格。

任何一种商品的需求量就是买者愿意且能够购买的商品的数量。在其他条件不变的情况下，当一种商品的价格上升时，它的需求量减少；反之，则需求量增加。

这种情况可以用需求曲线说明，如图 6-1 所示。

---

① 资料来源：北京奥组委官方网站。

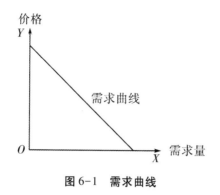

图6-1　需求曲线

在图6-1中，X轴表示商品的需求量，Y轴表示商品的价格。当商品价格不变，其他因素发生变化时，需求曲线就会发生移动，当需求增加时，需求曲线会向右移动；当需求减少时，需求曲线会向左移动，如图6-2所示。

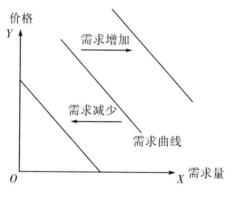

图6-2　需求曲线变化

影响需求曲线移动的主要因素包括消费者的收入、相关物品的价格、消费者偏好、消费者对商品价格的预期及买者的数量等。

任何一种商品的供给量就是卖者愿意且能够销售的商品的数量。在其他条件不变的情况下，当一种商品的价格上升时，它的供给量增加；反之，则供给量减少。这种情况可以用供给曲线说明，如图6-3所示。

在图6-3中，X轴表示商品的供给量，Y轴表示商品的价格。当商品价格不变，其他因素发生变化时，供给曲线就会发生移动，当供给增加时，供给曲线会向右移动；当供给减少时，供给曲线会向左移动，如图6-4所示。

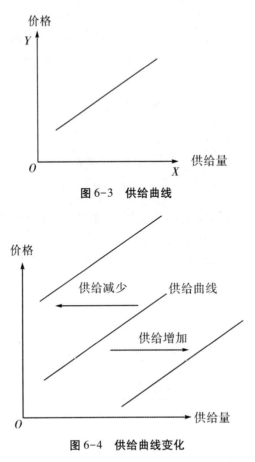

图 6-3　供给曲线

图 6-4　供给曲线变化

　　影响供给曲线移动的主要因素包括卖者的成本、技术水平、对商品价格的预期及卖者的数量等。

　　弹性是指需求量或供给量对其决定因素中某一种的反应程度的衡量。需求价格弹性是指一种物品的需求量对其价格变动反应程度的衡量，即需求量变动的百分比除以价格变动的百分比。供给价格弹性是指一种物品的供给量对其价格变动反应程度的衡量，即供给量变动的百分比除以价格变动的百分比。此外，其他的价格弹性如需求的交叉价格弹性等与本书的研究无关，故不做介绍。

　　根据计算结果的不同，可以把弹性分为五类。

　　（1）弹性>1，富有弹性。

　　（2）弹性<1，缺乏弹性。

　　（3）弹性=1，单位弹性。

　　（4）弹性=0，完全无弹性。

　　（5）弹性=+∞，完全有弹性。

图6-5表示了市场供给与市场需求曲线的结合。如图6-5所示，供给曲线与需求曲线相交于点 A，这一点被称为市场的均衡。这两条曲线相交时的价格被称为均衡价格（P），此时相对应的数量被称为市场均衡数量（Q）。

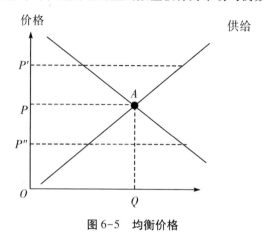

图6-5　均衡价格

而当市场价格 P' 高于均衡价格 P 时，就会出现供给过剩、即供大于求的情况；反之，当市场价格 P" 低于均衡价格 P 时，就会出现供给短缺，即供不应求的情况。

2）奥运会门票的供给、需求、均衡分析

下面，我们运用供给、需求与均衡价格理论对奥运会门票价格的影响进行分析。

从供给来看，奥运会比赛一般都是在某一体育场馆内进行的，座位数是固定的。因此，供给量是由体育场馆的容量（座位数）大小所决定的，容量大小不同的场馆其门票供给量是不同的，如图6-6所示。

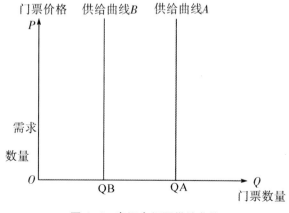

图6-6　奥运会门票供给曲线

在图 6-6 中，供给曲线 A 表示较大运动场馆的供给曲线，供给曲线 B 表示较小运动场馆的供给曲线。

从需求来看，由于种种原因，观众对奥运会不同比赛项目的需求是不同的，如图 6-7 所示。

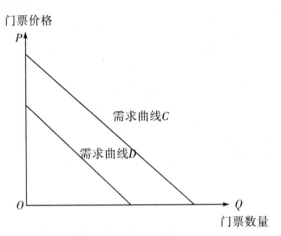

图 6-7　奥运会门票需求曲线

在图 6-7 中，需求曲线 C 表示对门票需求数量较大、需求价格较高的比赛项目，需求曲线 D 表示对门票需求数量较小、需求价格较低的比赛项目。

将图 6-6 与图 6-7 结合，即可得到奥运会门票的供求关系，如图 6-8 所示。

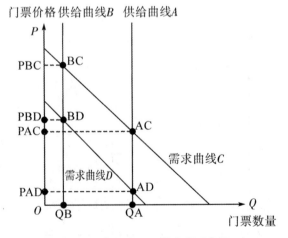

图 6-8　奥运会门票供求关系曲线

图 6-8 中的 AD，AC，BD，BC 是四个价格不同的均衡点。

从图6-8可以看出，当供给曲线一定，即体育场馆容量一定时，需求较大的比赛门票价格要高于需求较小的门票价格（以供给曲线 A 为例，PAC > PAD）；而当需求曲线一定，即比赛场次一定时，在容量较小的体育场馆比赛的门票价格要高于在容量较大的体育场馆比赛的门票价格（以需求曲线 C 为例，PBC > PAC）。

在图6-8中，门票价格的最高点处于供给较小而需求较大的 PBC 点，而门票价格的最低点处于供给较大而需求较小的 PAD 点。

3. 奥运会门票的成本收益分析

1）奥运会门票的成本分析

成本是价格的基础。对于市场上的任何一个企业来说，都不能完全随心所欲地制定其商品的价格，它首先应当考虑的因素就是生产产品所需的成本。成本就是生产过程中全部费用的支出。从长远看，企业为了获得利润，其销售价格必须高于成本费用，因此成本就成为企业定价时的标杆，是影响企业定价的一个重要因素。

本书首先引入成本函数这一概念。成本函数反映了产品成本（cost，c）与产量（quality，Q）之间的一种函数关系，用公式表示为

$$C = f(Q)$$

成本函数分为短期成本函数与长期成本函数。

在短期内，短期成本可以分为固定成本与可变成本。固定成本是指不随产品产量变化而变化的成本，如生产设备费用、厂房租金、固定工作人员的工资等。可变成本则是指随着产品产量变化而变化的成本，如生产产品的原材料费用、新增工作人员的工资等。固定成本与可变成本之和即总成本。在长期时，所有成本都是可变成本。本书研究的是短期成本。

其次，与本书相关的概念还有平均成本与边际成本。平均成本是指平均每个单位产品所消耗的成本。边际成本是指每增加一个单位的产量所需支付的追加成本。

对于奥运会门票价格的制定者来说，首先应当考虑的问题就是奥运会门票的成本究竟包括哪些部分？究竟是多少？

奥运会门票的固定成本主要包括用于生产门票的各种厂房、设备、技术、仪器等费用，与生产门票相关的固定工作人员的薪水等。可变成本主要包括用于生产门票的原材料，与生产门票相关的临时工作人员的薪水等。而将固定成本与可变成本相加，即得到奥运会门票的总成本，本书用表6-1来说明奥运会门票的成本构成。

表 6-1 奥运会门票成本

门票数量 /百万张	总成本 /千万元	固定成本 /千万元	可变成本 /千万元	平均成本 /千万元	边际成本 /千万元
0	2	2	0	—	—
1	2.4	2	0.4	2.4	0.4
2	2.7	2	0.7	1.35	0.3
3	2.9	2	0.9	0.97	0.2
4	3.1	2	1.1	0.78	0.2
5	3.5	2	1.5	0.7	0.4
6	4.1	2	2.1	0.68	0.6
7	4.9	2	2.9	0.7	0.8
8	5.9	2	3.9	0.74	1
9	7.1	2	5.1	0.79	1.2
10	8.5	2	6.5	0.85	1.4

注：表中的数据为假设数据。

通过表 6-1 可以得出图 6-9 和图 6-10。

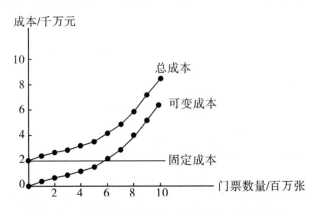

图 6-9 奥运会门票总成本、可变成本、固定成本

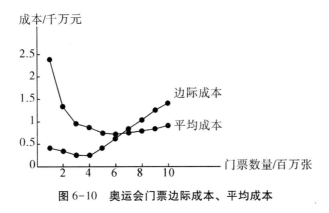

图 6-10　奥运会门票边际成本、平均成本

综上所述，我们可以得出如下结论。

（1）可变成本与总成本曲线形状完全相同，且均随着门票数量的增加而增加。

（2）固定成本曲线是一条水平的直线，因为固定成本值是不变的。

（3）边际成本曲线经历了先下降后上升的过程，且其上升趋势越来越明显。

（4）平均成本曲线也经历了先下降后上升的过程，并在其最低点与边际成本曲线相交。

2）奥运会门票的收益分析

总收益是企业销售其产品所得到的全部收入。平均收益是企业出售每个单位产品所得到的平均收入。边际收益是企业每增加一个单位的销售量所引起的总收入的增加值。而总利润即总收益与总成本的差值。根据利润最大化原则，当边际成本 = 边际收益时，总利润达到最大值。

奥运会门票的收益很容易计算，即把所有销售出的门票价格相加即可，为便于分析，我们假设所有门票的价格都是相同的，且门票的需求量会随着价格的增加而减少，那么总收益 = 价格 × 销售量，我们可以得到表6-2。

表 6-2　奥运会门票收益

门票数量 /百万张	总收益 /千万元	平均收益即门票价格 /千万元	边际收益 /千万元
0	0	—	—
1	2.2	2.2	2.2
2	4.2	2.1	2
3	6	2	1.8
4	7.6	1.9	1.6
5	9	1.8	1.4

表6-2(续)

门票数量 /百万张	总收益 /千万元	平均收益即门票价格 /千万元	边际收益 /千万元
6	10.2	1.7	1.2
7	11.2	1.6	1
8	12.2	1.525	1
9	12.6	1.4	0.4
10	13	1.3	0.4

注：表中的数据为假设数据

通过表6-2可以得到图6-11、图6-12。

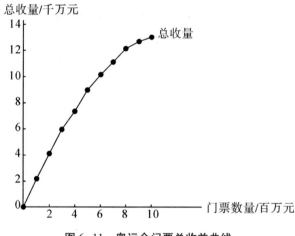

图6-11　奥运会门票总收益曲线

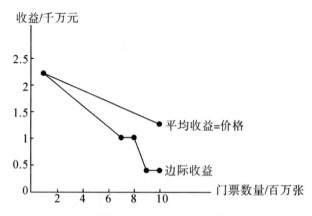

图6-12　奥运会门票平均收益、边际收益曲线

综上所述，我们可以得到如下结论：

（1）门票总收益随着门票数量的增加而增加。

（2）平均收益与边际收益均基本随着门票数量的增加而减少。

3）成本与收益对奥运会门票定价的影响

在分析了奥运会门票的成本和收益后，下面将重点分析成本与收益对奥运会门票价格的影响，根据图6-9和图6-11，我们可以得到图6-13。

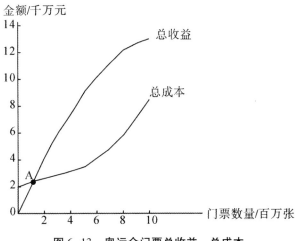

图6-13　奥运会门票总收益、总成本

从图6-13中可以看出，总收益曲线与总成本曲线相交于 A 点，即收支平衡点，在这一点上，奥运会的门票总利润为 0，做到了不亏不盈，通过表6-1和表6-2的数据可知，A 点的门票数量在 100 万张左右。

而根据利润最大化原则，奥运会门票若想取得最大化的利润，则需要使边际成本 = 边际收益，根据前面的表格我们可知，当边际成本 = 边际收益 = 1 000 万元时，有利润最大额，此时门票数量为 800 万张，利润为 6 300 万元，如图6-14所示。

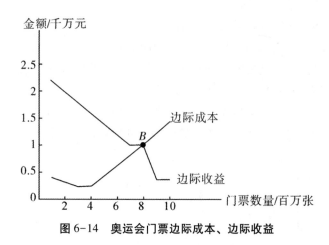

图 6-14　奥运会门票边际成本、边际收益

图 6-14 中的 B 点即边际收益与边际成本的交点，相对应的门票数量是 800 万张。

综上所述，奥运会门票的成本是影响奥运会门票定价的重要因素，如果只考虑成本因素，那么，奥运会门票的价格应该定在边际成本 = 边际收益这一点上，因为此时可以获得最大化的利润。

4. 奥运会门票的市场结构

任何企业都是处在某一市场中的企业，企业在对其产品进行定价之前，必须了解其所处的市场结构，在了解其所处的市场结构之后，才可以根据该市场类型的特点对产品进行定价，以达到企业的目的。

奥运会门票作为一种商品，也必然存在于某一市场中，为了了解奥运会门票所处市场的市场结构，我们先来了解一下市场结构究竟有哪几种类型。划分市场结构的主要依据有如下三点：一是市场内企业的数量，二是企业的规模，三是产品是否同质。

根据上述三点，可以把市场结构划分为四种类型：完全竞争市场、完全垄断市场、垄断竞争市场和寡头垄断市场，如表 6-3 所示。

表 6-3　市场类型

市场类型	企业数量	企业规模	产品是否同质	价格决定权
完全竞争市场	非常多	非常小	完全同质	完全的价格接受者
完全垄断市场	只有一个	非常大		完全的价格决定者
寡头垄断市场	两个或几个	很大	不同质	价格决定者
垄断竞争市场	许多	比较大	不同质	价格决定者

奥运会门票市场是一个完全垄断市场。首先，奥运会是全世界最高水平的综合性体育运动会，是独一无二的，是没有竞争者的；其次，奥运会的门票是一种没有替代品、具有独特性质的商品。因此奥运会的门票市场是一个完全垄断市场。所以，奥运会门票价格的决策者属于完全的价格决定者，他们可以在相关法律法规的范围内任意决定票价。

下面我们用一个例子来分析完全垄断市场类型对于奥运会门票定价的影响。

在进行分析之前，我们要做四个重要的假设。

（1）所有门票价格都是相同的，虽然这并不符合现实的情况，但是，这样更容易了解市场类型对门票价格的影响。

（2）门票价格必须是10欧元的整数倍，如10欧元，20欧元，30欧元等，这在现实中是很常见的。

（3）门票销售的总成本（销售人员的薪水、门票的制作成本等）是固定的，也就是说，无论卖出多少张门票，其总成本是不会改变的。

（4）举办开幕式的体育场可以容纳8万名观众，而且无论体育场是否坐满观众，赛会组织者都将发售8万张门票。

根据上述假设，我们可以得到图6-15。

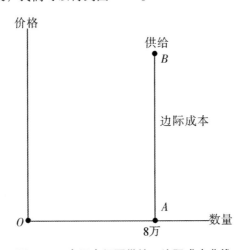

图6-15 奥运会门票供给、边际成本曲线

在图6-15中我们可以看到，由于无论票价如何、买票者有多少，门票的供应量肯定是8万张，因此供给曲线是一条垂直的直线AB。

在这里需要指出的是，边际成本曲线OAB是一条非常重要的曲线。因为只要开幕式还有一张门票没有售出，多容纳一名观众的边际成本就几乎为零，相比较而言，售票方几乎无须多花成本就能多卖出一张门票，从而多容纳一名观众并从他身上获利，因此，新增观众的边际成本等于零，这就是该曲线与坐标横轴相重复的一部分 OA；而当门票销售一空，全场爆满时，边际成本曲线则与横坐标轴相垂直，且与供给曲线相重合了，即 AB，这是因为当门票的销售量达到体育场的容纳能力时，边际成本趋于无穷大，此时，无论门票价格上升到多高，体育场都无法再售出哪怕是一张门票。

在确定了边际成本曲线后，就要确定边际收益曲线了，因为当边际收益 = 边际成本时，企业达到利润最大化，这一等式同样适用于完全垄断市场，如表 6-4 所示。

表 6-4　奥运会门票价格与需求、收益关系

门票价格/欧元	需求量/万张	收益/万欧元	边际收益/欧元
> 100	0	0	—
100	1	100	100
90	2	180	80
80	3	240	60
70	4	280	40
60	5	300	20
50	6	300	0
40	7	280	−20
30	8	240	−40
< 30	> 8	< 240	—

注：表中的数据为假设数据。

从表 6-4 的前两栏可以看出，随着门票价格的下降，希望观看这场比赛的人越来越多，当票价高于 100 欧元时，没有人愿意入场观看；而当票价低于 30 欧元时，希望购票的人数超过了体育场的容量。二者综合，就可以得到图 6-16 中的需求曲线。第三栏代表着销售门票的总收益，它等于门票价格乘以需求量，从表 6-4 中可以看出，总收益经历了一个从低到高再低的抛物线轨迹。最后一栏则是边际收益，即每多售出一张门票所增加的收益额，可以清楚地看出，边际收益是不断减少的，在票价为 50 欧元、需求量为 6 万张时，边际收益为零。需求曲线、边际收益曲线如图 6-16 所示。

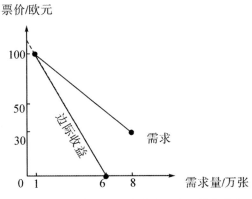

图 6-16 奥运会门票需求曲线、边际收益曲线

通过上述分析，确定开幕式门票价格就变得非常简单了，当边际成本 = 边际收益 = 0 时，即门票价格定在 50 欧元、有 6 万人进入体育场时，门票销售的利润达到最大化，其总收益是 300 万欧元，假设总成本为 30 万欧元（平均总成本为 5 欧元），则其利润为 270 万欧元。

实际上，在本例中出现了一个巧合：票价分别为 5 欧元和 6 欧元时，其总收益和利润是完全相同的，在这种情况下，票务方肯定会选择低票价以吸引更多的观众入场，从而可以从更多人身上获取其他利益，这与边际收益 = 0 也是相一致的。图 6-17 明确地表示了作为垄断者的票务方利润最大化的决定过程。

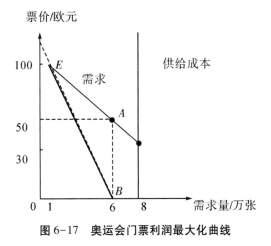

图 6-17 奥运会门票利润最大化曲线

如图 6-17 所示，本场比赛的票务商通过选择边际收益等于边际成本时的产量（B 点）来实现利润最大化。然后可以通过需求曲线找出观众购买哪种数量的价格（A 点）。

可见市场结构类型也是影响奥运会门票定价的重要经济因素之一。

5. 主办国的经济发展水平对奥运会门票定价的影响

对于任何一种商品而言，其价格必然受到当地经济发展水平的影响，对于奥运会门票来说也是如此。由于奥运会每隔 4 年在不同的国家进行，而这些国家的经济发展水平是不完全相同的，因此，在对门票定价这一问题上也会产生不同的影响。从 1984 年美国洛杉矶奥运会起，主办国国内经济发展水平就与奥运会门票的定价产生了密切的联系，因此分析主办国本身的经济发展水平与奥运会门票价格的关系也是十分必要的。

1）经济发展水平的衡量指标

可以通过许多指标对一个国家的经济发展水平进行研究，其中最为重要的指标是国内生产总值、国民生产总值和国民总收入。

国内生产总值，即 GDP，是指在某一时期一个国家领土范围内所生产的最终产品和劳务的市场价值的总和。国民生产总值，即 GNP，是指在某一时期一个国家领土范围内所生产的最终产品和劳务的市场价值的总和，加上来自国外的劳动者报酬和财产收入，减去支付给国外的劳动者报酬和财产收入的净额之和。国民总收入，即 GNI，是指在某一时期一国以当年价格（或不变价格）计算的用生产的各种生产要素所得到的报酬的总和。

以上三个指标值除以该国的人口数，即可得到人均 GDP，人均 GNP 和人均 GNI。

一般而言，无论是三个总值指标还是三个均值指标在数值上差距并不大，均可以在一定程度上反映一国经济发展水平的高低，如表 6-5 所示。

表 6-5　2005 年世界各国 GDP，GNI 前十名国家①

国家	GDP/百万美元	GDP 排名	GNI/百万美元	GNI 排名
美国	12 455 068	1	12 969 561	1
日本	4 505 912	2	4 988 209	2
德国	2 781 900	3	2 852 337	3
中国	2 228 862	4	2 263 825	4
英国	2 192 553	5	2 263 731	5
法国	2 110 185	6	2 177 670	6

---

① 数据来源：世界银行官方网站.

表6-5（续）

国家	GDP/百万美元	GDP 排名	GNI/百万美元	GNI 排名
意大利	1 723 044	7	1 724 894	7
西班牙	1 123 691	8	1 100 134	8
加拿大	1 115 192	9	1 051 873	9
印度	794 098	10	793 017	10

从表 6-5 中我们可以看出，各国 GDP 总值排名与 GNI 总值排名是基本相同的，我们不妨舍弃 GDP，而采用 GNI 为研究对象。

需要注意的是，GNI 虽然在一定程度上反映了一国的经济发展水平，但是绝对不能忽略人口数量这一重要因素，根据世界银行提供的数据，2005 年人均 GNI 排名前 5 位的国家分别是卢森堡、挪威、瑞士、丹麦和冰岛。美国名列第六，中国和印度则是在 100 名以外，而中国和印度恰好是 GNI 总值排名前 10 名中仅有的两个发展中国家。由此可见，人均 GNI 比 GNI 更为真实地反映了一国的经济发展水平，因此，我们将人均 GNI 作为衡量一国经济发展水平的指标。

2）人均 GNI 与奥运会门票价格

首先，我们分析一下历届奥运会的门票平均价格，表 6-6 列出了自 1984 年洛杉矶奥运会以来，历届奥运会（截止到 2004 年雅典奥运会）门票的平均价格，从表中可以看出，1984 年洛杉矶奥运会的平均票价明显高于随后的汉城和巴塞罗那奥运会。而到了 1996 年的亚特兰大奥运会，平均票价重新回到一个高点，到 2000 年悉尼奥运会达到最高点，2004 年雅典奥运会又有下降趋势。

表 6-6　历届奥运会平均票价（1984—2004 年部分年份）①

年份	主办国	主办城市	平均票价/美元
1984	美国	洛杉矶	27.4
1988	韩国	汉城（首尔）	10.9
1992	西班牙	巴塞罗那	26.2
1996	美国	亚特兰大	51.1
2000	澳大利亚	悉尼	82.2
2004	希腊	雅典	60.0

---

① 数据来源：国际奥委会官方网站。

其次，我们分析一下奥运会主办国人均 GNI 情况，表 6-7 列出了自 1984 年洛杉矶奥运会以来，历届奥运会主办国在主办当年的人均 GNI 值。从表 6-7 中可以看出，1984、1996、2000、2004 四届奥运会的主办国当年人均 GNI 均超过了 20 000 美元，而 1988 和 1992 两届奥运会主办国当年人均 GNI 则相对较低。

表 6-7　历届奥运会主办国当年人均 GNI（1984—2004 年部分年份）[1]

年份	主办国	主办城市	当年人均 GNI/美元
1984	美国	洛杉矶	26 200
1988	韩国	汉城（首尔）	4 300
1992	西班牙	巴塞罗那	12 480
1996	美国	亚特兰大	34 790
2000	澳大利亚	悉尼	24 970
2004	希腊	雅典	21 000

最后，我们分析一下奥运会门票价格与主办国人均 GNI 的关系，如图 6-18 所示。

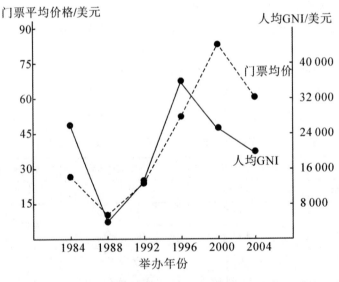

图 6-18　历届奥运会门票平均价格与举办国当年年均 GNI
（1984—2004 年部分年份）曲线

---

[1]　数据来源：世界银行官方网站。

图 6-18 是一个双纵坐标图，图中的实线是人均 GNI 曲线，虚线是门票平均价格曲线。从图 6-18 中可以看出，人均 GNI 曲线与门票平均价格曲线的形状是基本相同的，在人均 GNI 值点高的年份，门票平均价格也是比较高的，比较特殊的是 2000 年悉尼奥运会，其门票平均价格达到了最高点，但是其人均 GNI 值并不是最大的。同时，人均 GNI 最低的两年：1988 年和 1992 年相对应的门票平均价格也是最低的。

综上所述，可以得出结论：奥运会门票价格与其主办国的经济发展水平是密切相关的，在经济较为发达的国家举行奥运会，则门票价格相对较高；反之，则较低。

6. 总收支平衡对奥运会门票定价的影响

自 1984 年洛杉矶奥运会以来，历届奥运会的总收入主要由 TOP 计划、非 TOP 计划的企业赞助、出售转播权、销售纪念品和门票收入五大部分组成，虽然如前所述，门票收入是奥运会总收入的重要组成部分之一，但是对于奥运会组委会来说，在经济上，其最主要的目的是保证奥运会能够赢利，而并不仅仅是做到使门票销售赢利。因此奥运会组委会在对门票定价时还需要考虑如下两个因素：奥运会的总支出和除了门票收入之外的其他收入。

首先，我们对奥运会总收支平衡做一分析。对于一届奥运会而言，其总支出主要包括管理维护、奥林匹克运动遗产、市场、公关、仪式、交通、后勤、安全、技术、体育赛事管理、其他服务、票务、商品推销、转播、奥运村、基础设施等。而奥运会的总收入除了门票收入外还包括 TOP 计划、非 TOP 计划的企业赞助、出售转播权、销售纪念品及其他等。如表 6-8 所示。

表 6-8　亚特兰大奥运会组委会收支预算

支出项目	支出金额/百万美元	收入项目	收入金额/百万美元
管理维护	202	电视转播	568.3
奥林匹克运动遗产	58	TOP 计划	81.2
市场、公关	41	其他赞助	426.4
仪式	27	门票	425.2
交通、后勤	110	商品及其他	219.9
安全	35		
技术	202		
体育赛事管理	261		
其他服务	52		

表6-8（续）

支出项目	支出金额/百万美元	收入项目	收入金额/百万美元
票务	33		
商品推销	15		
转播	105		
奥运村	102		
基础设施	446		
储备金	32		
总计	1 721	总计	1 721

从表6-8中可以看出，亚特兰大奥组委对其支出和收入做出了详细的预算，而其中对门票收入的预算是4.252亿美元。要得到这个数字，首先需要考虑的因素就是总支出，为了确保收支平衡，在得到总支出的预算后，要使得总收入预算与总支出预算相等，即17.21亿美元。随后，奥组委需要考虑的是这17.21亿美元该如何赚取，也就是说，各项收入来源应该为这17.21亿美元分摊多大的比例，当然，也包括门票。由此可见，奥运会的总支出以及除门票外的收入在一定程度上影响了奥运会门票的收入，也必然会影响组委会对门票价格的确定。

其次，我们对1984年洛杉矶奥运会到2004年希腊奥运会，奥运会门票的总收入、门票收入占当届奥运会总收入的比例以及门票平均价格做一分析，如表6-9所示。

表6-9 历届奥运会门票收入状况

年份	主办国	主办城市	门票总收入/亿美元	所占比例/%	门票平均价格/美元
1984	美国	洛杉矶	1.56	19.5	27.4
1988	韩国	汉城（首尔）	0.36	3	10.9
1992	西班牙	巴塞罗那	0.79	4.8	26.2
1996	美国	亚特兰大	4.25	26	51.1
2000	澳大利亚	悉尼	5.51	20.3	82.2
2004	希腊	雅典	2.28	约10	60

表6-9显示，这几届奥运会的门票收入、门票收入所占总收入的比例以及门票平均价格均有一定差别。例如1984年的洛杉矶奥运会与2004年的雅典奥

运会在门票平均价格及门票总收入上均有一定的差别，但差别并不大，但是这两届门票收入占总收入的比例却有相当人的差距，其中一个主要原因是1984年洛杉矶奥运会时还没有 TOP 计划，此外，当时的奥运会能从电视转播及其他赞助所获取的收入还比较少，因此急需门票收入来填补收入空缺，而到了2004年雅典奥运会，电视转播、TOP 计划及其他赞助收入大增，因此对门票收入的要求也就不那么高了。

6.1.3　影响奥运会门票定价的政治环境、社会文化、人口因素分析

除了经济因素之外，奥运会门票的定价还受到主办国政治环境、社会文化、人口等因素的影响。

1. 主办国政治环境对奥运会门票定价的影响

政治环境因素是指有可能对企业市场营销活动带来影响的外部政治形势以及国家的方针政策。政治环境因素可大致分为政治局势、方针政策和国际关系。

对于奥运会的主办国而言，政治局势是指该国政治稳定的状况。是否拥有一个良好的政治局势对于其能否成功主办奥运会是非常必要的，对于门票定价也有重要的影响。如果政局稳定，生产发展，人民安居乐业，就会为奥运会的门票销售营造一个良好的环境；反之，则会对奥运会门票销售带来不利影响。

由于近几届奥运会主办国的政治局势均较为稳定，而国际局势在最近二十几年中也基本处于和平与发展的状态，因此政治局势这一因素并没有给奥运会门票的价格带来负面影响。

一个国家在一定时期内都要颁布一些方针政策，以推动该国在政治、经济、文化等方面不断发展前进。对于奥运会的主办国而言，该国政府也会针对奥运会而颁布一些相关的方针政策，这些政策对于奥运会门票的定价及销售都会产生一定的影响。一般而言，越是受到政府和人民强烈关注的奥运会就越会受到一些相关方针、政策的影响，其对奥运会门票的价格影响也就越大。

1988 年第 24 届韩国汉城（首尔）奥运会是一届主要凭借政府力量而举办的奥运会。由于韩国政府极力希望把该届奥运会办成一次成功的奥运会，即使是奥运会无法盈利也要让更多的观众到现场观看比赛，让全世界领略韩国蒸蒸日上的风貌，因此采取了一系列的方针、政策来销售门票，其中重要的一点就是把门票的价格定得相当低，平均票价仅为 10.9 美元。在销售过程中，他们发现门票销售状况依然不理想，于是组委会就免费组织广大学生和军人到现场观看，最终该届奥运会门票总收入仅为 3 600 万美元，这也是自 1984 年以来门

票总收入最低的一届奥运会。

国际关系在一定程度上会影响奥运会比赛的观众数量，特别是外国观众的数量，因此会在一定程度上影响门票的价格。例如，在1980年的莫斯科奥运会上，为了抗议苏联入侵阿富汗，包括美国在内的60多个国家拒绝参加该届奥运会，而到了1984年的洛杉矶奥运会，以苏联为首的东欧国家等以"预见到洛杉矶城内将发生美国所放纵的反苏抗议活动"为由联合抵制了该届奥运会。这对1984年洛杉矶奥运会的门票价格产生了一定的影响，尽管洛杉矶奥运会门票总收入为1.56亿美元，平均票价为27.3美元，但是依然有约20%的门票没有销售出去。而且若不是洛杉矶奥组委在最后时刻采取了一系列的挽救措施，这届奥运会的门票销售情况将会更为糟糕。

2. 主办国社会文化环境对奥运会门票定价的影响

社会文化是指一个社会的价值观念、风俗习惯、生活方式、民族特征、伦理道德、语言文字、教育水平、社会结构等的总和。它主要由两部分组成：一是全体社会成员所共有的基本核心文化；二是随时间变化和外界因素影响而容易改变的社会次文化或亚文化。人类在某个社会中生活，必然形成某种特定的文化。不同国家、不同地区的人民，不同的社会与文化，代表着不同的生活方式，对同一产品可能持有不同的态度。奥林匹克运动与现代文化的各个方面都有着密切的联系，这些不仅会对奥林匹克运动的发展产生重要的影响，而且会直接影响到奥运会门票的定价。下面做一些具体分析。

1）价值观念

价值观念是人们对社会生活中各种事物的态度、评价和看法。在不同的文化背景下，人们的价值观念差别是很大的。例如在西方一些发达国家，大多数消费者都追求生活上的享受，崇尚超前消费。而在我国，勤俭节约则是民族的传统美德。因此，对于奥运会的主办国而言，一方面，应在国内宣传本国的价值观念与外国的价值观念的差异；另一方面，应向国外观众积极宣传本国的价值观念

2）风俗习惯

风俗习惯是人们根据自己的生活内容、生活方式和自然环境，在一定的社会物质生产条件下长期形成，并世代相袭而成的一种风尚和由于重复、练习而巩固下来并变成需要的行动方式等的总称。它在饮食、服饰、居住、信仰、节日、人际关系等方面，都表现出独特的心理特征、伦理道德、行为方式和生活习惯。不同国家、不同民族有不同风俗习惯，如对图案、颜色、数字、动植物等都有不同的喜好和不同的使用习惯，因此对这些问题的了解也是非常重要的。

对于奥运会主办国而言，最重要的就是在宣传本国及外国风俗习惯的同时，尽量尊重外国观众的风俗习惯，在各个方面做到让有不同风俗习惯的观众感到宾至如归，这样才能吸引更多的观众和游客，从而促进门票的销售。

3）语言文字

语言文字是人类交流的工具，是文化的核心组成部分之一。不同国家、不同民族往往都有自己独特的语言文字，但英语是国际通用语言，因此主办国英语的普及程度至关重要。以 1996 年第 26 届美国亚特兰大奥运会和 2000 年第 27 届澳大利亚悉尼奥运会为例，这两届奥运会良好的门票销售状况与这两个国家以英语为母语有密切的关系。

4）教育水平

教育水平是指消费者受教育的程度。一个国家、一个地区的教育水平与经济发展水平往往是一致的。不同的文化修养表现出不同的审美观，购买商品的选择原则和方式也不同。教育水平的高低影响着消费者的心理、消费结构等。

《奥林匹克宪章》明确地指出：奥林匹克主义是将身、心和精神方面的各种品质均衡地结合起来，并使之得到提高的一种人生哲学。它将体育运动与文化和教育融为一体。奥林匹克主义所要建立的生活方式是以奋斗中所体验到的乐趣、优秀榜样的教育价值和对一般伦理基本原则的推崇为基础的。

由此可见，以奥运会为核心的奥林匹克运动本质上就是一种高层次的教育活动，而这种教育活动需要安排在教育水平较高的国家或地区来进行才可以尽可能大地实现其价值。纵观近几届奥运会，其主办国均是教育水平较高的国家，主办国的人民更容易接受奥运会这一高层次的活动，因此对于奥运会门票的价格产生了正面的影响。

5）宗教信仰

不同的宗教信仰有不同的文化倾向和戒律，从而影响人们认识事物的方式、价值观念和行为准则，影响着人们的消费行为。据统计，全世界有基督教教徒 10 亿多人，伊斯兰教教徒 8 亿多人，教徒信教不同，其信仰与禁忌也不同。一个对宗教信仰较为开放的奥运会主办国更容易吸引更多的拥有不同宗教信仰的观众和游客，从而进一步影响到奥运会门票的价格。

3. 主办国人口数量对奥运会门票定价的影响

由于每届奥运会均是在某一个国家举行，因此主办国的观众人数无疑在总观众人数中占据了相当大的比例，而该国人口数量的多少在一定程度上会决定该国观看奥运会的观众人数，从而进一步影响到奥运会门票的价格。

表 6-10 列出的是 1984—2004 年，历届奥运会主办国的人口数量及奥运会门票的平均价格。

表 6-10　历届奥运会平均票价与举办国当年人口数（1984—2004 年部分年份）①

年份	主办国	主办城市	该国当年人口/亿人	平均票价/美元
1984	美国	洛杉矶	2.36	27.4
1988	韩国	汉城（首尔）	0.42	10.9
1992	西班牙	巴塞罗那	0.39	26.2
1996	美国	亚特兰大	2.6	51.1
2000	澳大利亚	悉尼	0.18	82.2
2004	希腊	雅典	0.11	60

由表 6-10 可以得到图 6-19。

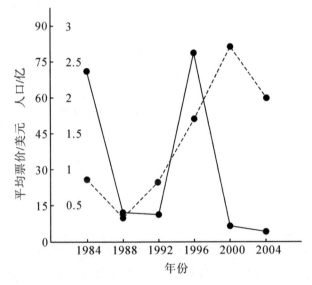

图 6-19　历届奥运会门票平均价格与举办国当年人口（1984—2004 年）曲线

从图 6-19 中可以看出，从 1984 年第 23 届美国洛杉矶奥运会到 1996 年第 26 届美国亚特兰大奥运会，这四届奥运会主办国的人口数与门票平均价格存在着一定的正相关关系。但是，2000 年第 27 届澳大利亚悉尼奥运会和 2004 年第 28 届希腊雅典奥运会的数据却否定了这种正相关关系。根据北京奥组委于

---

① 数据来源：国际奥委会官方网站、联合国官方网站。

2006 年 11 月 29 日公布的奥运会门票价格，58%的门票价格低于 100 元（约 12.5 美元），这与中国的人口数量形成了鲜明的对比。由此可见，奥运会举办国的人口数对奥运会门票价格有一定的影响，但是这种影响是不确定的。

6.1.4　奥运会赛事本身的特点对奥运会门票定价的影响

对于任何一种商品而言，影响其定价的因素有很多，而这些影响因素都是围绕着这种商品所展开的，这种商品本身的优劣程度在很大程度上会影响到该商品的价格。例如一本书，其是否好看、是否吸引读者等因素将会影响到该书的价位；一瓶饮料的价格在很大程度上受到其是否好喝、是否符合人们的口味等因素的影响；对于奥运会门票这一商品而言，其商品本身即奥运会比赛本身的特点在很大程度上会影响到奥运会门票的定价。

1. 项目差异对奥运会门票定价的影响

四年一度的夏季奥林匹克运动会是世界上规模最大、竞赛水平最高的综合性体育运动会，一般而言，每届奥运会都有 30 个左右的比赛大项，而这些比赛项目的门票价格是不尽相同的，总体来看，在最近几届奥运会中，门票价格最高的几个项目为篮球、游泳（含跳水）、田径、体操、足球、网球和排球，而门票价格最低的几个项目为垒球、射箭、射击、皮划艇、现代五项、乒乓球、击剑、跆拳道和手球。

其中，有一些比赛项目的门票价格始终在较高的价位上，如篮球、游泳（含跳水）、田径、体操等。而有些项目的门票价格则始终处在较低的价位上，如射击、射箭、赛艇等。还有一些项目的门票价格则是在高低之间徘徊，如排球在 2000 年悉尼奥运会上居然只排在门票价格的第 29 位，与其排在几个票价最高的项目的地位极不相称。

下面我们以 2008 年北京奥运会为对象做一分析。

2008 年北京奥运会所设的 28 个大项包括：游泳（含跳水）、射箭、田径、羽毛球、篮球、足球、棒球、拳击、皮划艇、击剑、马术、自行车、体操、柔道、曲棍球、现代五项、赛艇、帆船、射击、垒球、乒乓球、跆拳道、网球、铁人三项、排球、举重、摔跤、手球。

我们综合各个方面的因素，选取了以下城市作为调查区域进行了问卷调查，这些城市如下。

经济发达城市：北京、上海、广州、深圳。

体育运动代表城市：沈阳、大连、西安、成都、武汉。

奥运会比赛城市：天津、青岛、香港。

小城镇：广东顺德、浙江绍兴、山东济南华山镇。

我们针对中国观众对不同比赛的了解程度、去现场观看的兴趣程度及可接受的门票价格进行了调查，调查的内容主要包括以下三方面。

1）观众对比赛的了解程度

按照人们对不同比赛项目的了解程度排序，可以将北京奥运会的28个比赛项目分为以下四类，如表6-11所示。

表6-11　观众对奥运会比赛项目了解程度[①]

了解程度	了解比例	比赛项目
较高	65%以上	游泳（含跳水）、乒乓球、足球、体操、篮球、排球、田径、羽毛球
一般	35%~65%	举重、射击、网球
较低	20%~35%	拳击、柔道、射箭、自行车、摔跤、击剑、帆船、跆拳道
很低	20%以下	棒球、赛艇、马术、手球、铁人三项、皮划艇、垒球、曲棍球、现代五项

其中，受访者对于游泳（含跳水）和乒乓球的了解程度最高，其了解比例均超过了80%。从表6-11中可以看出，在中国观众了解程度较高的项目中，游泳（含跳水）、体操、篮球、排球、田径、足球等项目属于历届奥运会门票价格较高的项目，而乒乓球、羽毛球等则是历届奥运会门票价格一般、甚至较低的项目。而在中国观众了解程度较低的项目中，皮划艇、垒球、曲棍球、现代五项等项目历届奥运会的门票价格都较低，而棒球、赛艇、马术、手球等项目也不属于历届奥运会门票价格较高的项目。

2）观众对去现场观看的兴趣程度

在调查中，我们用4分制来表示观众对现场观看比赛的兴趣程度，4分表示观众对该项目非常有兴趣，0分则表示观众对该项目毫无兴趣，调查结果如表6-12所示。

表6-12　观众对奥运会比赛项目兴趣程度

比赛项目	兴趣度	比赛项目	兴趣度
游泳（含跳水）	3.40	拳击	2.22
乒乓球	3.35	棒球	2.21

---

① 表6-11~表6-18、图6-20~图6-23数据均来源于内部资料。

表6-12(续)

比赛项目	兴趣度	比赛项目	兴趣度
足球	3.24	铁人三项	2.18
体操	3.24	马术	2.14
排球	3.17	垒球	2.12
篮球	3.15	现代五项	2.02
田径	3.13	手球	2.02
羽毛球	3.12	皮划艇	1.99
网球	2.61	曲棍球	1.98
射击	2.57	帆船	1.88
举重	2.51	柔道	1.87
射箭	2.38	自行车	1.86
击剑	2.34	摔跤	1.85
跆拳道	2.27	赛艇	1.73

通过表6-12我们把这28个项目分为三大类，即热门赛事、普通赛事和冷门赛事，如表6-13所示。

表6-13　奥运会比赛项目分类

赛事类型	兴趣度	比赛项目
热门赛事	3以上（平均3.23）	游泳（含跳水）、乒乓球、足球、体操、排球、篮球、田径、羽毛球
普通赛事	2~3（平均2.28）	网球、射击、举重、射箭、击剑、跆拳道、拳击、棒球、铁人三项、马术、垒球、现代五项、手球
冷门赛事	2以下（平均1.88）	皮划艇、曲棍球、帆船、柔道、自行车、摔跤、赛艇

从表6-13中可以看出，中国观众认为的热门项目，如游泳（含跳水）、足球、体操、排球、篮球、田径等属于历届奥运会门票价格较高的项目，而乒乓球、羽毛球等项目则是历届奥运会门票价格一般甚至较低的项目。而中国观众认为的冷门项目的曲棍球、皮划艇、手球、现代五项、垒球、马术、铁人三项等均属于历届奥运会门票价格一般或者较低的项目。

通过比较了解度与兴趣度表我们不难发现，游泳（含跳水）、乒乓球、足球、体操、篮球、排球、田径、羽毛球这八项中国观众了解程度较高的比赛恰恰正是兴趣度最高的比赛，也就是热门比赛；同时，网球、射击、举重等中国观众了解度一般的比赛，其兴趣度也一般；而像赛艇、皮划艇、曲棍球等了解度较低的比赛，其兴趣度也是比较低的。

因此，观众对比赛的了解程度与其去现场观看兴趣度之间存在着一定的正相关关系，故提高观众对比赛的了解度对于提高其去现场观看比赛的兴趣是非常有益的。

3）观众对门票的可接受价格

调查结果显示，中国的观众对于八项热门赛事的价格感受非常接近，如表6-14所示。

表6-14　热门比赛项目可接受门票价格

比赛项目	平均可接受价格/元	比赛项目	平均可接受价格/元
篮球	345	田径	300
排球	305	游泳（含跳水）	300
乒乓球	300	羽毛球	300
体操	350	足球	360

根据上述数据，我们把300元设为热门赛事门票的可接受价格。同时，普通赛事与冷门赛事的门票可接受价格分别为200元和150元。

表6-15、表6-16、表6-17列出了当门票可接受价格分别为300元（热门项目）、200元（普通项目）和150元（冷门项目）时，愿意去现场观看比赛的观众人数。

表6-15　300元票价接受人数（热门项目）

具体项目	15个城市观看赛事的人口规模	可接受的观看人数
游泳（含跳水）	7 309 315.2	2 036 074.8
乒乓球	6 559 427.6	1 765 504.8
足球	8 167 174.6	2 343 192.4
体操	5 865 374.8	1 648 292.9
排球	4 675 861.6	1 269 538.3
篮球	5 585 857.5	1 645 608.4
田径	4 454 472.2	1 114 082.3
羽毛球	4 056 888.9	1 169 347.4

表 6-16　200 元票价接受人数（普通项目）

具体项目	15 个城市观看赛事的人口规模	可接受的观看人数
网球	853 165.6	280 359.1
射击	718 757.0	236 191.0
举重	576 032.5	189 290.2
射箭	546 296.3	179 518.6
击剑	388 865.9	127 785.4
跆拳道	617 584.2	202 944.6
拳击	892 220.7	293 193.0
铁人三项	186 977.5	48 686.1
马术	643 204.2	167 480.7
垒球	112 632.5	29 327.8
现代五项	144 824.1	37 710.0
手球	74 143.6	19 305.9
棒球	273 742.8	89 954.7

表 6-17　150 元票价接受人数（冷门项目）

具体项目	15 个城市观看赛事的人口规模	可接受的观看人数
帆船	1 502 603.1	493 770.9
柔道	561 432.7	184 492.6
自行车	408 406.4	134 206.6
摔跤	288 794.6	94 900.9
赛艇	196 731.5	64 648.0
皮划艇	117 582.7	30 616.8
曲棍球	59 187.2	15 411.5

从表 6-15、表 6-16、表 6-17 中可以看出，当热门赛事的门票价格为 300 元时，15 个城市市民的观看意愿是非常高的，八个项目的观众规模在 110 万人至 240 万人。以乒乓球为例，愿意花 300 元购票入场的观众约为 180 万人，而北京大学体育馆（乒乓球馆）一次最多可容纳 8 000 人，如果不考虑预赛、决赛的影响，大约需要 225 场比赛才能满足如此多的观众，可见，热门赛事肯定会出现一票难求的局面，同时，也可能会使热门比赛的门票价格高于 300 元。

对于普通赛事，当门票价格定为 200 元时，能够接受此价格的观众规模约在 6 万人至 50 万人。以网球为例，大约有 28 万人愿意购买 200 元的门票入场观看，而奥林匹克公园网球中心一次最多可容纳 16 000 人，如果不考虑预赛、决赛的影响，大约是 18 场比赛的观众量，可见，普通赛事需要进行进一步的票务推广才能保证较高的上座率，否则，普通赛事的门票价格可能会低于 200 元。

对于冷门赛事而言，当票价定为 150 元时，能够接受此价格的观众规模不超过 10 万人，因此冷门赛事的上座率会面临较大挑战，同时，其门票价格也可能会低于 150 元。

通过前面的分析，本书认为，比赛项目、兴趣度与可接受价格的关系如表 6-18 所示。

表 6-18　奥运会比赛项目平均兴趣度与门票可接受价格关系

比赛项目	平均兴趣度	可接受价格/元
热门	3.23	300
普通	2.28	200
冷门	1.88	150

表 6-18 还可以通过图 6-20 表示。

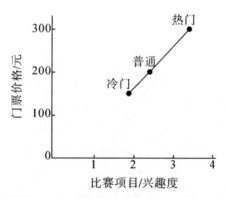

图 6-20　奥运会比赛项目平均兴趣度与门票可接受价格曲线

从图 6-20 中可以看出，不同的比赛项目对门票价格的影响是非常大的。一般而言，普通赛事的票价约为热门赛事的 2/3，而冷门赛事的票价约为热门赛事的 1/2。

综上所述，观众去现场观看比赛的兴趣程度受其对该项比赛了解程度的影响。一般而言，观众越是了解的比赛，就越有兴趣去现场观看。奥运会的所有比赛项目可以根据观众去现场观看比赛的兴趣度划分为热门、普通和冷门三大类型，不同类型的门票价格之间差距较大，而同种类型不同项目之间的门票价格差距较小，这就是比赛项目对奥运会门票价格的影响。

2. 非项目差异对奥运会门票定价影响

在奥运会比赛中，不仅仅是不同的比赛项目的门票价格不同，相同比赛项目的票价也会有所区别，如几乎所有项目比赛的决赛票价都要高于其预赛票价，因此，除了比赛项目不同之外，还有许多原因在影响着门票价格。

1）比赛阶段对门票价格的影响

奥运会的比赛一般分为预赛和决赛两个阶段，其预赛规模受到参赛选手、团队的数量及相关比赛规则的影响，而决赛一般都采取"一场定胜负"的形式。对于同一项比赛而言，在观众的心目中，决赛比预赛的分量要重得多。

调查结果显示，人们认为决赛的门票价格应为预赛门票价格的 2.6 倍，且热门项目的预、决赛门票价格差距会更大，如在假设足球预赛门票价格为 100元时，人们认为其决赛门票的平均价格约为 510 元，后者是前者的 5.1 倍；而非热门项目的差距则较小，如在假设皮划艇预赛门票价格为 100 元时，人们认为其决赛门票的平均价格约为 150 元，后者仅为前者的 1.5 倍，如图 6-21 所示。

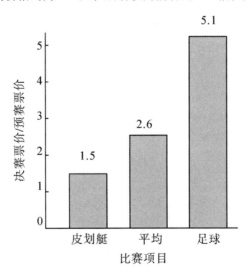

图 6-21　不同项目决、预赛门票价格倍数关系

这里，我们再以 2006 年德国世界杯足球赛为实例进行分析。2006 年德国世界杯足球赛各个阶段的最高、最低票价如表 6-19 所示。

表 6-19　2006 年德国世界杯足球赛不同阶段票价①

比赛阶段	最高票价/欧元	最低票价/欧元
小组赛	120	35
1/8 决赛	150	55
1/4 决赛	220	70
半决赛	480	110
3、4 名决赛	150	60
决赛	720	180

从表 6-19 中可以看出，决赛的最高票价是预赛（小组赛）最高票价的 6 倍，而决赛最低票价是预赛（小组赛）最低票价的 5.1 倍。

比赛阶段的不同对于门票价格有相当大的影响，而对于不同项目而言，其决赛与预赛之间的票价差也是不同的。

2）座位位置对门票价格的影响

在体育比赛中，座位位置的不同对门票的价格有很大的影响。观看比赛的位置可分为位置最好座席、位置一般座席和位置较差座席。调查结果显示，"比较重视观看效果，但是从经济上考虑会选择观看效果一般的普通座席区"的观众比例达到了 68.4%；有大约 23% 的观众表示"最重要的是能够亲身感受比赛现场的气氛而非观看效果，因此会选择票价便宜的座席区"，而只有 8.6% 的观众认为"不管价格如何都会选择观看效果最好的座席区"，如图 6-22 所示。

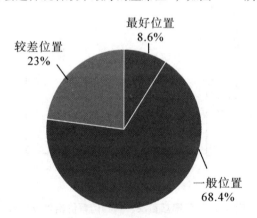

图 6-22　观众选择奥运会赛场座位

---

①　数据来源：德国世界杯组委会官方网站。

对于不同位置的门票价格应该相差多少这一问题，调查结果显示：大部分观众认为当较差位置的门票价格为 100 元时，一般位置的门票价格应约为 165元，而最好位置的门票价格约为 240 元，也就是说，一般位置的门票价格是较差位置门票价格的 1.65 倍，而最好位置的门票价格则是较差位置门票价格的2.4 倍，如图 6-23 所示。

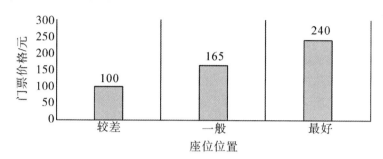

图 6-23　奥运会赛场不同座位门票价格图

我们再以 2006 年德国世界杯的门票价格作为实例进行分析，如表 6-20所示。

表 6-20　2006 年德国世界杯足球赛不同座位票价　　单位：欧元

比赛阶段	最好位置票价	一般位置票价	最差位置票价
小组赛	120	67.5	35
1/8 决赛	150	82.5	55
1/4 决赛	220	125	70
半决赛	480	235	110
三四名决赛	150	85	60
决赛	720	355	180

通过对表 6-20 的计算得出：一般位置的门票价格是较差位置门票价格的1.42 倍至 2.13 倍，最好位置的门票价格则是较差位置门票价格的 2.5 倍至4.36 倍。可见，赛场座位位置的不同对于门票价格有相当大的影响。

3）比赛水平与明星效应

比赛水平与明星效应具有不同的含义，比赛水平的高低主要体现在比赛是否进行得紧张激烈；而明星效应主要体现在是否有让观众非常喜爱的明星选手参加。但是，二者从某个角度上看又是相辅相成的。水平高的比赛必然有明星选手参加，而明星选手参加的比赛必然是高水平的比赛。因此，比赛水平与明星效应联系在一起，共同对门票价格产生影响。

奥运会的比赛聚集了众多的明星，这在很大程度上决定了奥运会的门票价格要高于其他的综合性体育运动会，如洲际或地区性运动会。在2004年雅典奥运会上，中国篮球运动员姚明就充分体现出了明星效应的巨大作用。中国男篮与西班牙、新西兰两役的门票销售都超过九成，远远高于这一项目除东道主希腊队外任何一队比赛的门票销售率。当然，这并不意味着奥运会的每个比赛项目都是世界上水平最高的项目，奥运会也不可能吸引世界上所有的明星运动员来参加。足球就是其中最典型的例子，由于种种原因，奥运会男子足球赛的参赛选手绝大多数都是23岁以下的年轻选手，其比赛水平无法与世界杯足球赛相比，其明星效应自然也是远逊于世界杯，这也就是世界杯足球赛的门票价格要高于奥运会足球赛的主要原因。此外，网球、拳击等比赛项目也受到了各种原因的影响。

4）主办国观众对本国选手比赛成绩的预期

奥运会主办国的观众无疑是奥运会门票购买者的重要组成部分，而本国选手的表现在很大程度上影响了观众是否去现场观看比赛，进而影响到了门票价格的高低。

纵观近几届奥运会，本国选手有望取得好成绩的比赛项目往往是当届奥运会的热门项目，其门票价格一般都较高，如在1988年的汉城（现首尔）奥运会上，首次成为奥运会正式比赛项目的乒乓球比赛的门票价格在所有比赛的门票价格中名列前茅，这是与韩国观众对韩国选手的极高预期分不开的；1996年亚特兰大奥运会，篮球、田径、游泳（含跳水）的门票价格最高，因为美国选手在这几项比赛中有明显优势；而到了2000年的悉尼奥运会，游泳（含跳水）比赛的门票价格也由于澳大利亚观众对本国选手的高度期待而一路飙升。

对于普遍认为的冷门项目，奥运会举办国的观众对于本国选手表现的预期也会在一定程度上影响奥运会门票的价格，在对中国观众进行的"中国观众对不了解的赛事最希望了解的内容"的调查中，34.2%的观众选择了"本国代表团的竞技水平"，这一比例高于"比赛规则""参赛选手情况"等选项。

6.2 F1 大奖赛现场观众结构及门票定价研究

随着我国经济的发展，体育产业逐渐显示出其发展潜力，体育赛事是体育产业的核心部分，其经济效益与社会效益越来越为人们所重视。F1 中国大奖赛（上海站）是 2004 年我国引进的一项大型单项体育赛事，作为全球三大商业赛事之一，F1 中国大奖赛（上海站）的经济效益受到人们的广泛关注。

据 AC 尼尔森调查的结果显示：早在上海举办的 2004 年 F1 中国大奖赛，其门票收入约为 2.48 亿元，仅门票销售一项就为上海带来了 1 240 万元的税收收入；其对旅游业的拉动则给政府创造了多达 8 340 万元的税收。然而，在随后的几年内，由于种种原因，F1 中国大奖赛门票销售的收益起伏不定，并未达到人们的预期。

众所周知，门票是赛事收益的重要组成部分，其也是反映商业性赛事上座率高低的重要因素，对于赛事的品牌形象、市场开发以及其他方面的增长和影响有着至关重要的作用和意义。因此，如何提高门票销售的收益，从而在一定程度上提升 F1 中国大奖赛的经济效益，推进 F1 在我国的持续发展，则是人们的关注热点。门票销售可谓体育赛事运作至关重要的一环。

门票销售与现场观众的结构特征具有比较紧密的关联，本书拟通过近几年对 F1 中国大奖赛现场观众的调查，针对 F1 中国大奖赛的门票销售策略进行探讨，通过对观众结构的分析，以及相应门票销售策略的研究，为政府对我国大型体育赛事的管理决策提供参考依据，为相关的赛事运作机构对我国大型体育赛事的市场运作提供借鉴。

6.2.1 研究对象与方法

1. 研究对象

本书选取了 2014 年、2016 年、2018 年在上海举办的 F1 中国大奖赛现场观众作为研究对象。

1. 研究方法

1）文献资料法

查阅了 2004 年至今在全国体育期刊、报纸和 Intel 互联网中有关 F1 中国大奖赛的文章，在上海国际赛车研究中心查阅了有关 F1 赛事的数据和研究报告，同时，阅读了我国竞赛表演市场的有关文章，并查阅我国相关的法规和政策，从而为本书提供了必要的研究基础。

2）访谈法

通过面谈、电话和书信等方式，对体育赛事运作机构的负责人、研究 F1
赛事的学者进行访谈，着重了解 F1 中国大奖赛管理经营状况、门票销售所采
取的策略，并征求其对于门票销售策略的意见和建议。

3）问卷调查法

笔者在查阅文献资料和征求专家意见的基础上，遵循体育科研方法中问卷
设计的基本原则和标准化要求设计问卷，对 2018 年 F1 中国大奖赛现场观众结
构进行调查。

（1）问卷的效度检验

问卷设计完成后，邀请对体育赛事运作比较熟悉的 9 位专家对问卷进行了
效度评价。在对专家的意见归纳整理后，补充和修改了问卷。

（2）问卷的制定、发放与回收

广泛查阅文献资料，遵循体育科研方法中问卷设计的基本原则和标准要
求，设计"2018 年 F1 中国大奖赛现场观众赛事服务满意度及相关情况调查"，
并请专家对调整后的问卷进行效度评定，前后经历了 2 次修改。本次调查问卷
由两大部分构成：第一部分主要了解观众的性别、年龄、居住地、受教育程度
以及职业特征等基本情况，以此了解观众的市场特性；第二部分对影响观众观
看 2018 年 F1 中国大奖赛的动机和满意度的因素进行调查，按照调研计划，于
2018 年 10 月 17—19 日，对 2018 年 F1 中国大奖赛举行 3 天的问卷调查，分别
发放了 150 份、350 份、500 份问卷。问卷设有 18 道题目，所有的调查问卷均
是在调查员一对一的情况下由观众自己填写，当场收回。随机发放问卷 1 000
份，收回问卷 998 份。除去 3 份无效问卷，共获得有效问卷 995 份，有效率
为 99.5%。

4）数理统计法

本书对调查所获得的数据，结合上海国际赛车研究中心提供的 2014 年和
2016 年的调研数据，采用 SPSS19.0 软件进行录入及分析。分析类型主要为单
变量的描述统计和双变量的交叉分析统计。

6.2.2 结果与分析

1. 关于 F1 中国大奖赛的观众情况调查

F1 赛事拥有大量的观众，是目前世界上现场观众人数最多的体育赛事之
一。2004 年上海开始承办第一届中国大奖赛，在国内掀起了一股 F1 赛车热

潮，吸引大量观众加入车迷行列。截至 2018 年 F1 中国大奖赛，5 年来总共有 100 万人次到上海国际赛车场（以下简称"上赛场"）现场观看 F1 中国大奖赛。根据央视索福瑞的统计显示，F1 中国大奖赛每年都吸引大约 1 亿观众关注电视转播。可见，随着 F1 的进驻，中国的 F1 车迷群体不断地壮大，F1 赛车文化也得到快速普及。

1）历届 F1 中国大奖赛观众人数统计

根据 F1 赛事组委会相关资料统计整理，从历届 F1 中国大奖赛现场观众人数可知，对于一次可以容纳 20 万人同时观赛的上赛场来说，3 天 20 多万人的上座率还是比较低的。同时也可以看出，年度间 F1 上海站比赛现场观众数的波动幅度也较大，2018 年 3 天的现场观众总人数还不及 2016 年正赛日人数。这些数据背后，每年都有其不同的原因。2014 年是 F1 中国大奖赛首年，很多人抱着"尝鲜"的态度前往上赛场观赛，国际汽联为照顾中国站，刻意将倒数第二站的比赛安排在上赛场，而这通常是提前产生车手或者车队冠军的赛事。2015 年，F1 新规则的出台对车手及车队都产生了颠覆性的影响。往年，法拉利车队常常"一家独大"的态势使赛事几乎成为车队内车手之间的排名游戏，而 2015 年新规则的调整，则使得本来毫无悬念的比赛变得扑朔迷离，冠军争夺只有到最后一站才能最终产生，而上海的比赛又恰为闭幕之战，所以吸引了大量观众。2016 年，F1 中国大奖赛在十一黄金周期间举行，为聚集人气，其门票销售采用了提前订票即可享受九折优惠的策略。2017 年是 F1 中国站现场观众人数出现大幅下滑的一年。这一年，上赛场取消了赠票，影响了现场观赛的上座率，但上赛场副总表示这一年的散客票"卖得非常多"。此外，由于比赛是在十一黄金周最后一天（10 月 7 日）举行，很多外国汽车公司的客户都不愿意因 F1 而搅乱自己 7 天的假期，加之媒体不愿意参加赛前推广活动，致使现场观众人数第一次少于 20 万。2018 年，由于新进入的新加坡大奖赛安排在中国大奖赛之前，使得中国大奖赛的时间离黄金周越来越远，组委会也无法再依靠黄金周来聚集人气，观众人数再次出现下滑。

2）F1 中国大奖赛观众结构的基本特征

（1）性别构成。2018 年 F1 中国大奖赛期间，现场观众中男性比例明显高于女性。调查结果显示，男性观众（652 人，占 65.5%）为女性观众（343 人，占 34.5%）数量的近两倍。

（2）年龄构成。根据上海国际赛车研究中心提供的数据，结合 2018 年的调查，F1 现场观众的年龄构成如图 6-24 所示。

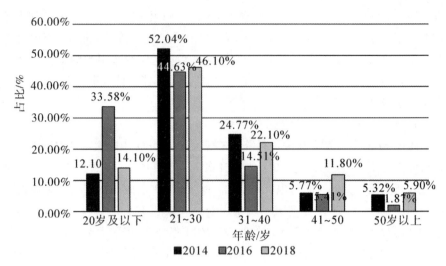

图6-24 2014年、2016年、2018年现场观众各年龄层次构成比例

由图6-24可以看出，2014年、2016年和2018年的现场观众中，21~30岁年龄段的人数所占的比例始终是最大的，且每年比例，比较稳定。30岁及以下现场观众所占比例2014年为64.14%，2016年为78.21%，2018年为60.20%，所占比例均在60%以上。由此可以看出，F1中国大奖赛现场观众主要由30岁及以下的年轻群体构成。

（3）文化程度构成。据上海国际赛车研究中心提供的数据，F1中国大奖赛观众绝大多数为大专及本科学历，尤其是以本科学历的观众为主（表6-21）。

表6-21 2014年、2016年、2018年现场观众文化构成比例　　单位:%

年份	学历		
	大专以下	大专及本科	本科以上
2014	26.25	55.13	18.62
2016	14.79	77.08	8.13
2018	14.30	69.50	16.20

从表6-21可以看出，2014年现场观众中学历在大专及本科层次的比重为55.13%，2016年这个比例已经达到了77.08%，2018年为69.50%，占现场观众人数的2/3。可见，F1中国大奖赛现场观众中大专及本科文化程度的观众所占的比重最高。

（4）居住地构成。现场观看 2018 年 F1 中国大奖赛的观众，主要居住地为
上海市的，占总数的 59.2%，来自中国其他城市的观众占 30.85%，而境外观
众则占到了 9.95%。可见，F1 中国大奖赛现场观众以本地观众为主。

（5）现场观众的月收入情况。从收入水平来看，月收入低于 1 000 元的观
众占 20.7%，月收入 10 000 元以上的观众占 24.12%（表 6-22）。

表 6-22　2018 年 F1 中国大奖赛现场观众月收入统计（$N = 995$）

收入/元	频数	%	排序
1 000 以下	206	20.7	2
1 000~1 999	58	5.8	7
2 000~3 999	200	20.1	3
4 000~5 999	164	16.5	4
6 000~7 999	62	6.2	6
8 000~10 000	65	6.5	5
10 000 以上	240	24.1	1

（6）行业分布。从行业分布情况看，排在前 3 位的分别是其他（以学生
为主）、金融、保险、房地产以及汽车行业，其余分布则较为分散（表 6-23）。

表 6-23　2018 年 F1 中国大奖赛现场观众所属行业情况统计

所属行业	频数	%
教育事业	80	8
公用事业	40	4
汽车行业	86	8.6
科研/政府机构	46	4.6
进出口贸易	65	6.5
餐饮/旅游业	23	2.3
法律	28	2.8
IT 企业	65	6.5
销售行业	83	8.3
交通运输	31	3.1

表6-23(续)

所属行业	频数	%
传媒/广告业	34	3.4
金融/保险/房地产	89	8.9
其他	325	32.7

（7）F1 中国大奖赛观众选择观赛的方式。通过对现场观众的调查发现，仅有 8.8% 的观众独自前来观赛，其余都是结伴而来，其中朋友（占 40%）、家属（占 23.2%）、情侣（占 15%）等关系占据前 3 位，工作伙伴占 10.6%，其他占 2.4%。

2. F1 中国大奖赛现场观众结构与门票销售的关联

2018 年 F1 中国大奖赛门票单日票中最便宜的为周五练习赛 C 看台和 E 看台的门票，票价为 180 元；最贵的为 19 日正赛的副看台 K，售价为 1 980 元；3 日套票中，最便宜的为草地票，价格为 380 元；最贵的是 A（主）看台上层，该位置可纵览整个赛场，正对维修区，可以看到第一弯和维修区出入口，售价达 3 980 元。门票作为观众现场观赛的必要消费，一般来说是观众现场观看 F1 中国大奖赛消费额中最大的一笔。研究现场观众结构，分析其结构特征与门票销售的关联，有利于有针对性地开展赛事的门票销售工作，以便吸引更多的观众购买门票到现场观看比赛。

1）现场观众的成分结构与门票来源

获得门票的途径一般有两类：一类是赠票，即赛事承办方免费赠送的门票；另一类是通过付款购买的门票。购票目的又分为两种：一种是因为自己需要看比赛而买票，是消费者为满足自我去买票；另一类是买票赠送给别人看，不论是赠送给亲朋好友抑或是客户员工，均属于为了维持良好的公共关系而买票。赠票的目的有三个：一是承办方赠送给相关的部门和个人，也是为了维持良好的公共关系；二是为了营造赛场气氛，如组织啦啦队（其中有的啦啦队也是买票入场）；三是为了避免空座太多，被动临时组织人进场观看（表6-24）。

表 6-24　2014 年、2016 年、2018 年 F1 中国大奖赛现场观众门票来源比例

单位:%

年份	自行购买	单位发放	亲友赠送	业务往来	其他
2014	47.0	15.0	38.0	——	——
2016	8.1	50.0	28.0	7.4	6.5
2018	43.3	10.9	30.1	9.6	6.1

　　表 6-24 显示，2014 年现场观看 F1 中国大奖赛的观众有 47% 是通过自行购买获得门票的，其余接受赠票或单位发放门票的观众比例则超过了一半。而在 2016 年的现场观众中，只有 8.1% 的观众是自行购买门票，非自行购买的比例高达 92%。2018 年自行购买的比例虽然达到了 43.3%，但是非自行购买的观众比例还是超过了一半。年度间业务往来购票的比例基本稳定。可见，目前在中国真正热爱赛车运动，对 F1 中国大奖赛有认同感，并愿意自行花钱购买门票的人还不是很多。

　　据 2018 年的调查，现场观赛观众门票来源与其月收入之间存在着一定的关联。除月收入为 1 000 元以下的观众多以亲友赠送为主，其余各个收入群体均以自行购买为主要来源，其次为亲友赠送。值得指出的是，对于 10 000 元以上收入观众来说，业务往来是其第二个门票来源，而业务往来对 6 000~10 000 元收入的观众则是第三个门票来源，说明 6 000 元以上高收入群体中，业务往来也是其门票的重要来源之一（图 6-25）。

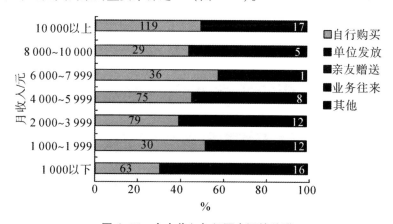

图 6-25　个人收入与门票来源的关联

　　现场观赛观众门票来源与其居住地之间存在着一定的关联。如图 6-26 所示，根据现居地划分，居住在上海的观众门票来源多以亲友赠送为主，而国内

非上海市和境外的观众均以自行购买为主要门票来源途径；根据门票来源划分，通过业务上往来而得到门票的观众中，境外观众所占的比例更多，说明境外将赠送客户赛事门票作为维系业务的手段之一，较之国外而得到门票的观众，国内观众的比例较为接近，并且高于国外观众的比例，说明在国内，单位通常将发放赛事门票作为企业福利之一。

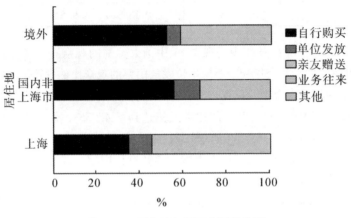

图 6-26 居住地与门票来源的关联

2）现场观众结构与门票价格

（1）现场观众居住地与门票价格。现场观众居住地与门票价格之间存在着一定程度的关联（图 6-27）。按现居地划分，非上海的观众购买 3 980 元的 A 看台上层门票的比例在各自的区域内都最高，可见，从外地或外国来上海观看 F1 中国大奖赛的观众比较喜欢购买高价格、视野好的看台门票。另外，较之上海的观众，其各个价格门票的购买情况差异也较大。

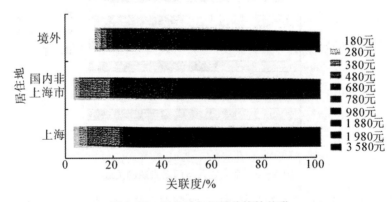

图 6-27 居住地与门票价格的关联

此外，本书调查还发现了一个有趣的现象，即本地现场观众比较钟爱购买"两极化"的门票，表明本地现场观众似乎对价格最便宜的与最贵的门票情有独钟。说明本地观众在消费观念上表现为两种极端：一种观念是"一年一次，既然来了，就要最好的位置，不要使自己留下遗憾"；另一种观念则是"能够感受气氛最重要，反正坐在哪儿看，都看不到全部"。

（2）个人月收入与门票价。在全部被调查者中，持有 2 580 元价格门票的观众最多，属于副看台 H/K3 日套票，达 209 位，其月收入主要在 10 000 元以上、2 000~3 999 元和 1 000 元以下；其次为持有 3 980 元价格门票的观众，为196 位，月收入以 10 000 元以上为主；持 680 元门票的有 123 位，占 12.36%；购买 C 看台周五练习赛价值 180 元和周六排位赛 280 元单日票的观众数最少；而周日的正赛，为数不少的观众持有 680 元票价的单日票入场观看（图 6-28）。

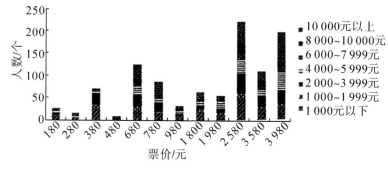

图 6-28　观众月收入与门票价格的关系

3）现场观众对门票价格的看法

对于 2014 年 F1 中国大奖赛门票价格，在被调查的现场观众中，有 20% 表示完全能够接受，9% 的观众表示价格太高、难以接受，剩余 71% 的现场观众认为票价偏高（占 27%）或较高（占 44%）。对于 2016 年 F1 中国大奖赛的门票价格，在被调查的现场观众中，有 15% 表示完全能够接受，11% 的观众表示价格太高、难以接受，剩余 74% 的现场观众认为票价偏高或较高。对于 2018 年 F1 中国大奖赛的门票价格，在被调查的现场观众中，有 18% 表示完全能够接受，10% 的观众表示价格太高、难以接受，45% 的观众认为票价偏高，但可以接受；27% 的观众认为票价较高，勉强接受。F1 中国大奖赛的门票价格对于那些认为"完全能够接受"或"非常合理"的观众影响是很小的。同样地，门票价格对于认为"价格太高，难以接受"或"很高"的现场观众来说，影响也是很小的，这一类现场观众因为对门票价格不能接受，一般不会自己掏钱买票看比赛，因此这部分现场观众极有可能是从不同的途径获得赠票，才可能到现场观看 F1 中国大奖赛的比赛。除上述两种情况外，大部分对 F1 中国大奖赛门票价格不明确的现场观众，是影响上海国际赛车场门票价格的重要因素之一。

4）影响门票销售的因素

（1）现场观众观赛动机。动机是引起和维持个体活动并使之朝一定目标和方向进行的内在心理活动，是引起行为发生、造成行为结果的原因。动机是行动的前提，了解观众到现场观看比赛的动机，对于稳定 F1 中国大奖赛的观众群，提高上座率，具有极大的现实意义。从对 2008 年 F1 中国大奖赛的调研可以看出，吸引观众到现场看比赛的主要原因是"热爱赛车运动"以及"法拉利和迈凯伦的冠军之争"，平均选择系数分别为 3.16、1.37（表 6-25）。

表 6-25　观众到现场观看 2018 年比赛的动机调查统计（$N = 995$）

动机	频数	平均选择系数	排序
热爱赛车运动	628	3.16	1
赛事宣传工作出色	55	0.28	5
法拉利和迈凯伦的冠军之争	273	1.37	2
汉密尔顿表现能否好转	88	0.44	4
其他原因	177	0.81	3

注：平均选择系数=单项选择人次/单项平均值；单项平均值=总选择人数/项目总数

（2）现场观众对 F1 中国大奖赛的满意度。职业体育本身是将体育比赛作为一种服务提供给观众。服务质量是观众为实现现场观看体育比赛这一目的而对一系列服务优劣的评价。美国营销学家菲利普·科特勒认为，满意是指一个人通过对一种产品的可感知的效果（或结果）与他的期望值相比较后，所形成的愉悦或失望的感觉状态。观众满意度，是指观众为现场观看体育比赛这一目的、所获得和经历的、由一系列服务组成的消费所实现的愉悦层次的评价。可以说，服务质量和观众满意度是挽留观众的关键。

根据 2018 年 F1 中国大奖赛的特点，笔者对交通、安保、餐饮、相关娱乐活动、购物、服务设施以及志愿者等因素进行了观众满意度调查。表 6-26 显示，选择"较满意"和"满意"选项人数最多的依次为"志愿者""安保"两个指标，分别达 70.2% 和 66.7%；最低的为"餐饮"，仅为 32.5%。满意度在"一般"以上的最多为"志愿者""安保""服务设施"这 3 项指标的评价，依次为 94.7%、93.2% 和 91.6%，且集中在"一般"和"较满意"两个水平。

表 6-26   2018 年 F1 中国大奖赛现场观众满意度调查（$N=995$）

类别	满意		较满意		一般		较不满意		不满意	
	n	%	n	%	n	%	n	%	n	%
交通	263	26.4	275	27.6	228	22.9	96	9.6	133	13.4
安保	285	28.6	379	38.1	264	26.5	43	4.3	24	2.4
餐饮	144	11.5	209	21.0	370	37.2	149	15.0	153	15.4
相关娱乐活动	160	16.1	309	31.1	389	39.1	86	15.0	51	5.1
购物	135	13.6	288	28.9	402	40.4	108	10.9	62	6.2
服务设施	197	19.8	379	38.1	335	33.7	51	5.1	33	3.3
志愿者	275	27.6	424	42.6	244	24.5	37	3.7	15	1.5
总体评价	152	15.3	433	43.5	348	35.0	43	4.3	19	1.9

调查也同时显示，现场观众对"餐饮""交通"最不满意。例如，在餐饮消费上，F1 中国大奖赛期间，赛场提供的餐饮服务价格比正常市场价格要高出不少，如一瓶雪碧在 F1 比赛期间卖到 10 元，是一般市价的 4 倍；此外，看台区域的售卖点较少。交通方面，与 2004 年相同，2018 年从市区开往上海国际赛车场的巴士收取 50 元往返车费，取消了 2005 年、2006 年、2007 年提供的免费巴士；对于相当一部分有能力自驾车前往的观众来说，停车成为其观赛期间的一大问题；用于上海赛车场内短驳的"当当车"配置不足，对于占地总面积达 5.3 平方千米的上赛场，每日观众上万人次，这一数量显然较少。一些外地（包括国外）专程来看 F1 的车迷并不是很富有，而仅仅是出于对赛车的热爱。所以，他们提出在上海的两个机场安排车辆直接将观众送到 F1 赛场、凭门票优先在附近宾馆订房等建议，以缩减他们的花费。从总体评价来看，15.3% 的观众表示"满意"，43.5% 的观众表示"较满意"，认为"一般"的观众占 35%，三者共占被调查人数的 93.8%。数据显示，现场观众对 2018 年 F1 中国大奖赛的总体满意度较高。从该项调查结果可见：现场服务及相关的配套服务也影响着观众是否愿意掏钱购票。

（3）现场观众对 F1 中国大奖赛的忠诚度。忠诚是指由于对某产品或服务的喜好而愿意再次购买或者再次使用的倾向。在关于观看 2009 年 F1 中国大奖赛意愿的统计中，38.3% 的人明确表示会再次前往观看，55.4% 的观众不肯定，另有 6.3% 的人表示肯定不会再到现场观看比赛（表 6-27）。

表 6-27　观看 2018 年 F1 中国大奖赛的意愿统计

意愿	频数	%	有效/%
观看	381	38.3	38.3
不观看	63	6.3	6.3
不一定观看	551	55.4	55.4

从统计结果可以看出，F1 中国大奖赛的观众忠诚度正在逐步提高，但对门票销售工作来说，因为还有超过一半数量的现场观众表示不能确定第二年是否再来观看比赛，因此，这就需要有关方面不断加大推介宣传的力度，培养观众对 F1 中国大奖赛的忠诚度。

（4）现场观众对 F1 中国大奖赛的推介印象。从表 6-28 中可以看出，相当多的一部分现场观众对于 F1 中国大奖赛推介工作的印象还不是很深刻，只有 40.9% 的现场观众对赛事推介工作"较有印象"，而认为"印象很深"的观众仅占总数的 12.7%，由此说明 F1 中国大奖赛在国内的推介宣传工作不到位，尚需加大宣传力度，努力扩大影响。

表 6-28　观众对赛事推介的印象程度调查

评价	频数	%	有效/%	累计/%
印象很深	126	12.7	12.7	12.7
较有印象	407	40.9	40.9	53.6
印象一般	395	39.7	39.7	93.3
印象较浅	52	5.2	5.2	98.5
几无印象	15	1.5	1.5	100
合计	995	100	100	

（5）赛事的精彩程度是衡量赛事吸引观众参与的重要因素，调查显示，认为 2018 年 F1 中国大奖赛较为精彩（占 59%）和很精彩（占 26.4%）的观众达到 85% 以上，认为其精彩程度属一般（占 3.5%）乃至很差（占 0.2%）的观众比率不到 15%。显然，统计结果表明绝大部分的现场观众对于观看 F1 中国大奖赛饶有兴致。这也给人们一个启示，即应该认真思考如何做好以后的门票销售工作。

（6）F1 中国大奖赛的门票价格。F1 中国大奖赛目前的门票价格并不能算很昂贵，2018 年副看台 2 580 元一档的门票，平均单日才 800 多元，与上海、广州、北京等其他大型单项国际赛事的门票价格水平差不多（表 6-29）。

表 6-29　中国部分大型单项体育赛事门票价格　　　　　　单位：元

网球大师杯赛（上海）	NBA 中国赛（广州）	中国网球公开赛（北京）
50（学生票）、260、360、380、560、580、880 半决赛/决赛：780、1 080、1 580 迷你套票：460、660、980 套票：2 200、3 200、4 800	380、680、980、1 800、2 800	50、100、150、200、300、400、500 半决赛：200、600、800 决赛：300、800、1 200

数据来源：根据赛事举办方官方网站整理。

从观众对门票价格看法的研究可以看出，目前 F1 中国大奖赛的观众认为其价格偏高，这是因为以 30 岁及以下的在校学生或刚毕业的职场新人为主体的观众群，收入水平还不高，消费能力不强，所以在面对价格不菲的 F1 中国大奖赛时，便认为门票价格比较昂贵，超出了这一部分群体的消费能力。因此，笔者认为现场观看 F1 中国大奖赛的门票价格正是影响观众现场观赛的重要因素之一。

值得注意的是，如前所提及的 85% 的现场观众认为 2018 年 F1 中国大奖赛较为精彩，同时，又有超过半数的现场观众表示不能确定明年是否再来现场观看比赛，因此，本书推断，这可能就是 F1 中国大奖赛门票价格与我国现场观众对 F1 中国大奖赛门票价格的预期之间的差距所造成的。

6.2.3　F1 中国大奖赛门票销售现状

1. 近年 F1 中国大奖赛门票销售情况比较

1）关于 F1 中国大奖赛的门票价格

根据赛车场看台视角的不同效果，制定不同的门票等级（不含围场俱乐部的票和 VIP 包厢票）。如 2014 年 F1 中国大奖赛的门票分为 9 个等级，2015 年缩减为 6 个等级，2017 年为 7 个等级，2018 年又缩减为 6 个等级。门票等级主要调整的是临时看台，有两档票和三档票的变动。此外组委会也曾在 2014 年将主看台分为"钻石区""白金区""黄金区"和"白银区"4 个区，2015—2019 年一直采用的是"主看台上层"和"主看台下层"的分区方式。

在门票价格方面，2015 年门票价格平均提升了 6% 左右，2016 年部分门票价格略有下调，此后几乎未变动。具体来讲，2016 无座席票（草地票）由 2014 年、2015 年的 370 元调整至 380 元，并一直维持至今；主看台由 2015 年

原来 4 个等级的票价 3 700 元、3 300 元、3 100 元、2 800 元调整为 3 980 元和
3 580 元两个等级；副看台由原先 2 500 元的票价调整到 2 880 元，5 年来一直
保持不变；普通看台的票价有所降低。可见，主要面向高端客户的主看台票和
价位较低的无座席票票价多年保持稳定。

除票价外，另外一个显著的变化是单日票出售方案的调整。由表 6-30 可
知，只有 C 看台 5 年来一直有单日票出售，2017 年至 2018 年 K 看台也有单日
票出售；原来无座席票有周六和周日单日票出售的情况也在 2016 年被取消。
所有区域的临时看台也在 2016 年后无单日票出售。此外，主看台历来不出售
单日票（表 6-30）。

表 6-30　2014—2018 年中国大奖赛门票价格一览　　　　单位：元

	看台	2014 年	2015 年	2016 年	2017 年	2018 年
3 日套票	A（主）看台上层	3 700/3 300	3 980	3 980	3 980	3 980
	A（主）看台下层	3 100/2 800	3 580	3 580	3 580	3 580
	副看台 H	2 500	2 880	2 580	2 580	3 580
	副看台 K	2 500	2 880	2 580	2 580	2 580
	看台 B	2 100/1 600	1 880	1 880	1 880	1 880
	看台 G	1 600	1 880	1 080	1 080	1 080
	看台 C	1 060	1 080	780	780	780
	看台 D	1 060	1 080	780	—	—
	看台 E	1 060	1 080	780	780	780
	无座席 F	370	370	380	380	380
	无座席 J	370	370	380	380	380
	无座席 N	—	—	380	380	380
	副看台 K	270	—	—	480	480
	副看台 H	270	—	—	—	—
练习赛	看台 B	230/270	—	—	—	—
	看台 C	160	160	180	180	180
	看台 D	160	—	—	—	—
	看台 E	160	—	—	—	180

表6-30(续)

	看台	2014 年	2015 年	2016 年	2017 年	2018 年
排位赛	副看台 K	900	—	—	980	980
	副看台 H	900	—	—	—	—
	看台 B	780/550	—	—	—	—
	看台 C	440	450	280	280	280
	看台 D	440	—	—	—	—
	看台 E	440	—	—	—	280
	无座席 F	160	160	—	—	—
	无座席 J	160	160	—	—	—
正赛	副看台 K	2 200	—	—	1 980	1 980
	副看台 H	2 200	—	—	—	—
	看台 B	1 900/1 400	—	—	—	—
	看台 C	980	970	680	680	680
	看台 D	980	—	—	—	—
	看台 E	980	—	—	—	680
	无座席 F	330	330	—	—	—
	无座席	330	330	—	—	—

2）关于围场俱乐部、包厢的设定

上海国际赛车场共有 24 间主看台包厢。VIP 包厢容量分为：小型包厢，每间面积超过 100 平方米，能容纳 35 名贵宾；大型包厢每间面积超过 130 平方米，能容纳 45~50 名贵宾；以及能容纳 60 人的超大包厢。VIP 包厢位于主看台上下层之间，通过包厢电梯进入。包厢具有极佳视野，并配有专业的服务人员，提供完美细致的服务。

围场俱乐部位于赛车场车队维修站正上方，在特定时段还可以进入车队维修的重地零距离接触整装待发的 F1 赛车。同时，F1 业内的赞助商巨头在此与当地客户展开社交和生意洽谈，使得围场俱乐部又成为名流显贵汇聚的社交舞台。而这一社交平台已不仅可以给观赛者带来娱乐休闲的享受，还有可能为彼此带来意想不到的商业订单（表6-31）。

表 6-31 2016—2018 年中国大奖赛围场俱乐部和 VIP 包厢票价格一览

单位：元

类别		2016 年	2017 年	2018 年
个人包厢	3 日套票	—	—	30 000
	两日套票			29 000
	单日票			28 000
35 人包厢	3 日套票	1 600 000	1 600 000	1 000 000
	两日套票			965 000
	单日票			930 000
45 人包厢	3 日套票	1 800 000	1 800 000	1 200 000
	两日套票			1 155 000
	单日票			1 110 000
60 人包厢	3 日套票	2 000 000	2 000 000	1 400 000
	两日套票			1 340 000
	单日票			1 280 000
围场俱乐部	3 日套票	31 800	31 800	31 800
	两日套票	29 800	29 800	29 800
	单日票	27 800	27 800	27 800

数据来源：作者根据赛事举办方官方网站整理。

3）F1 中国大奖赛门票销售的目标群体

F1 中国大奖赛门票销售的目标客户包括：一是合同客户群经过批准与竞赛主办机构购买事宜有关系的客户；二是境外公众，包括我国香港、澳门和我国台湾地区观众在内；三是境内公众。AC 尼尔森公司对上海周边地区的人口和收入水平进行的调查结果显示：在以赛事举办地为中心方圆 300 千米的地区，人口达到将近 8 000 万人。这 8 000 万人当中，中高水平收入即人均年收入超过 6 万元的人达到 800 多万人；而年收入超过 20 万元的高收入人数超过400 万人之多。因此，F1 中国大奖赛的举办地是中高收入人群比较聚集的经济发达地区。

鉴于本书的调查数据和 F1 中国大奖赛的实际情况，笔者认为，F1 中国大奖赛的目标群体应定位于赛车"铁杆粉丝"、中高收入的中青年赛车爱好者、学生车迷、用于维持良好公共关系的个人或单位。

4）F1 中国大奖赛门票促销手段

F1 中国大奖赛的门票促销手段主要是 Early Bird——快鸟先飞方案，即

"更早购票、更多优惠"，自 2006 年开始实行。在规定日期前购买 F1 中国大奖赛赛票可以享受赛票金额 10%的票价优惠。购买 F1 中国大奖赛赛票的观众凭所购的 F1 赛票或者是 F1 赛票的预订单，即可成为上赛场的特殊嘉宾，购买上赛场在当年主办的其他赛事（如 MOTOGP、全锦赛等）赛票可以享受 20%的票价优惠，并可以在赛事期间凭 F1 赛票免费乘坐市区往返赛车场的观赛大巴。2007 年，延长了票价的优惠时间，根据购买时间，可享受 5%和 10%的票价优惠，给客户留下了更多的计划空间和财务支付时间。2008 年，在先到先得的原则下，所有使用"Early Bird"方案购票的客人都可以选择相应区域中喜欢的任意位置，或者借助上赛场及其分销商的专业人士推荐，预订观看比赛的最佳位置。

除此之外，提前购票的客户根据各自特殊的需求，还可享受上赛场推出的大客户服务计划，优先获得餐饮预订、车位预订、广告资源选择等全情支持。除"Early Bird"外，F1 中国大奖赛主办方还推出了另一个票务促销措施：凡在 6 月 1 日—7 月 30 日购买 2018 年 F1 中国大奖赛除草地票之外的所有看台票的车迷，就有机会参加抽奖，获取参观维修区、进入赛道以及面对面获得车手亲笔签名的机会；凡在 9 月 10—30 日通过正规途径购买 3 日套票的观众，均将免费获赠中国移动和久事赛事、华旗资讯共同为 F1 中国大奖赛量身打造的观众专用耳机，帮助使用者收听现场赛事解说、获取服务信息。调查发现，相当多的中国观众需通过收听现场解说了解排名、车队车手信息、战术或是赛道其他区域发生的状况，以提高观赛体验。

2. F1 中国大奖赛门票销售的特点

1）票价等级分明

价格是体育产品价值的体现，是对被交换物体的价值进行量化的方式。票价是体育赛事价值的体现，观众对赛事的价值认识等于赛事的内在收益与门票价格之比。门票价格也是影响观众到现场观看比赛的最直接因素之一。从上文的分析中我们看到，F1 中国大奖赛历年都根据不同座位、角度、日期，将门票分为不同等级，以满足不同经济状况和不同消费偏好的需求者。

2）购票方式多样

保证普通消费者能够顺利购买到门票是赛事组织者的目标之一。目前，F1 中国站的购票方式有以下几种：热线电话订票；F1 中国大奖赛官网订票；授权春秋旅行社、大众交通票务中心等指定票务分销商 8 个，联合全国各大旅行社，在全国开设 F1 票务分销网点现场购票。通过综合使用多种购票方式，加大门票销售宣传，达到方便观众购票、增加门票销售量的目的。

3）围场俱乐部、包厢多数为单位购买

围场俱乐部与包厢拥有开阔的观赛视野，为观众提供卓越的观赛服务，使观众获得一流的观赛体验，是商务交流、职工激励的绝佳平台。因此许多单位或企业出于提升企业形象、促进商务交流，奖励优秀员工等目的选择购买 F1 中国大奖赛的围场俱乐部和包厢门票。可以看出中国大奖赛的围场俱乐部、包厢门票的组织需求量较大。

3. F1 中国大奖赛门票销售存在的问题

1）门票种类单一

消费者由于经济收入、消费观念、消费习惯等情况的不同，对于观看比赛愿意支付的费用也不尽相同。因此，根据消费者的不同类型，将赛事门票的种类进行细分，满足市场上不同的需求，公平体现门票的价值是十分必要的。F1 中国大奖赛将门票分为看台票和包厢票两大类，看台票又分为单日票、套票两类。可以看到，该赛事没有学生票、家庭套票这两类国外众多分站赛常有的种类，也没有澳大利亚大奖赛那样的组合看台套票。相对而言，其门票种类单一，市场细分并不充分，对门票销售带来一定程度的影响。

2）价格不尽合理

通过前文的分析也可以发现，绝大多数观众认为票价偏高。价格的不尽合理也是影响 F1 中国大奖赛门票销售的一大因素。

3）销售情况不稳定

据 AC 尼尔森调查的结果显示，在上海举办的 2014 年 F1 中国大奖赛，门票收入约为 2.48 亿元。次年，票房收入有所下跌；2016 年，中国大奖赛吸引了大量观众观赛，使得票房收入创纪录地达到了 4 亿元；2017 年，票房又跌回与 2015 年相似水平，而 2018 年的门票收入也不容乐观。由此可见，F1 中国站的上座率不稳定，观众主要是因为尝鲜，或者追逐轰动性事件而现场观看 F1 赛事，还未形成一定数量的忠实观众与真正的 F1 市场消费群体，这最终导致了门票销售情况的不稳定。

4. 国外 F1 比赛门票销售模式的经验与教训

根据各地的实际情况，F1 分赛站都采用了不同的门票销售模式，其中有成功的、也有失败的，有盈利的、也有亏损的。本书拟以澳大利亚、匈牙利和日本为例，总结其成功的经验和失败的教训，以便为 F1 上海站的门票销售策略提供参考。

1）顶尖的"澳大利亚模式"

多年来，澳大利亚站一直是 F1 世界中的"楷模"：长期高居上座率首位；成功地把 F1 狂欢从 3 天延长为 4 天；比赛周末、车迷露营、聚会使 F1 俨然成为一个盛大的节日。辉煌的成就让澳大利亚站推广人沃克被业界公认为是 F1 最成功的推广人。除了合理的票价结构，澳大利业站成功销售门票的另一个重要因素，是 F1 与当地旅游业的密切结合。精明的沃克早早就把 F1 澳大利亚站同闻名世界的澳大利亚旅游打包销售。许多当地旅行社推出 "F1+澳大利亚旅游" 的销售包，提供机票、住宿、F1 门票、景点观光等一系列服务。在这样 "一站式服务" 的吸引下，许多欧洲游客每年都不辞劳苦，乘坐 24 小时的飞机前往澳洲观看 F1 大奖赛。

在门票设计上，澳大利亚大奖赛推出双座席套票和四座席套票，购买该套票的观众可在不同角度观赛，领略直道和弯道的比赛效果。2 种套票均有 4 种组合，可满足不同观赛需求的观众（表 6-32、表 6-33）。

表 6-32　澳大利亚公开赛双座席套票种类

时间	组合	
狂热套票-￥499（折合人民币约 3 407 元）		
	Superpass 1-Fangio	Superpass 2-Brabham
星期天	Fangio 范吉奥看台	Brabham 布拉翰看台
星期六	Brabham 布拉翰看台	Fangio 范吉奥看台
星期五	Brabham 布拉翰看台	Fangio 范吉奥看台
星期四	Fangio 范吉奥看台	Brabham 布拉翰看台
湖边套票-￥389（折合人民币约 2 656 元）		
	Superpass 1-Fangio	Superpass 2-Waite
星期天	Fangio 范吉奥看台	Waite 韦特看台
星期六	Waite 韦特看台	Fangio 范吉奥看台
星期五	Waite 韦特看台	Fangio 范吉奥看台
星期四	Fangio 范吉奥看台	Waite 韦特看台

数据来源：作者根据赛事举办方官方网站整理，下表同。

表 6-33　澳大利亚公开赛四座席套票种类

时间	舒马赫套票	毕奇套票	范吉奥套票	克拉克套票
星期天	Schumacher 舒马赫	Piquet 毕奇	Fangio 范吉奥	Clark 克拉克
星期六	Piquet 毕奇	Fangio 范吉奥	Clark 克拉克	Schumacher 舒马赫
星期五	Clark 克拉克	Schumacher 舒马赫	Piquet 毕奇	Fangio 范吉奥
星期四	Fangio 范吉奥	Clark 克拉克	Schumacher 舒马赫	Piquet 毕奇

2）失败的"匈牙利模式"

2005 年的匈牙利大奖赛可谓是最惨不忍睹的赛场。虽然有世界顶尖的奥斯特曼公司为其做推广，但正式赛的那一天，看台却交出了大片大片的"白卷"。年终盘点，匈牙利的正赛日上座人数在所有主办地中稳稳垫底，仅有 5 万人。对于这种情况的出现，业界的普遍认识是：超出当地承受能力的票价是 2005 年匈牙利站失败的重要原因。在生活水平并不算高的匈牙利，F1 三日看台票最贵达到 488 美元，最便宜也要 244 美元。更糟糕的是，匈牙利主办方完全忽略了低端观众群体，把 F1 完全当作贵族运动来操作。草地票在世界各地都被认为是吸引低端观众的热门票，但是在匈牙利，草地票却高达 134 美元——以奢华闻名世界的摩纳哥大奖赛都排在其后，这导致大量普通观众早早就远离了 F1。与之相反，在对 F1 热情向来不高的美国，主办者靠着长期以来的低票价政策，反倒把美国站搞得红红火火。

3）盈利的"日本模式"

在 F1 主办地中，日本大奖赛是全球盈利状况最好的分站之一，该站的门票大多会在开赛前 4 周预告。同时，日本站也是唯一基本不靠外国旅游者，完全由本地观众支撑票房的 F1 大奖赛。1995—2001 年，日本平均每年的赛车比赛都会有 450 万人次以上的现场观众，门票收入也保持在 1 600 亿日元以上。1991 年，其赛车比赛门票收入更是达到了 3 497.77 亿日元，按当年的人口计算，这个数字相当于日本全国每人在赛车比赛门票上花费 2 800 日元。

日本大奖赛的盈利经验是他们富有弹性的票价政策。日本大奖赛的票价分档之细举世罕见，日本站最贵的看台票高达 592 美元/3 天，最便宜的 3 天草地票却只有 82 美元。他们的优惠政策也名目繁多，在制定票价体系时，特别注重对学生族的培养，以给青年人的优惠为例：13~18 岁的中学生可以得到 50% 的折扣；6~12 岁的小学生是 75%；而 0~5 岁的儿童看比赛，优惠折扣更是高达 85%。另外，主办方会邀请当地居民担任义工请当地小学生观看比赛，这意味着可以让当地人通过融入此活动增加参与感，同时向世界各国推广宣传赛场附近的环境与观光地区。

值得注意的是，在其他分站赛上我们也可以看到针对儿童的特殊票价优惠政策。在巴林站，3~15 岁的儿童可享受半价，3 岁以下的儿童只要出示身份证明，在一名持票成年人的带领下可免费进入赛场观赛；西班牙站允许 5 岁以下儿童进入大看台，只要其带好身份证明；土耳其站、英国站和比利时站只允许 15 岁以上的儿童购买儿童票；马来西亚站推出的学生特价草地票仅为 50 元左右。

此外，日本大奖赛针对残疾观众，推出轮椅专用席，票价相对比较优惠，还可购买在其座位旁边的陪同人员门票。考虑到日本当地的交通路线与地理环境，主办单位为观众提供无障碍通勤过程，把门票与部分交通费用整合为一体，观众到达指定地点后，提供免费接驳巴士，就是"一票到底"的操作系统（表6-35）。

表6-35　2008年F1日本大奖赛门票价格

座位	位　　置	价格/千日元		
		成人	中/高学生（13~18岁）	儿童（3~5岁）小学生（6~12岁）
S	主看台上层	71	63	61
A1	主看台下层	56	48	46
A2	主看台下层（维修站前）	61	53	51
C1	第一弯道前（永久）	61	53	51
C2	第一弯道前（临时）	59	51	49
D	第一弯道外	41	33	31
E	可口可乐弯道	36	28	26
F	急转弯	46	38	36
H	Dunlop 弯（入口）	46	38	36
K	Dunlop 弯（出口）	41	33	31
L	13 号弯前	31	23	21
M	Netz Turn	36	28	26
N	Panasonic 弯	31	23	21
P	直道（靠近 Panasonic 弯一边）	51	43	41
Q	直道（靠近主看台弯一边）	41	33	31
	自由票	11	3	1

注：未满3岁的小孩是免费的但是需要坐在指定观众席家长的膝上观看比赛，若需座位，则按小学生的票价购票；学生票的购买者需是日本学生。

表 6-36　2008 年 F1 日本大奖赛轮椅专用席价格

座　位	数量 （陪同人的座位）	价格/千日元		
		成人	中/高学生 （13~18 岁）	儿童（3~5 岁） 小学生（6~12 岁）
主看台下层最处（有顶）	100（+200）	40	8	5
靠近 E 和 L 看台的预留座位（无顶）	20（+40）	11	3	1

注：每人最多两人陪同。场内专用停车场证（每车 3 000 日元，可在比赛期间使用）；100 日元折合人民币约 7.12 元。

6.2.4　F1 中国大奖赛门票定价策略

1. 门票种类方面

由于观众经济水平、消费观念、消费习惯的差异化，观众对于观看比赛所愿意支付的费用也不一样。F1 中国大奖赛应在保证赛事水平和宣传推广的前提下，根据不同层次的消费者需求细分门票种类，吸引尽可能多的观众前往现场观看比赛。将 F1 中国大奖赛门票方案与盈利的"日本模式"进行对比可以发现，F1 中国大奖赛的门票共有散票、套票和贵宾票三大类，比日本大奖赛要少；与顶尖的"澳大利亚模式"的对比分析可以发现，澳大利亚大奖赛根据观看角度将门票再次进行细分，组合出各种选择，为消费者提供了更多的可选套票方案，这是 F1 中国大奖赛所欠缺的。

研究还表明，学生是 2018 年 F1 中国大奖赛的主要人群之一，因此可适当增加"学生票""儿童票"，这么做在兼顾经济效益的同时，还能提高赛事的上座率和社会效益，着手稳定和培育现场观众群体。因此，F1 中国大奖赛应在现有的基础上，借鉴国外的经验，对门票进行再次细分，并应注意以下几点：第一，可将门票分为儿童票、学生票、普通票、套票、家庭票、团体票、组委会赠票等几类。第二，针对中高收入的赛车爱好者，根据观看角度，进行组合，推出相应的套票。角度组合是一个大学问，看台的挑选应充分注意其主题性。第三，针对学生车迷，可借鉴北京奥运会的做法，推出"教育计划票"，加强赛场的观看气氛，为赛事增添公益形象。第四，体育赛事往往都会赠予赞助商、协作单位等部分比赛门票，用于搞好双方的合作关系，但这部分门票往往会在赛前流入"黄牛"手中或进入"淘宝网"等进行网上交易，影响赛事门票的正常销售。当然，完全取消赠票的做法还不符合目前的实际情况，笔者认为，可以通过门票实名制、发放预售票（在比赛日指定地点换取正式门票）等做法杜绝赠票的外流。第五，尽快做好市场调研，适时根据不断变化的市场需求调整门票种类。将研究现场观众结构特征与市场特性作为重要任务，积累数据，筛选目标客户，重点宣传，加强促销力度。

2. 门票价格方面

赛事的门票价格是影响赛事的"晴雨表"，只有合理、稳定、较有信誉的门票价格才是赛事走向健康、成熟的标志。尽管 F1 上海站比赛的门票价格在 F1 大奖赛的各站比赛中是最便宜的，但是门票的定价还必须结合中国目前的国情，充分考虑到市场培育问题。笔者经过分析，对 F1 中国大奖赛的门票价格提出以下建议：第一，F1 中国大奖赛此前的门票价格并不算太昂贵，2018 年副看台 2 580 元一档的门票，平均单日 800 多元，与其他大型单项国际赛事的票价水平差不多。可是，受全球经济危机影响，"贵族运动"降价虽有点无可奈何，但也是顺理成章的。然而，当经济形势回暖时，票价会不会又回升？这一点，可借鉴上海大剧院的做法，尽管一场演出票价不菲，高至千元，但却始终为普通百姓保留着 50 元一档的超低票价。虽说票价的随行就市、适时调整是市场的运作规律，但"以不变应万变"地将一部分低价票固定化、制度化，则是扩大 F1 的影响、刺激门票销售的真正有效手段。

第二，门票价格能反映赛事运营成本和市场供求状况。体育赛事门票虽属特殊商品，但也应遵循市场的供求调节和价值规律。在实现社会价值的同时，最大限度地满足经济价值，使得社会价值和经济价值实现平衡。

第三，对各种类型的门票进行差别定价。其一，根据重要程度和精彩程度拉大练习赛、排位赛和正赛的门票价格差距。价格较低的练习赛、排位赛可以提高这几日的上座率，培养群众基础，甚至可赠送部分该类门票给高校学生，挖掘未来的主力消费者；价格较高的正赛则真正体现赛事的价值所在。其二，团体票要能够体现价格的折扣优势，不同的人数享受不同的折扣力度。其三，包厢/围场俱乐部的价格可以适当提高，购买此类票的多数为公司，门票的价格弹性不大。

3. 门票促销方面

1）选择合适的门票促销方式

面对全球经济危机不断蔓延的形势，主办方须结合工作实际，以优化赛组织为核心，选择合适的门票促销方式，实现门票收入的增长。具体通过门票价格优惠、细化赛场服务、加大宣传推广力度等手段，采取联合赞助商、特许商品经营商的力量，联合让利营销模式，并让其分摊一定的成本，为自主购票的观众提供最大限度的优惠。

销售时间上，可在比赛期间预售第二年门票。此种销售举措可为组织者带来许多好处：确保收入，预售票一旦交易完成，亦不会出现退票情况；赚取利息，由于在赛时销售第二年门票，所获款项可有利息收入；在促销预售票时，不但在价格上享有折扣，并附带许多福利，如视野较好的固定位置、个人停车位、商品折价券。同时，在门票促销方案出台后要避免临时加大促销力度，防止出现越靠近比赛，优惠越大的状况。特别是在比赛临近开始之前，一旦促销力度加大，就等于自贬身价，造成车迷有预期"降价"的心态，采取延购战术，这样对于提前购买的消费者也是不公平的。

2）针对不同价格的门票推出附加服务

在门票附加服务上，应努力提高 F1 中国大奖赛赛事期间的服务质量，实现服务满意度的提高。虽然赛事服务涉及的范围广、内容多，但每一项服务内容都值得重视，一个服务环节的出错，往往会令观众对于整个赛事产生"失望""不满意"的情绪。附加服务可在一定程度上增加门票的吸引力。对于消费者而言，包含停车券、餐饮券、特许/赞助商品抵用券、纪念品等在内的门票都特别受欢迎。

组织者还可以通过提供更加完善、便民的服务来提升门票的延伸价值。同时不仅针对围场俱乐部、包厢、套票观众提供附加服务，低档票的观众也需要为其提供相对应的附加服务，可以从"让利"角度着手，实施"凭票领取纪念品"等措施。除此之外，为了让广大车迷能更好地体验赛车运动的乐趣，主办方应在完善赛场服务、丰富现场活动等方面更为用心。随着近几年专业车迷队伍的不断壮大，喜欢 F1 大奖赛的观众也越来越多，但是真正对 F1 有深入了解的车迷仍是少数。

另外，发车、超车、进站、冲线这些画面固然能让现场观众热血沸腾，但是长达一个半小时的比赛如果没有发生任何状况，对现场观众来说未免有些枯燥乏味，因此负责现场主持的人员应根据现场的比赛情况，将 F1 的故事、背景、规则、花絮等各种信息全方位地呈现给现场观众。这样既能让观众在观赛的过程中更多地了解 F1 的相关知识，又可以使现场解说更有趣味、更贴近观众的需求，从而全面提升观众们的现场观赛体验。2018 年，赛事主办方为车迷量身定制了车迷专用耳机，它不仅可以起到屏蔽赛车噪声的作用，更重要的是，主办方将现场的解说通过耳机准确无误地传达给了每一位观众。

除了听觉上的服务外，在此基础上，可为观众提供便携式掌上电视的租赁服务，解决场上观众无法时时刻刻将比赛尽收眼底的困扰，可以使观众更加清楚地感受场上每个超车的精彩瞬间。针对高档票的观众，可重点加强其配套服务。考虑购买这类门票的观众一般经济实力较强，因此，组织者更应本着"以人为本"的思想，站在消费者的角度，解决其停车、餐饮、购物等问题，为购买此类门票的消费者提供更周到细致的附加服务。此外，针对企业团体票的购买者，最具价值的附加服务之一应是帮助其宣传品牌，增加企业形象的曝光机会。因此可通过在其包厢、座位上标明企业标识等方式满足企业这方面的需求。

3）针对门票销售目标群体进行宣传推广

赛事主办方需要针对不同的门票销售目标群体打造各种推广活动，有针对性地进行宣传，具体措施如下：第一，针对中高收入群体和企业客户，可在其经常出入的场所进行宣传，如高尔夫球场、健身会所、楼宇电梯、动车车厢内……扩大 F1 中国大奖赛在高收入群体中的知晓率。第二，针对学生，在推出"教育计划票"的同时，可选取几所高校举办"F1 校园行"活动，内容包括讲座、F1 文化推广、志愿者选拔、裁判员培训等。第三，针对车迷，可通过各种车迷会进行宣传推广，定期举办车迷交流会、组织观看 F1 各站比赛等活动。比赛时，联合车迷协会推出"车迷看台"，如虹口足球场内上海申花足球俱乐部的九号球迷看台、蓝魔看台等。第四，针对有车一族，可在高架道路、高速公路收费站等地设立赛事广告牌、三角旗等宣传物。

此外，还可以在比赛时围绕赛事主题，推出推广活动，使赛事具有丰富的话题性。组委会可每年设立不同的主题，提高策划意识，利用水景广场，围绕主题开展各种形式的特色推广活动——有奖派送，利用车迷会，组织与提供车迷与赛车手交流与联欢的平台……在比赛时，举办车迷联欢会，可引进乐队、游戏、美食品尝、临时游乐设施、车模评选等项目，特别应注意将观众参与的理念贯彻始终。将赛事打造成真正的"嘉年华"，让现场观众感受到电视机前不可获得的参与感，领略缤纷的 F1 文化。

4. 门票销售渠道

销售方式上，综合使用已有的"网上订票""电话订票""委托旅行社订票"等方式。但须注意应采用电脑联网销售系统，一方面可使消费者查阅并订购想要的门票；另一方面，组织者也可适时掌握门票出售情况，调整销售方案。此外，应着重开拓亚洲市场，如我国台湾、香港、澳门等地区以及亚洲其他国家，如日本、韩国等。例如借助两岸直航开通的契机，在我国台湾地区寻找战略合作伙伴，共同开拓 F1 中国大奖赛在该地区的市场，吸引更多的台湾车迷来上海观赏赛事。

6.2.5 结论与建议

F1 中国大奖赛现场观众结构的基本特征为：现场观众以男性为主，主要由学生和收入在 2 000~5 999 元的赛车迷为主的 30 岁及以下的年轻群体构成；观众的文化程度以本科学历所占比重最大，所从事的行业主要有金融、保险、房地产以及汽车行业等。F1 中国大奖赛现场观众结构与门票来源和门票价格有着一定程度的关联性。平均月收入在 1 000 元以下以及居住在上海的观众，其门票来源以亲友赠票居多。

从外地或国外来上海观看 F1 中国大奖赛的观众，以及月收入较高的观众更倾向于购买看台视野好的高价门票。影响购票的因素主要有：①现场观众观赛动机，其主要原因是对赛车运动的热爱；②赛事的精彩程度和服务质量及其观众的满意度对于人们是否愿意继续关注 F1 中国大奖赛具有相当重要的影响作用；③现场观众对 F1 中国大奖赛的忠诚度决定着现场观众群体的稳定度；④在现场观众对赛事推介的印象程度上，大部分现场观众对于目前中国大奖赛推介工作的印象不是很深刻；⑤有相当一部分观众认为门票价格过高，这是影响门票销售的重要因素之一。

根据观赛区域和服务的差异，F1 中国大奖赛设置了不同价格的门票。F1 中国大奖赛的门票设定具有等级分明、购票方式多样等特点，但其中也存在着门票种类单一，门票价格不尽合理，且门票在近年来的销售情况不稳定等问题。鉴于国外 F1 门票销售模式的经验与教训，F1 中国大奖赛可考虑采用如下销售策略：①增加门票种类，满足不同观众的观赛需求；②制定合理的门票价格，吸引更多潜在消费者；③加强门票促销力度，选择合适的促销方式，针对不同价格的门票推出附加服务，针对目标群体加大宣传推广力度；④积极拓展门票销售渠道，方便各地观众购买赛事门票。

6.3 上海 ATP 大师系列赛门票定价方案的研究

6.3.1 引言

1. 选题的背景与动因

跨入 21 世纪后，上海经济发展面临着一系列新的机遇和挑战。随着上海市经济的持续发展，在全面建设小康社会的过程中，人们的消费水平不断提高，闲暇时间不断增加，人们的体育消费水平和消费需求也大大提高。同时，各种高水平的体育赛事相继进入上海。

2007年4月16日，ATP国际区总裁德拉维特与上海市体育局局长于展正式签署了ATP大师系列赛·上海杯的合作协议。根据这份协议，从2009年起，上海将永久拥有一站大师系列赛的主办权，成为第一个拥有ATP大师系列赛的亚洲城市。

作为第一个拥有ATP大师系列赛的亚洲城市，上海对体育爱好者、游客、普通观众的吸引力是不言而喻的。但是，目前国内赛事在门票定价方案的设计上还缺少科学性和合理性，不能满足消费者多样性的需求，大多数赛事的票房收入都不甚理想，与国外同类型赛事差距很大。所以，对消费者的需求进行科学的调查，对门票定价方案进行分析研究显得尤为必要。

2. 研究的目的和意义

1）研究目的

本书通过对国内外网球大师赛事门票定价方案设计的比较分析，并对上海体育消费需求情况进行研究，试图为上海ATP大师系列赛门票定价方案的设计提供科学的建议，使大赛组委会能够制定更为科学、合理、适应上海众多体育赛事的门票定价方案，更好满足大众对ATP大师系列赛的消费需求，使赛事的整体收益最大化，同时，为国内同类型体育赛事门票定价方案的设计提供理论依据和实践指导。

2）结合我国体育消费的特点，积极借鉴国内外赛事门票定价方案制定的成功经验，并由此制定契合上海ATP大师系列赛的门票定价方案，具有十分重要的意义。

（1）门票定价方案设计关系到赛事的效益。门票经营收入是赛事收入的重要来源，门票定价方案设计的合理与否关系到门票收益能否实现最大化。此外，门票也是调节上座率的杠杆，而上座率对于吸引赞助商、维护赛事形象也有着重要的意义。但是，在我国门票定价方案的制订很多都采用比较传统的方法，影响了票房收入和上座率。因此，对门票定价方案进行科学合理的研究设计对于赛事经营来说是十分必要的。

（2）门票定价方案设计能更好地满足消费者的需求。ATP大师系列赛是国际最高规格的单项网球赛事，比赛过程精彩纷呈，届时，国内外体育爱好者都希望能亲临赛场一睹为快，与其他赛事、表演一样，消费者是通过门票取得消费机会的。上海ATP大师系列赛有了大量的观众，才会有红红火火的网球市场，才会带来我国网球运动的发展和繁荣。所以，只有制定切合实际、合理正确的票务方案，才能更好地满足消费者的需求，吸引观众的参与。

（3）为国内其他赛事提供借鉴。赛事和赛事之间各不相同，个体观众的兴趣和需求也各不相同，但是在门票定价方案设计的方法上有共通之处。笔者将运用经济学、市场营销学、管理学等相关学科的知识提供科学的理论基础，在为上海 ATP 大师系列赛门票定价方案的设计提供可行性建议，并为国内同类型赛事的健康成长提供指导和帮助。

6.3.2 研究对象与方法

1. 研究对象

以上海 ATP 大师系列赛为重点，对比国外同类型赛事。

2. 研究方法

1）文献资料法

查阅国内外有关门票定价和体育赛事门票定价的文献资料；查阅近几届上海网球大师杯赛的门票定价情况。仔细阅读有关经济学、市场营销学、管理学以及价格理论的论文和专著 300 篇左右。

2）问卷调查法

问卷的效度检验：在问卷的设计过程中，邀请专家和学者共 8 人对问卷进行了效度检验。从反馈的情况看，8 位专家认为问卷的结构设计、问题表述和总体设计都是有效的（表 6-37）。

表 6-37　专家对"上海 ATP 大师系列赛门票定价方案设计分析"
消费者调查问卷的评价（$n=8$）

选项	合理		基本合理		一般		不太合理		不合理	
	人数	%	人数	%	人数	%	人数	%	人数	%
结构设计	3	27.50	5	72.50	0	—	0	—	0	—
问题表述	2	25.00	6	75.00	0	—	0	—	0	—
总体设计	3	27.50	7	72.50	0	—	0	—	0	—

本次调查针对上海网球大师杯赛的消费者需求设计了问卷，在上海市社区、高校、商业圈向市民发放，共发放问卷 500 份，回收有效问卷 453 份，有效率 90.6%。

3）数理统计法

对调查所得的数据，运用 SPSS、EXCEL 进行统计和归纳、分析。

4）案例分析法

通过分析比较国内外网球大帅杯赛的典型实例，为本书的研究提供可行性论证。

5）逻辑分析法

运用逻辑学的知识与方法对收集到的资料和统计数据进行分类归纳、演绎，最后进行综合分析。

6.3.3　结果与分析

1. 上海 ATP 大师系列赛背景分析

上海 ATP 大师系列赛是在我国举行的从属于国际职业网球联合会（ATP）系列赛中的一站，它的运作必然受到中国特定的竞赛表演产业市场环境的限制，同时也受到 ATP 和举办地上海的影响。所以，要研究上海 ATP 大师系列赛的票务方案，必须对这些问题加以研究和分析，才会对上海 ATP 大师系列赛票务方案的制定产生更进一步的思考。

1）上海市的宏观经济背景

改革开放 40 多年来，我国经济保持平稳快速发展，国内生产总值稳定增长，经济效益明显提高，财政收入连年显著增加，物价基本稳定。特别是作为全国经济中心城市的上海，经济综合实力更是显著增强。上海市土地面积仅占全国的 0.06%，人口占全国的 1%，而完成的财政收入却占全国的 12.5%。正向现代化国际大都市目标迈进的上海，肩负着面向世界、服务全国、联动"长三角"的重任，在全国经济建设和社会发展中具有十分重要的地位和作用。

经济是体育竞赛表演产业市场的基础，经济的发展从根本上制约、影响和决定着体育竞赛表演产业市场的发展与进步，体育竞赛表演产业市场的发展对经济发展也具有积极的促进作用，两者的关系是辩证的。经济的持续增长促进了体育竞赛表演产业的发展；体育竞赛表演市场是否兴旺，也是衡量经济发展的重要标志。上海经济的稳定繁荣发展为 ATP 大师系列赛的举办提供了一个良好的经济背景和一个有消费实力的消费群体。

2）上海市体育竞赛表演业发展现状分析

上海是在 21 世纪中国现代化进程中处于领先地位的大城市，进入 21 世纪后，上海提出了建设世界城市和亚洲体育中心城市的发展目标，举办重大国际体育赛事已越来越成为推进上海城市经济和社会事业发展的驱动器，成为增强上海国际竞争力的一张亮丽名片，成为上海展示形象、显示实力的重要载体。

近些年来，越来越多的国内外成熟赛事开始进入上海市场，据上海市体育局网站统计，上海每年举办的国际、国内赛事约为75场，其中每年国际性的赛事有35场左右，全国性赛事有40场左右。奥运项目的国际、国内赛事约占60%（承办全国性的奥运项目赛事略微偏高），非奥运项目的国际、国内赛事约占40%（承办国际性的非奥运项目赛事略微偏高）。

上海市举办的重大体育赛事具有规模大、级别高、影响大的特点。上海市主要举办以下几类赛事：世界性品牌赛事，国际单项最高级比赛，"一区一品"特色赛事，非奥运时尚赛事，国际、国内综合赛事。

世界性品牌赛事主要指在国际上影响广、级别高，与上海建设国际化的大都市相匹配的赛事，如网球大师杯赛、F1大奖赛等；举办的ATP网球大师系列赛也属此类。国际单项最高级比赛是服务于国家奥运战略的世界杯赛、世界锦标赛、大奖赛等，如世界乒乓球锦标赛、国际田径黄金大奖赛、世界短池游泳锦标赛、世界杯女子足球赛等。"一区一品"特色赛事指借助上海市地理景观、标志性建筑物，具有"一区一品"特点，充分展示上海城市形象的比赛，如上海国际马拉松赛、国际沙滩排球巡回赛上海金山站、国际龙舟邀请赛、环崇明岛国际自行车赛、F1摩托艇赛、梅院镇广场世界杯击剑赛等。非奥运时尚项目深受不同阶层市民的喜爱，具有较强市场需求和发展潜力，如汇丰杯国际高尔夫冠军（职业）赛、IDS国际体育舞蹈总决赛、国际极限挑战赛等。国际、国内综合赛事是城市体育综合实力的体现，上海举办过的有：第8届全运会，以及4年一度、规模盛大的市运会等。

3）上海ATP大师系列赛的竞争优势分析

ATP大师系列赛的竞争者，除了与其同一级别的赛事F1大奖赛外，与另一些国际单项最高级别比赛、特色赛事等相比也具有很大的竞争力。笔者经过分析认为，与其他赛事相比，ATP大师系列赛具有以下竞争优势：第一，网球是一个高雅且老百姓可以参与的项目，与其同一级别的F1则是一般老百姓可望而不可即的参与度极低的项目；第二，从观赏价值来看，大师赛的观众看到的是完整、流畅的比赛场面，观赏价值较高；第三，从赛事安排来看，大师赛要延续1周左右，与其他一些比赛相比，时间较长；第四，从赛场交通来看，大师赛的交通比较便利，开私家车或坐观赛专车去看比赛，停车也比较方便；第五，从赛场环境来看，大师赛的比赛在室内，观众可以享受冷暖空调，观看条件比较舒服；第六，从市场前景来看，大师赛带动了老百姓参与网球运动的热情及网球运动的普及与推广，网球市场不断拓展。当然，如果ATP大师系列赛的票务方案能够制定得更加合理，满足更多消费者的需求，也将会在无形中增加其竞争优势。

4）4届上海网球大师杯赛对 ATP 大师系列赛门票定价方案制定的影响分析

上海已成功举办 2004—2007 年 4 届男子职业网球巡回赛总决赛大师杯赛，上海网球大师杯赛的举办，使旅游资源并不丰厚的上海，吸引了众多旅游者，拉动了消费。同时通过赛事的举办，也可以为举办国际大型活动，对高效率、严要求的现代管理运作模式积累经验。上海网球大师杯赛在这种大背景下，争取到了政府的支持，使赛事在运作中获得了很多便利。除了政府支持以外，上海网球大师杯赛在市场化的运作中，根据国际通行的方法，结合中国实际，整合而成了一整套的运营模式，在实践中取得了很大的成功，同时也提升了上海的形象。4 届上海网球大师杯赛对 ATP 大师系列赛票务方案的制定也产生了不小的影响。

（1）为 ATP 大师系列赛票务方案的制订提供可借的经验。近几届上海网球大师杯赛的门票销售都取得了不错的成绩，并且一届比一届理想，这与其票务方案的不断调整有着必然的联系。每一届大师杯赛的票务方案都会在前一届的基础上对票价和票种进行适当的调整。不同的票种和票价能更好地满足不同消费层次的需要，从而实现门票收益最大化。

可以说，经过几年的摸索前进，网球大师杯赛在票务方案制定上也日趋成熟，这些都为 ATP 大师系列赛票务方案的制定起到了很好的借鉴作用。当然在借鉴的同时，我们也应该持"拿来主义"的态度。笔者认为，目前的大师杯票务方案存在一定程度的不足，而且网球赛事的消费群体也处于一个不断变化的动态过程中，在制定 ATP 大师系列赛票务方案的时候就应该弥补这些不足，考虑更多的消费群体，包括潜在消费群体。笔者将在下文中进行具体分析。

（2）推动网球在中国的发展和普及，培养了更多的网球爱好者。继上海承办大师杯赛后，网球运动在上海获得了空前的成功发展，网球已成为市民踊跃参与的一项体育运动，进一步推动了网球运动的普及和发展；另外，大师杯赛也为网球爱好者提供了接触世界最高水平赛事的机会，满足了他们的需求。据新新体育文化有限公司的调查，上海经常打网球的人数约为 54.5 万人，约占上海总人口的 4%。在所有被调查者中接近一半的人表示到过网球场打球。这一数据充分表明，网球已经初步走入大众的生活，在大众中有很高的认知率和参与率。另外，伴随着大师杯赛，上海网球"123 推广计划"出台，相信会产生越来越多的网球爱好者，为 ATP 大师系列赛培养更多的消费者。

2. 上海网球大师杯赛门票定价能否满足消费者的需求分析

笔者针对上海 ATP 大师系列赛的消费者需求设计了问卷，在上海市社区、高校、商业圈向市民发放，一共发放问卷 500 份，回收有效问卷 453 份。

（1）根据问卷调查结果显示，被调查者在性别、年龄、职业、学历、月收入的百分比分布上还是比较均匀的。男性被调查者多于女性，这与男性较女性更爱好体育运动，比较愿意接受此类问卷调查有关。被调查者中学生的比例占到近 1/4，因为上海高校云集，大专院校学生人数众多，而且大学生喜欢追求新事物，是一个相当可观的消费群体。被调查者的月收入集中在 1 001~5 000元，有一定的消费能力；本科及以上学历占 70%以上，说明大多数被调查者有一定的学识水平，也在一定程度上保证了问卷数据的准确性（表 6-38~表 6-41）。

表 6-38　被调查者的性别与年龄构成（$N=453$）

性别	25 岁及以下	26~35 岁	36~45 岁	46~55 岁	56 岁以上	合计
男	93	69	61	45	12	280
女	49	32	47	37	8	173
合计	142	101	108	82	20	453

表 6-39　被调查者的职业构成（$N=453$）

职业	人数	%
个人	62	13.7
个体工商	58	12.8
企业干部	53	11.7
待业	14	3.1
学生	112	24.7
退休	38	8.4
自由职业者	51	11.3
教师	52	11.5
军人	7	1.5
其他	6	1.3
合计	453	100

表 6-40 被调查者的学历构成（$N=453$）

学历	人数	%
初中	7	1.5
高中	41	9.1
大专	78	17.2
本科	279	61.6
研究生	48	10.6
合计	453	100

表 6-41 被调查者的月收入（$N=453$）

收入	人数	%
无收入	107	23.6
1 000 元以下	17	3.8
1 001~2 000 元	71	15.7
2 001~3 000 元	93	20.5
3 001~4 000 元	64	14.1
4 001~5 000 元	54	11.9
5 000 元以上	47	10.4
合计	453	100

（2）被调查者现场观看上海网球大师杯赛的次数。在被调查者中，没有去现场观看的有 350 人，占 77.3%；看过 1 次的有 40 人，占 8.8%；2 次的有 39 人，占 8.6%；3 次的有 21 人，占 4.6%；4 次及以上的仅为 3 人，占 0.7%。可以看到，大多数被调查者从未去现场看过比赛。去现场观看人数的百分比也随着观看次数的增加而减少，且下降幅度大。从中可以看出，上海 ATP 大师系列赛的消费者市场有很大的潜力可挖（表 6-42）。

表 6-42 被调查者现场观看上海网球大师杯赛的次数（$N=453$）

次数	人数	%
0 次	350	77.3
1 次	40	8.8
2 次	39	8.6

表6-42(续)

次数	人数	%
3次	21	4.6
4次及以上	3	0.7
合计	453	100

（3）消费者购票的原因分析。在被调查者中，有283人认为其买票的原因是门票因素，占62.5%；其余170人选择了其他因素，占37.5%。数据显示，大多数人受到门票因素的影响；从另一方面也显示出，目前上海网球大师杯赛门票定价方案的设计还未能很好满足消费者需求（表6-43）。

表 6-43　消费者购票的原因 （$N = 453$）

原因	人数	%
门票	283	62.5
其他	170	37.5
合计	453	100

（4）消费者对上海 ATP 大师系列赛票务方案的需求分析。笔者在问卷中对影响消费者购票的原因进行了调查。问卷数据显示，价格成为影响消费者购票的最主要因素，其次分别为：票种单一，附加服务少，购买不方便（表6-44）。这一研究结果表明，除了价格，上海 ATP 大师系列赛票务方案在门票种类、门票附加服务和购票方式上，也存在改进的空间。笔者将在下面分别对这四个方面进行分析。

表 6-44　影响消费者购票的因素 （$N = 453$）

因素	频数	%
价格太高	270	59.6
票种单一	170	37.5
附加服务少	165	36.4
购买不方便	162	35.8
其他	44	9.7

第一，门票价格。问卷数据结果显示，消费者可接受价格层次分布明显。100 元以下、100~200 元和 201~300 元的门票价格分别占 26.9%、28.3% 和 23.4%，可见这三档票价需求程度相近，选择这三档票的人数总和占被调查者的 70% 以上。随着门票价格的提高，能接受的人数也随之下降。有 11.0% 的被调查者可接受 301~500 元的票价，5.5% 的被调查者接受 501~800 元的票价，3.5% 的被调查者接受 801~1 000 元的票价，1.3% 的被调查者接受 1 000 元以上的票价（表 6-45）。消费者能接受的门票价格与他们各自的收入水平是密切相关的。笔者将被调查者可接受的门票价格与其月收入做了交叉比较分析。接受 300~500 元票价的被调查者月收入集中在 300~4 000 元、4 001~5 000 元和 5 000 元以上；接受 501~800 元、801~1 000 元和 1 000 元以上票价的被调查者月收入在 4 001~5 000 元或 5 000 元以上（表 6-46）。

表 6-45 消费者可接受的门票价格发布（$N=453$）

价格	人数	%
100 元以上	122	26.9
100~200 元	128	28.3
201~300 元	106	23.4
301~500 元	50	11.0
501~800 元	25	5.5
801~1 000 元	16	3.5
1 000 元以上	6	1.3
合计	453	100

表 6-46 门票价格与调查者月收入交叉分析（$N=453$）

价格	无收入	1 000 元及以下	1 001~2 000 元	2 001~3 000 元	3 001~4 000 元	4 001~5 000 元	5 000 元以上	合计
100 元以上	53	14	22	21	10	0	2	122
100~200 元	41	3	30	31	14	9	0	128
200~300 元	5	0	13	39	28	15	6	106
300~500 元	4	0	3	2	12	15	14	50
500~800 元	2	0	3	0	0	6	14	25
800~1 000 元	2	0	0	0	0	6	8	16
1 000 元以上	0	0	0	0	0	3	3	6
合计	107	17	71	93	64	54	47	453

第二，门票种类。调查的统计结果显示，消费者对门票种类有比较多样化的需求，特别是普通票、学生票、家庭票、会员票和套票这5种门票的频数都占30%～40%，需求程度较高。贵宾票、包厢票由于其特殊性，而笔者所调查的又是普通市民，所以频数较低（表6-47）。在套票种类上，周末套票的频数最高，占48.9%，这与双休日制度有必然关系；其次是任选套票、全场套票、限选套票、日票、指定套票。可以看到，消费者对各类套票都有一定的需求（表6-48）。

表6-47　消费者对门票种类的需求（$N=453$）

种类	频数	%
普通票	171	37.7
学生票	175	38.6
家庭票	149	32.9
儿童票	81	17.9
贵宾票	54	11.9
包厢票	60	13.2
会员票	136	30.0
套票	131	28.9
团体票	144	31.8
其他	23	

表6-48　消费者对套票种类的需求（$N=453$）

种类	频数	%
全场套票	100	22.1
任选套票	182	40.2
限选套票	96	21.2
指定套票	58	12.8
周末套票	204	45.0
日票	94	20.8
其他	12	2.6

第三，门票的附加服务。调查统计结果显示，频数最高的为餐饮券，占58.3%；其次，分别是赠送纪念品、停车券、赞助商商品优惠券、未来某场赛事的优惠券，频数在99～187。值得一提的是，由于"有车一族"数量的增

加，停车券频数较高，占 35.5%（表 6-49）。

表 6-49 消费者对附加服务的需求（N=453）

种类	频数	%
停车券	161	35.5
餐饮券	264	58.3
赞助商商品优惠券	135	29.8
赠送纪念品	187	41.3
未来某场赛事的优惠券	99	21.9
其他	9	2.0

第四，购票方式。调查结果显示，通过互联网购买的选择频数最高；其次是通过电话购买；最后是在居住地或单位附近购买。可以看出，网购、电话购票由于其便利性，已成为大多数人购票的主要方式，同时，也有相当数量的消费者希望能在居住地或单位附近购票（表 6-50）。

表 6-50 消费者的购票方式（N=453）

渠道	频数	%
到现场购买	87	19.2
通过电话购买	202	44.6
在居住地或单位附近购买	139	30.7
让他人代买	71	15.7
通过互联网购买	271	59.8
其他	6	1.3

6.3.4 对上海 ATP 大师系列赛票务方案设计的建议

1. 门票定价方案的制定原则

第一，门票定价方案的制定必须迎合广大人民群众的消费需求。《中华人民共和国体育法》明确指出"体育事业的根本目的是增强人民体质，提高体育运动水平，促进社会主义物质文明和精神文明建设"。所以，满足广大人民群众的消费需求应该是票务方案制定的首要原则。

第二，门票定价方案的制定应本着"谁投资、谁所有、谁获益"的原则。《体育产业发展纲要 1999—2010）》中提出"发展体育产业应主要依靠社会各方面的力量，不能过多地依赖国家投资，要坚持'谁投资、谁所有、谁获益'

的原则"。政府行为与市场行为的有机结合，有利于调动赛事经营者的积极性和创造性，从而提高经济效益、人才效益和社会效益。

第三，门票定价方案的制定应有利于网球运动在我国普及。上海承办 ATP 大师系列赛对中国网球运动发展将起到很大的推动作用，所以，其票务方案也应该起到"催化剂"的作用，有利于网球运动在我国的健康发展和更进一步的推广普及，从而培育我国的网球市场。

2. 门票种类

根据大师杯赛和迈阿密大师系列赛的运作经验和笔者所做的消费者需求分析，上海 ATP 大师系列赛的门票定价应该在确保赛事水平和加强宣传推广的前提下，根据不同层次观众的需求细分门票种类，吸引到尽可能多的观众前来观赛。消费者由于经济收入、消费观念、消费习惯等情况的不同，对于观看比赛，他们愿意支付的费用也是不同的。因此，要根据消费者的不同类型制定不同种类的门票。上海网球大师杯赛的门票种类大致有散票（分三个档次）、学生票、套票和贵宾包厢票几个类别。在总的分类上就远远少于迈阿密大师系列赛的门票种类。从分析中我们可以看到，迈阿密大师系列赛的门票在八个类别下又分别再次进行细分，可供消费者选择的空间非常大，这些是上海网球大师杯赛所欠缺的。综上所述，上海 ATP 大师系列赛应在大师杯赛的基础上，借鉴国外同类赛事的经验，对门票种类进行进一步的细分。笔者认为，在划分门票种类时应注意以下几点：第一，可将门票种类总分为普通票、套票、团体票、会员票、贵宾票、旅行套票；第二，根据赛事的重要程度和看台位置将每类门票再细分为若干档次；第三，增加套票的可选择方案，如全场套票、任选套票、限选套票、周末套票、家庭套票等；第四，由于消费者的需求在不断变化，应及时做好市场调研调整门票种类。

3. 门票价格

一个赛事的门票价格无疑是树立这一品牌的晴雨表，只有合理、稳定、有较高信誉度的门票价格才是这一赛事走向健康和成熟的标志。笔者经过分析研究，对上海 ATP 大师系列赛的门票价格制定提出以下建议。

第一，可以参考以往大师杯赛门票的价格。ATP 大师系列赛和大师杯赛级别基本相同，所以，大师杯赛的门票价格对 ATP 大师系列赛的门票价格制定具有十分重要的意义，也可以增加 ATP 大师系列赛的门票估价的准确性。

第二，所定门票价格水平应充分考虑到中国老百姓的消费能力和消费水平，为消费者提供价格合理的赛事门票，以实现推动中国网球运动、提高网球普及率的目标，实现社会效益。

第三，要能反映赛事经营成本和市场供求状况。体育赛事是一类特殊的商品，也要遵循价值规律和供求调节的市场规则。要在实现社会效益的同时，最大限度地实现经济效益，保证经济效益与社会效益的平衡。

第四，对各种类别的门票进行差别定价。一是根据赛事的重要程度和精彩度，适当拉大小组赛和决赛、半决赛之间的价格差，价格较低小组赛的门票可以降低观看比赛的门槛，使更多喜爱网球运动的球迷前来观看同样精彩的小组赛，价格较高的决赛、半决赛门票可以体现赛事的价值。二是不同的看台位置对应不同的价格，可多设几个档次的看台票，增加观众选择的范围。三是套票、团体票要能够体现价格的折扣优势，不同类型的套票价格也要有所区别，选择的场次较多的套票折扣力度也应较大，同样，团体票也应根据人数的不同享受不同的折扣。四是贵宾票的价格可以定得较高，因为购买此类票的大多数为公司企业，对价格不敏感，价格弹性低。

4. 门票的附加服务

通过附加服务增强门票的吸引力。到现场观赛逐渐成为人们休闲生活的一部分，对于消费者来说，包含停车券、入场券、餐饮券、特许/赞助商商品优惠券、纪念品在内的门票特别受欢迎。主办方可通过提供更加完善、更加亲民的现场服务来提升赛事的延伸价值，吸引更多的观众到现场关注比赛。笔者认为，不仅可以在高档散票、套票、贵宾票中为消费者提供附加服务，低价票同样可以提供相应档次的附加服务。促销这类门票时，可联合赞助商、特许商品经营商的力量共同促销，与他们共同分摊成本。

对于高档票的附加服务，首先，应从配套服务方面下手。一般购买此类门票的消费者大都是"有车族"，赛事方应本着以人为本的思想，从消费者的角度考虑，解决其停车问题；通过丰富现场的餐饮和购物选择等措施，为购买此类票的球迷提供更周到细致、更便利的配套服务。其次，对于购买贵宾包厢票的公司企业来说，最有价值的附加服务就是能够帮助它们宣传自己的品牌，因此，可在它们所购买的包厢、座位区域标明公司标识，在赛事宣传上出现购买包厢票的公司名称。

对于低档票的附加服务，可以从"让利消费者"上入手。例如，包含赞助商商品优惠券、赛事门票优惠券、凭票领取小纪念品等。通过让利，让消费者享受到优惠，从而吸引他们来购买门票。

另外，可以在不同的场次分别引进现场乐队、休闲购物、游戏等各种现场活动项目，把比赛现场打造成为一个真正的球迷乐园，让所有现场观众在赛场上不仅能感受精彩的网球赛事，而且能有机会领略其他一些精彩纷呈的文化活动，现场活动还应进一步强调互动和参与。

5. 门票销售

门票如果销售不好，一方面会影响到赛事的收益；另一方面会导致赛事现场上座率过低而影响选手发挥、削弱赞助商的现场利益。为此，笔者针对售票方式、售票时间和促销手段提出建议。

（1）售票方式。综合使用网上订票、电话订票、指定购票点、电视导购物，委托航空公司、旅行社和商家代销等多种方式来销售门票。网上订票可以和专业购物网合作，方便购票者支付。购票点的设置要把握尽可能方便群众的原则，尽量在居民区及办公区附近设置售票点。另外，在普通门票销售中要采用电脑联网售票系统，一方面可以方便观众在所有售票点查阅并购买想要的门票；另一方面也能让赛事组织者了解门票的即时销售情况，以调整宣传推广的力度。

（2）售票时间。采用预售形式，提前半年至一年进行。预售门票的好处：一是可以增加门票的销售量，可以将余票造成的经济浪费降至最低点；二是便于国外的观光客选择观看的比赛项目和场次，也便于客人提前安排旅程；三是有利于采用各种营销策略和销售手段，同时还可以为大赛造声势、做宣传。

（3）促销手段。赛事前期通过一系列公关推广活动——各种形式的主体活动促销，提升网球大师杯赛在国内的知名度，增加观众对赛事的兴趣，通过与市场推广活动的结合，促进门票销售。赛事期间开展比赛现场抽奖/赠送活动和球迷互动活动来激发消费者对赛事、球员的兴趣，从而增加门票的销量。

第7章 大型体育赛事门票定价的媒体报道

7.1 看里约奥运会如何进行奥运门票销售

奥运门票销售作为奥运四大收入之一，一直为奥运举办国带来稳定的收入，尤其是从 1984 年洛杉矶奥运会引入转播商之后，人们对于奥运会关注度的提升让更多的人愿意去现场体会奥运的魅力。在那届奥运会上，平均 32 美元的门票价格最后带来了 1.23 亿美元的总收入，占该届奥运会全部收入的近四分之一。

在这之后，奥运会票务计划确定要让更多人有机会参与到奥运之中，能够产生必要的财政收入支持奥运会的举办，还要在确保门票基本价格的基础上与广泛公众的收入水平相适应，正因为如此，门票价格起起落落，但其在奥运收入组成中的地位却无可撼动。随着越来越多奥运相关参与者的涌入，奥运门票如何分配及定价多少，甚至是何时开票，都慢慢成为令赛事组委会头疼的问题。

2016 年 8 月 12 日晚间，奥运会第一大项田径终于拉开了序幕，女子万米破纪录让大家都觉得这是里约转运的好兆头。诚然，里约奥运会在磕磕绊绊中进行到现在，关于禁药、裁判、设施质量等敏感问题的争执始终没有中断，似乎让各方赛前对于"里约奥运会注定是最差的一届奥运会"的预言成真。

但随着比赛的不断深入，里约奥运会也逐步走向正轨，就像越来越多的优秀运动员屡破纪录创造佳绩一样，里约奥组委在各项事件的处理应对速度及方式上也逐步正常化，尤其是在奥运前期各种不利因素导致票务方面滞销的情况下，还是通过增加海外观众可购买的数量，达成预期的目标。

7.1.1 奥运门票收入十分可观

从 1984 年洛杉矶奥运会改革将奥运会带入盈利模式以来，任何一届奥运会，门票收入都会是一个不小的数目，纵使 2016 年的里约奥运会考虑到巴西本地观众的经济水平，将大部分的门票价格定在 40 雷亚尔（约合 80 元人民币）到 1 200 雷亚尔（约合 2 400 元）不等，开闭幕式门票价格从 200 雷亚尔（约合 400 元）到 4 600 雷亚尔（约合 9 200 元）不等，在距离奥运会开幕 1 天之际，10.45 亿雷亚尔（约合 20.9 亿元）的门票销售收入还是达到预期。

而在往年的奥运赛场上，不管是冬季还是夏季，不管举办的地点在哪个大洲，从洛杉矶到伦敦，从卡尔加里到索契，奥运会的门票收入一直十分可观，甚至在 2012 年的伦敦奥运会创造了超过 6 亿英镑的财政收入。

但就像之前提及的，里约奥运会的票价定额仅为伦敦的十分之一，但对于大多数生活在这个发展中国家的人民来说，75% 的当地民众购票比例，一方面证明了巴西人民对于奥运的热情，另一方面当地人民也用实际行动支持奥运的进行。

7.1.2 奥运门票的销售——如何分配是门学问

但支持归支持，热情也只能助势，相比于普通的体育赛事，奥运会除了其竞技性和娱乐性的要求，更是举办国凸显民生、带动旅游及经济等复苏的良好机会，因此，对于每届奥运会的举办国来说，大部分的门票都会留给主办国，但同时，国际奥委会、各国家和地区奥委会、各国际单项体育联合会、赞助商、转播商等客户群也都需要顾及。正因为如此，奥运会门票销售时究竟应该如何分配，这个令人头疼的问题常常让众多赛事举办方里外不是人。

以里约奥运会为例，出于利益方面的考虑，每场比赛相对优势的位置都会留给赞助商、转播商等，也正因为购票者身份的特殊性，往往非热门赛事就会出现黄金席位出现大面积空缺的现象。

在伦敦奥运会上，为了避免往届奥运会上出现的因赞助商弃用门票导致现场看台闲置的尴尬情形，当时的组委会决定大幅度削减赞助商的门票比例，将更多的门票对公众出售，这样的做法早在几年前的澳大利亚悉尼就采用过，只不过当时政府最后的举措，并没有达到良好的效果。

当时的组委会大张旗鼓地进行售票宣传，声称将向公众出售的门票占全部 960 万座席的 52%。但当 25 万申请者购票无果，观赛无望之时，媒体纷纷披露出组委会将热门票留给了富人俱乐部卖高价的消息。

在总计 640 场赛事中，共有 960 万张门票，实际上向公众出售的门票仅占 33%。有高达 84 万张甲级票被秘密地留下来，准备以 3 倍的高价卖给富人俱乐部。据说，组委会可从高价出售中获取 3 500 万澳元的额外收入。在舆论的抨击下，组委会不得不忍痛割爱，宣布从留给富人俱乐部的 84 万张门票中拨出 52 万张卖给普通大众，试图以此平息民愤。

但自从此次丑闻之后，历届奥运会关于门票销售如何分配的问题就一直没有得到良好的解决，看到里约奥运会赛场上那空荡荡的座位，想必里约奥组委也在为这事而发愁，要知道，这次里约奥运会有些场馆只能容纳 3 000 ~ 4 000 人，却还是出现了这样的情况。

7.1.3　里约奥运会中看如何进行奥运门票销售

这也不能怪里约奥组委，中国古话所言做事要占据天时地利人和，很可惜，这次里约奥运会门票销售一路走来，三者无一例外地都避开了，种种非正面的因素让里约奥运会的门票销售能达到当时的目标已是不小的奇迹。

里约奥运门票销售困难的问题所在如下。

（1）票价太贵。对于大多数生活在这个发展中国家的人民来说，普通民众的平均月收入一般不到 300 美元，尽管超过一半的票价在 17 美元及以下，但还是让人觉得遥不可及。

（2）巴西作为新兴经济体中的"金砖国家"曾大放异彩，但近几年，受国内通胀、失业及国际大环境经济低迷的影响，巴西国内生产总值衰退不少，国家实力大受影响。这也导致了门票营销中广告等攻势不强，未能吸引足够多的海外人士前往观光并观看赛事。

（3）巴西近年来政局动荡，执政联盟分裂，总统罗塞夫被弹劾停职 180 天，热烈的奥运氛围还不够明显，重要的外围舆论环境也有所缺失。

（4）不仅仅是政治方面的不稳定，从里约抢劫事件频发，到寨卡病毒肆虐，里约的整体环境让观众对于能否保障自己安危产生了不确定性，众多赞助商也因此取消了来里约的计划。

（5）大部分海外观众亲临奥运会的同时会选择举办地周边的景点进行游玩，但考虑到里约特殊的地理位置，游玩时长通常为 10 天左右，人均花费一般在 6 万 ~ 7 万元，这些方面的限制也让许多观众望而却步。

（6）运动场馆建设拖延、筹备工作不力等，奥运安检等待时间过长，让观众对于里约奥运会的整体筹备情况有所怀疑。

正因为有这些问题的出现，对于里约奥组委以及之后的奥运会承办方来说，奥运会门票销售究竟应该如何制定就显得至关重要，吸取历届举办国的良好举措，有以下几点可以借鉴。

（1）将消费者置于交易之上，为很多项目制定了多阶梯票价，这样既能保证收入，又能保证低价门票，针对青少年和60岁以上的老人给予一定的折扣，尽量避免发放免费门票而引发公愤。

（2）主动定价，避免把观众稀少的项目与热门赛事的门票捆绑销售，为各个体育项目分别制定独立的票价，并详细制定了各自的目标人群和营销战略。例如，伦敦奥运会时组委会就将公共交通和门票进行了捆绑销售，以缓解场馆附近的交通堵塞。

（3）确保市场标准的公平性。里约奥运会闭幕式的门票就因黄牛的介入暴涨22倍，如果希望奥运会能真正造福于人民，就要尽量避免类似事件的发生。

（4）提前制定所有赛事门票价格并及时调整，设定更多阶梯票价，了解观众愿意看的比赛和能承受的票价，以评估每种票价的需求，并据此重新分配相应座位数量。

（5）售票过程透明化，包括定价原理与流程、购票时间线的主要节点、各个赛事的阶梯票价、可售门票数量和组织方对赞助商与普通大众的门票发售情况，从而合理地解决观众与赞助商之间的冲突。

摘自：何其昌. 体育 BANK. 2016-08-14.http://www.weitiyuba.com/tennis/23048.html.

7.2 聚焦 MLB 门票困境

近些年 MLB 上座率逐年下滑，门票收入不断减少，联盟高管正积极筹划对策以止住颓势。过去六个赛季联盟上座率持续下滑，2017/2018 赛季总观赛人数更是降至 6 967 万，创下自 2003 年以来的历史新低，而且 4% 的降幅远远超过以往 1.5% 的降幅，估计门票收入减少 9 370 万美元。巴尔的摩、迈阿密、明尼苏达、匹兹堡 4 支球队空荡荡的主场让管理层忧心忡忡。

联盟官员表示 2018 年春季天气不佳是导致上座率下滑的重要原因，54 场比赛因为天气原因而延迟，是自 1989 年以来延期比赛场次最多的一季，4 月有 102 场比赛在零下 10 摄氏度的天气中进行。进入夏季和秋季之后，观赛人数虽逐渐增多，但相比 2017 年整体上座率不升反降。联盟和球队高管承认纷繁复杂的票务体系给观众造成了一定困扰，面对一级市场、二级市场以及各种各样来自球队商业合作伙伴的促销和折扣,观众们眼花缭乱,难以抉择。许多处于重建期的球队在门票销售上遇到前所未有的挑战,2018 年严峻的形势让管理者们不得不高度重视门票问题。

MLB 历年观众人数如表 7-1 所示。

表 7-1　MLB 历年观众人数

年份	观众人数
2004	73 022 969
2005	74 926 174
2006	76 043 902
2007	79 502 524
2008	78 624 315
2009	73 418 479
2010	73 054 407
2011	73 425 568
2012	74 859 268
2013	74 026 895
2014	73 739 622
2015	73 760 020
2016	73 159 044
2017	72 670 423
2018	69 671 282

"现在市面上有太多种类的门票,选择越多,越让人困惑,反而越少购票。"奥克兰运动家队主席 Dave Kaval 如此说。较上赛季奥克兰运动家队观众人数增加了 9 万多,2018 年 8 月球队推出了最新的会员制产品,每年花费 240 美元即可观看所有主场比赛,还包含购买食物和商品的优惠。"我们之所以推出新的会员产品就是想减少购票过程中的噪声干扰,简化门票种类。"

摩天轮(StubHub),一家跟 MLB 合作了 10 多年的二手票务平台,也正和各个俱乐部紧密合作加大 2019 年的门票营销力度。"我认为票务销售需要大家协作才能做好,其中亟须解决的是如何及时有效地给球迷发送邮件和通知,避免狂轰滥炸适得其反。我不想陷入这样一个局面,如球队刚刚向球迷发出购票通知，而我们就跟随着销售二手票。"StubHub 总经理 Jill Krimmel 说道："目前我们还没有发挥出最大的合力，但我们针对 2019 年营销策略已经和球队磋商了好几轮，对于未来我们持乐观态度。"

门票下滑最严重的球队如表 7-2 所示。

表 7-2　门票下滑最严重的球队

球队	较上年观众数量变化
德州游骑队	−400 653
匹兹堡海盗队	−429 352
巴尔的摩金莺队	−464 232
底特律老虎队	−464 629
堪萨斯城皇家队	−555 263
迈阿密马林鱼队	−771 910
多伦多蓝鸟队	−878 605

其他试图提高下赛季的门票销量的措施有扩大会员制产品、创造更多站席空位和主题空间以区别传统缺乏互动的座席、提前周间比赛的开赛时间。旧金山巨人队是联盟第一支尝试提前开赛的球队，他们将周间的比赛提前了半小时，下午 6 点 45 分就开赛。

联盟和球队在 2019 年的赛程安排上投入了许多的心血，同时也做了一些创新，如打造棒球周末以吸引球迷注意力，即周五休赛，特意将比赛放在周六周日。此外，越来越多的球队运用现代科技分析球迷情绪，制定贴合球迷需求的营销策略。

"我们将持续收集数据并详细分析消费者画像，了解谁在购买我们的门票，他们如何使用这些门票，他们为什么要来，他们想要从观赛体验中获得什么。"多伦多蓝鸟队商业运营副总裁安德鲁·米勒（Andrew Miller）说道。蓝鸟队是 2018 年联盟观众总数下降幅度最大的球队，与 2017 年相比减少了近 90万人次，估计票房收入减少近 2 300 万美元。

门票是美国职业棒球大联盟以及整个体育产业健康状况的重要指标。相比其他运动，单赛季棒球比赛场次多达 2 400 场，意味着有更多的门票库存，门票收入曾是 MLB 最大的收入来源，据统计 2016/2017 赛季门票收入占球队总收入的 1/5 ~ 1/3。联盟几位重量级高管正闭门商讨对策。每年 6 月在即将到来的季票续约周期之前，MLB 会举行票务峰会。但在此之前，票务无疑将会是

11 月球队老板会议，12 月的行业冬季会议和休赛期联盟营销会议上的重要议题。

上座率持续下滑表明可能需要联盟主导的更广泛的变革措施。目前门票销售策略仍然是各自为政，各支球队在所属的地区制定自己的营销策略，未来很可能还会保持这种状态。不过利益相关方确实同意需要更多地关注票务问题，如果 2019 年及以后的上座率继续下滑，可能需要更为有效的对策。

除了天气这个外部因素之外，门票收入之所以下滑得如此厉害也跟球队表现相关。强队与弱队的差距越拉越大，竞争失衡导致比赛精彩程度大打折扣，2018 年联盟历史上首次出现 8 支球队输球超过 95 场，三振出局的次数超过打中次数，本垒打次数相比上赛季下降了 9%。

对于普通球迷来说，不断上涨的门票价格才是阻碍其去现场观赛的主要原因。统计显示从 2006 年起门票价格的涨幅超过工资收入，看球的成本上涨而球迷收入却保持不变，加上信息科技的发展使得全部的比赛都能通过手机观看，因此越来越少的年轻人去现场看球。棒球在美国深受欢迎，被视为全民喜爱的运动项目。然而相比上一代，新一代不仅对于棒球比赛的兴趣不高，而且在财政上也相对紧张难以支付高昂的门票。研究显示新一代不论是收入还是存款都少于相同年龄的上一代人。因此联盟既需要创新以提高观赛体验，同时也要避免价格快速上涨，将观赛沦为富裕阶层专属的消遣方式，歧视消费力不足的普通球迷。如果没有广大普通球迷的支持，媒体版权的价值也会大打折扣，现场观赛更能调动大众情绪，体育场万人欢呼的场景是许多球迷一生弥足珍贵的记忆。体育赛事与普通电视节目的最大的差别就在于数量众多的现场观众，他们与运动员一样都是内容生产者和话题制造者，体育不仅与运动员相关，也关乎球迷和普通人，所传达的价值是全世界都认可的——无畏挑战，奋斗不止。对于美国球队而言，更要在门票上多做功课，提高现场观赛体验，增加与球迷的互动，引导球迷培养球队主人翁意识，而不是将球迷当作顾客那么简单。

收入中位数和平均票价的对比如图 7-1 所示。

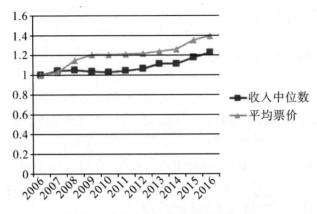

图 7-1　收入中位数和平均票价的对比

资料来源：清华体育产业中心. 2018 - 11 - 02. http://dy.163.com/v2/article/detail/ DVKL71230529DBLQ.html.

7.3　堪萨斯城竞技怎样通过服务球迷来销售门票

堪萨斯城竞技俱乐部（Sporting Kansas City）是美国职业足球大联盟球队，1995 年成立，1996 年以 "Kansas City Wiz" 的名义参加比赛，后来因版权问题被迫改名为 "Kansas City Wizards"。2011 年赛季开始再度易名为堪萨斯城竞技俱乐部。球队的主场是 Livestrong 体育场。在俱乐部球票销售上，堪萨斯城竞技有很好的成绩。

堪萨斯城竞技队负责门票销售和服务的副总裁格雷格·艾伦（Gregg Allen）在介绍球队门票销售战略时，提到的第一点就是以球迷为重。他们在运营场馆时遵循的理念是站在球迷角度去思考。他们在建造球场的时候就在预想如何能吸引球迷离开电视机，走到球场来看比赛。

他们实际上调查了几乎所有可能前往球场看球的人群。他们发现大概有 22 种不同的潜在客户类型，从孕妇到高管，以及这中间的其他人群。他们想在体育场中打造出一种像社区一样的氛围。

他们的球场设有豪华包厢，并分为两种：一是拥有大落地窗、拉斯维加斯式的美味自助餐的包厢；二是比较私密的聚会包厢，在包厢内提供餐饮。这两种豪华包厢带来的是完全不同的两种体验。

他们还在球场内设有专门的球迷区域，为这些球迷提供相对独立的空间。

因为他们会在比赛中敲鼓、唱歌和呐喊助威，还给他们提供比一般观众多一些的饮料。他们为这些球迷建立了球迷俱乐部，由当地的啤酒公司赞助，很适合，球迷也把这些俱乐部真正变成了自己的俱乐部。

同时他们的看台还有其他一些区域，有的更倾向于家庭聚会性质，有的更偏重商务性质。球场中有更多的优质区域，用来让人们聚拢交流，包厢中的观众可以在那里和不在包厢的人交流。他们还做了一个 Field 俱乐部，是看台下面的一片很大的区域，他们的座位就在球场边上，也能去球场其他区域。

在球场的设计上，要能让工作人员有足够的资源和信心去介绍：不论是在电话还是在当面交流中，能够有足够自信地问对方你们看球时最看重的是什么，最理想的观赛体验是什么，我们都可以让你体验到。最开始的时候，应该把球场的每块区域的用途规划好。

从球迷的角度考虑一直是他们认为最重要的事情。

他们还考虑品牌。他们在做任何事情的时候都注意保持品牌的特点。堪萨斯城的季票会员的平均年龄是 30 岁，该市另外两支俱乐部也有历史悠久的球迷文化，但这两个球队的季票会员的平均年龄分别是 56 岁和 58 岁。堪萨斯城竞技俱乐部认为他们的主要季票人群是 Y 一代（注：Generation Y，美国的代际划分名词），所以要把自己的品牌打造成充满趣味的、有娱乐性的。他们开发可以在球场看球时使用的 APP，这样球迷在球场任何地方都能通过手机实时得知比赛信息、观看比赛回放。堪萨斯城可以让不是足球球迷的人变成足球球迷，这就是他们的品牌魅力。

售票策略方面。在球场建成后的第一年，他们的目标主要是达到较高的上座率。而在第一年之后，已经不用担心上座率的问题了，他们售光了几场比赛的门票。因此他们开始利用球票供不应求的策略。

在发现球票供应紧俏时，他们就告诉球迷球票供应已经有限。除此之外还会对销售代表进行特别培训，让他们扮演教育者的角色，教育球迷在球票紧张的情况下应该怎样做。劝说的过程中不仅利用球队的规定，也融入一些做事情的哲学。如果球迷确实会因为没有提早购票而错过机会，他们会充分利用这个机会，告诉球迷下次可以早下定金，保住下赛季的球票。

第二个策略就是当他们售完某个区域的门票后会宣布这个区域的门票已售罄。他们有 36 个包厢套间，价格从 72 000 美元/年到 110 000 美元/年，开赛前就已销售一空。他们会大肆宣传，让人们知道优质区域的门票的紧俏。下一个是 Field Club（前文提到的 Field 俱乐部），是在场地上的 400 个座位。这部分卖完后，他们又会大肆宣传。在网站上、在虚拟球场图上、在广告上会显示

"售完"的字样。然后就是 Shield Club，有 1 000 个席位，以此类推。俱乐部还总是给球迷一些提醒：如果不及时续订下一赛季的门票，下次再登录时球票可能就已经售光。也确实有球迷遇到过这样的情况。现在大部分球迷都会很快续订。

人员的培训也是很重要的。堪萨斯城借鉴了其他联赛的已经很著名的模式来训练工作人员，如 NBA 的模式。这些模式帮助他们把一些随机因素的好处最大化，如球队踢出好成绩。

同时他们的客户服务部门也发挥了非常重大的作用。这个部门会对球迷进行大量细致和深入的研究，摸清客户的喜好和需求。例如，他们可能会调查出某个小球迷最喜欢的球员，然后在球场内制造一些充满趣味性，并能让人难忘的记忆。他们不会对球迷许下一些过高的期望，相反，他们会尝试制造一些意外之喜。

而他们创造的另一个理念是：尽量不要让球迷感觉到可以免费获得什么。他们要让球迷明白要续订球票是因为在球场里面体验本身的价值。他们从一开始就会发出这样的讯息，并确保一直按照这样的方向发展。

总之，他们成功的策略就是秉持时刻以球迷的角度进行换位思考，再加上专业的营销和销售策略。

资料来源：禹唐体育. 2016-08-06. https://baijiahao.baidu.com/s? id=1542071127501058&wfr=spider&for=pc.